教育部人文社会科学重点研究基地重大项目（08JJD790128）
教育部“新世纪优秀人才支持计划”项目（NCET-11-0939）
河南省高等学校哲学社会科学研究优秀学者资助项目（2014-YXXZ-21）
河南省高等学校哲学社会科学创新团队支持计划（2014-CXTD-03）

黄河文明与可持续发展文库

社会嵌入与黄河流域区域创新

Social Embeddedness and Region Innovation of Huanghe Valley

李　恒◎著

科学出版社
北　京

图书在版编目（CIP）数据

社会嵌入与黄河流域区域创新/李恒著. —北京：科学出版社. 2015

（黄河文明与可持续发展文库）

ISBN 978-7-03-043773-0

Ⅰ. ①社… Ⅱ. ①李… Ⅲ. ①黄河流域-区域经济发展-研究 Ⅳ. ①F127

中国版本图书馆 CIP 数据核字（2015）第 053424 号

责任编辑：杨婵娟 宁 倩 / 责任校对：钟 洋
责任印制：徐晓晨 / 封面设计：无极书装
编辑部电话：010-64035853
E-mail：houjunlin@mail. sciencep.com

科学出版社出版
北京东黄城根北街 16 号
邮政编码：100717
http://www.sciencep.com

北京教图印刷有限公司 印刷

科学出版社发行 各地新华书店经销

*

2015 年 4 月第 一 版 开本：720 × 1000 1/16
2016 年 2 月第二次印刷 印张：11 3/4
字数：237 000

定价：78.00 元

（如有印装质量问题，我社负责调换）

丛 书 序

大河流域是人类文明的摇篮。在中华文明发祥、形成、发展、演化和复兴的过程中，黄河文明一直发挥着中流砥柱的作用。尽管什么是文明，学术界还有不同的看法，但文明作为人类社会进步的状态，就不仅体现在诸如文字、技术（如青铜器）、城市、礼仪等组成要素上，而且还体现在由这些要素组成的社会整体——国家的形成与发展上。正如恩格斯在《家庭、私有制和国家的起源》中所指出的："国家是文明社会的概括。"对于黄河文明的认识，无论是对中国古代文明起源持单中心论的学者，还是持多中心论的学者，都无法否认从黄河流域兴起的夏、商、周文明在中国古代文明起源与发展中的支配地位。特别是，随着考古学研究的深入和中华文明探源工程的推进，我国史前文化的地域多样性得到了进一步的确认，黄河文明在我国古代文明进程中的支配地位同样也得到了进一步的确认。由此，我们不禁要问，在灿烂发达、具有多个起源的中国史前文化中，为何只有地处黄河流域的中原地区走向了国家文明的道路，而别的地区却被中断或停滞不前？黄河文明的特质、优势及其对文明连续性发展的影响何在？黄河文明与周边地区的文明是如何互动并融合发展的？在国家文明形成之后，自秦汉至唐宋，黄河文明在中华文明进程中是如何创造一个个高峰的？她对中华文明乃至世界文明究竟产生了哪些重大影响？北宋以来，伴随着国家经济中心和政治中心的地域转移，黄河文明的演化与发展又面临着哪些前所未有的挑战？如果说农耕文明是黄河文明的核心内容，那么，是什么原因造就了这种文明的历史辉煌？又是什么原因造成其发展的路径依赖甚至锁定，以至于形成"高水平均衡陷阱"？

在国际学术界，冷战结束之后，伴随着经济全球化的快速推进，国际政治经济格局和秩序的重构，生态与可持续发展问题的凸显，有关文明冲突、共存，以及文化软实力、文化竞争力的辩论，为地域文明的研究注入了鲜明的时代性及全球化和生态环境两个重要视角。对于黄河文明而言，在全球化时代从传统农耕文明向现代农业文明、现代工业文明和现代城市文明的转型已成为历史的必然。经过一个多世纪的探索，目前黄河文明已经进入全面、快速转型的新时期，但这种转型不仅面临着传统制度和文化的约束，而且还面临着前所未有的资源与生态环境问题的挑战。作为中华文明的典型代表，黄河文明在全球化时代和全面转型时代如何实现可持续发展并实现伟大复兴，仍是我们面临的一个重大的时代性课题。

历史是一面镜子，而现在是联系过去和未来的纽带。对于文明的研究，我们需要回答几个基本问题：我们是谁？我们从哪里来？现在到了哪里？今后走向何方？为了回答黄河文明的这些问题，地处黄河之滨的河南大学以多年对黄河文明研究所形成的厚重历史积淀为基础，整合学校地理、经济、历史、文学（文化）等优势学科，并广泛联合国内外优秀研究力量，于 2002 年组建了黄河文明与可持续发展研究中心，并于 2004 年被国家教育部批准为普通高等学校人文社会科学重点研究基地。围绕黄河文明与可持续发展这一核心，中心将历史研究与现实研究有机结合起来，凝练了黄河文明的承转与发展、制度变迁与经济发展、生态与可持续发展三个主攻方向，并以此为基础，提出了创建具有中国特色、中国风格、中国气派的“黄河学”的宏伟目标。

近年来，中心科研人员承担了一批国家自然科学基金、国家社会科学基金、教育部基地重大项目等国家级和省部级课题，取得了丰硕研究成果。为繁荣黄河文明与可持续发展研究，推动“黄河学”建设与发展，河南大学黄河文明与可持续发展研究中心从 2011 年起编撰“黄河文明与可持续发展文库”，分批出版中心研究人员在黄河文明与可持续发展研究领域的代表性成果。此套丛书的出版得到了科学出版社的大力支持，在此我代表黄河文明与可持续发展研究中心表示衷心的感谢。

“黄河学”的创建任重而道远，黄河文明复兴的征程伟大又艰巨。研究黄河文明形成、发展、演变的规律，探究黄河文明的精髓和可持续发展的道路，不仅对中华文明、中国道路的研究有重大贡献，而且能为世界不同文明的和谐发展提供知识和智慧源泉。我们期待着中华文明的伟大复兴，我们也期待着以黄河文明与可持续发展研究为核心的“黄河学”能够早日建成并走向世界。

苗长虹

河南大学黄河文明与可持续发展研究中心执行主任

2011 年 4 月 9 日

前　言

建设创新型国家和创新型区域是当前国家发展战略中的重点，这不但对区域协调发展提出了新的标准，而且对传统区域的创新提出了较高要求。强调区域中企业的主体地位，同时关注区域创新中企业与经济社会发展相关主体的互动关系，以探讨区域创新中区域经济社会发展的结构是本书研究的重点。由于区域创新能力的培育并非一个独立的随机过程，而是根植于包括各个层面、各种类型和内容的复杂的关系网络之中，因此研究区域创新主体在其社会化网络嵌入过程中的结构与性质具有重要意义。

社会嵌入包含复杂的含义。“社会”在现代意义上是指人们通过各种各样的社会关系联系起来所形成的集合体，他们有着共同的利益、相对统一的价值取向和文化特征。“嵌入”（embeddedness）是新经济社会学的核心概念，也是考察经济与社会关系的根本出发点。新经济社会学把经济活动视为是嵌入社会关系网络之中的，而且认为这种关系不仅是一种具有经济效益的资产，更在于它提供了对产业和企业创新的支持，即社会嵌入性为网络的参与者或产业系统提供了整合资源要素的基础，从而保证了企业在市场上的竞争优势。

黄河流域的经济发展深受传统社会文化的影响，从而导致这一区域的社会经济结构具有内在的稳定性，也导致这一区域的创新模式与过程具有特殊性。笔者注意到人们对于传统区域的经济发展和社会转型研究给予了较多的关注，但从社会嵌入角度进行的研究并不充分。笔者主持的教育部人文社会科学重点研究基地重大项目“社会嵌入与黄河流域区域创新模式研究”（编号：08JJD790128），以黄河流域九省区为对象，研究社会关系网络对区域创新和区域发展的作用，以理解传统区域经济社会发展的过程和性质，并提出投资社会资本以促进区域创新的政策体系。

企业是区域创新的主体，但就目前来看，在我国经济社会发展转型过程中，企业作为技术创新主体的地位还没有完全确立，为了能够较全面地理解和分析黄河流域区域创新的结构和性质，我们从企业行为、外资行为、政府行为、教育发展、高技术产业创新、人口流动和农村家庭七个方面进行了多角度的分析。在研究中，笔者采用了计量分析方法，这对社会嵌入的指标选择及解释提出了诸多要求，虽然在学术研究中对社会嵌入的概念和核心工具已经有了系统的认识，但由于其本身具有讨论社会关系网络的性质，在实际工作中如何进行度量仍然缺乏一致的标准，国家的统计体系中并没有对社会嵌入的考察，研究者们在计量研究中对指标体系的确定和数据的获取主要是通过调研，而且多是基于对社会嵌入的某一角度的理解，或基于不同学科的架构，或对所研究问题的性质进行针对性的调查，因此存在较大的差别。本书根据不同主题研究对象的性质，主要采用两种方法来确定社会嵌入的计量指标和数据。一是社会调查，如第七章对于黄河流域农村家庭社会资本结构及其经济绩效的研究，即以世界银行设计的社会资本指标为依据，选择黄河流域山东、河南和陕西三个省份，利用实地调查的方式来获得数据，并据此分析黄河流域社会资本的性质、结构及其经济绩效，以期理解农村家庭这一经济社会活动主体的行为特征及其在区域创新体系中的作用。二是根据社会嵌入所强调的关系型和结构型特征，在国家统计体系中寻找可替代的指标来进行研究，这样处理的好处是能够得到较系统的数据，利于进行计量分析。例如，在研究企业行为中笔者将企业的人员结构、行业结构、投入结构、产出结构作为反映企业创新的社会嵌入结构指标，而将企业的研发经费来源结构、研发经费支出结构等作为企业创新与社会其他主体联系的社会资本指标，取得了满意的结果。运用上述方法，我们对本主题进行的多角度研究得到了确定性的结论，初步证实了社会嵌入对区域创新的作用机制，并在此基础上提出了基于社会嵌入的区域创新体系促进政策。

在本书即将出版之际，感谢教育部人文社会科学重点研究基地河南大学黄河文明与可持续发展研究中心在管理和经费上给予的大力支持，感谢河南大学黄河文明与可持续发展研究中心主任苗长虹教授的指导，感谢该中心科研秘书陈世强博士的多方面帮助。感谢泰山学院孟华教授和陕西师范大学孙根年教授在调研时给予的帮助。特别感谢暨南大学覃成林教授的悉心指导和学术关怀。研究生李春梅和王晓丹认真通读了书稿，订正了文献和文字，在此对她们的认真工作表示感谢。同时感谢科学出版社的杨婵娟编辑，她高效和认真负责的工作态度使我们深受感动。我们期望本书在社会嵌入与区域创新方面的工作能够对相关研究提供有价值的参考，能够为有关部门科学决策提供依据。由于资料、数据的限制及自身研究能力有限，本书难免存在不足之处，希望同行指教和批评。

李　恒

2014 年 12 月于开封

目　录

第一章 社会嵌入、企业行为与黄河流域区域创新

第一节 企业创新的意义及相关研究

一、企业创新的重要性与途径

企业是创新的主体，胡锦涛同志曾指出“要建设以企业为主体，市场为导向、产学研相结合的技术创新体系，使企业真正成为研究开发投入的主体、技术创新活动的主体和创新成果应用的主体，全面提升企业自主创新能力”（胡锦涛，2006）。创新包括原始创新、集成创新和模仿创新等多个领域。原始创新，多是指一种从无到有的创造，是位于世界前沿科技的自主发明，对企业而言其是企业追求的最高境界，也是对社会发展产生重大影响的事件。集成创新则强调了知识与技术的综合运用，强调新知识基础上的新工艺、新产品的发明和使用。而模仿创新则强调了对世界科技的引进，并基于本国实际和市场需求的改造和运用。不同经济社会发展阶段，对创新有不同的强调，但不管是原始创新、集成创新还是模仿创新，其主体都必然是企业。企业不但是技术创新的决策主体，也是技术创新投入的主体和利益风险承担的主体，企业的技术创新能力是评价一个国家或地区创新能力的重要方面。

根据中国企业家协会课题组的调研，我国经过多年的努力，已经具备了全面提升企业自主创新能力的诸多有利因素和基本条件，但企业研发经费投入不足，研发经费人均支出仅为美国的 1.2%、日本的 1.1%；大中型工业企业研发经费支出与其销售收入的比例多年来不到 1%，而主要发达国家已经达到 3%左右（中国企业家协会课题组，2006）。该调研结果指出了我国企业创新不足的九个方面的问题，包括长期受计划经济束缚导致对自主创新重视不够的观念难以改变、政策落实不到位导致支持不够、科技投入严重不足、市场不规范带来的交易成本高、机构建设不全导致人才流失严重、产学研脱节、中介机构不能提供有效服务、风险投资渠道不畅、知识产权意识淡薄、管理体系不完善等。

对于企业而言，实现创新的重要途径是产学研合作，特别是在构建开放式创新体系的背景下，企业与供应商、客户、大学及科研机构之间的合作是其获取创新资源、进行自主创新的重要动力。目前来看，我国的科技产学研结合模式还存在诸多问题，当世界上各主要国家的企业都已经把合作创新作为企业的基本创新

战略时，我国企业间合作和产学研结合仍然处于较低水平，其中一个重要的原因是未能选择科学可行的产学研结合方式，特别是对于企业所处的社会资本环境存在诸多不理解之处。在企业所处的环境之中，存在大量的外部知识，需要企业有效地吸收、整合和应用，这促使企业既要加大对环境的适应，也要加大对内部知识结构的调整和运用，从而有效提高企业的创新能力。

二、黄河流域简介

本章以黄河流域[①]九省区为研究对象，研究其社会嵌入与区域创新涉及的一系列主题。

黄河发源于青藏高原巴颜喀拉山北麓约古宗列盆地，流经青海、四川、甘肃、宁夏、内蒙古、山西、陕西、河南、山东九省区，注入渤海。全长5464km，河源至河口落差达到 4830m。从地理位置而言，黄河流域介于北纬 32°～42°和东经96°～119°，穿越我国三大地理阶梯，从西部的青藏高原穿越黄土高原和黄淮海平原，流域区内自然景观迥异，气候差异较大。黄河流域集水面积达 75.2 万 km^2，其中山区面积占 29%，黄土丘陵区面积占 46%，风沙区面积占 11%，平原区面积占 14%。黄河流域大部分地区属大陆性气候，四季分明。

黄河流域按其自然地理位置及河流特征可以划分为上、中、下游。从河源到内蒙古托克托县河口镇为上游，流域面积 38.6 万 km^2，占全流域面积的 51%。河道长 3472km，落差 3496m，该河段主要流经高山峡谷，水多沙少，蕴藏丰富的水力资源。从河口镇到河南省郑州市桃花峪景区为中游，流域面积 34.4 万 km^2，占流域总面积的 46%，由于流经黄土高原，此段河流水少沙多，是黄河下游洪水和泥沙的主要来源区，河道长 1206km，落差 890m。桃花峪以下为下游，流域面积2.2 万 km^2，占全河流域的 3%。由于长期的泥沙淤积，黄河进入下游后河床不断抬高，高于流经区域成为悬河，是黄河防洪的主要河段。

黄河流域是中华民族文明的发祥地，经济开发历史悠久，早在 80 万年前的旧石器时代，中华民族的祖先就在黄河流域过着狩猎、采集的生活，到新石器时代，他们在黄河流域定居，并开始从事农业生产。4000 年前，黄帝和炎帝部落结成联盟，在黄河流域中下游今陕、甘、晋地区生活、繁衍。从公元前 21 世纪的禹建立夏朝开始，其统治中心在现在河南西部和山西南部一带，到 16 世纪成汤灭夏建立商朝，再到约公元前 13 世纪盘庚迁都在殷（今安阳西北），其势力范围大大拓展，经济繁荣，农牧业和手工业发达，并使用贝币，殷朝文化已经相当发达，与当时的埃及、巴比伦并称为三个古代帝国，是世界三大文化中心。殷朝以后，直至北

① 黄河流域范围及区域特征资料来源：水利部黄河水利委员会网站：http: //www.yellowriver.gov.cn/hhyl/hhgk/

宋，近2500年时间，黄河流域一直是中国政治、经济和文化中心。宋元以后，直至近现代历史时期，北方连年战乱、黄河泛滥、水土流失严重等因素导致人口南迁、生产力下降，全国的经济重心逐渐向南转移，黄河流域在全国的经济地位开始下降。

黄河流域自然资源丰富，是我国的农业经济开发地区。黄河流域还被誉为中国的“能源流域”，上游地区的水能资源、中游地区的煤炭资源、下游地区的石油资源和天然气资源，都十分丰富；流域矿产资源丰富，且分布相对集中，为综合开发和利用提供了条件。但由于自然、历史和社会的原因，黄河流域地区与我国东部沿海地区相比，经济发展相对落后且差距在不断扩大。新中国成立以来，为重振黄河流域的经济地位，国家加强对黄河的治理与水资源的开发与利用，防治水土流失，改善了流域内的生态环境，促进了流域内农业和工业的发展。改革开放以来，在东部地区率先发展，中西部地区承接东部地区产业转移的背景下，黄河流域九省区社会经济发展在我国西部大开发战略、中部崛起战略、中原经济区建设的国家经济发展战略部署下迎来了重要的发展机遇。

研究黄河流域的区域创新与经济社会发展问题，涉及流域区经济区划问题，从而对黄河流域的界定不但要考虑其自然区域，也要考虑其经济区域。从自然区域上来看，黄河流域是从河源到河口、由分水线所包围的完整、独立、自成系统的地理单元；从经济意义上来看，流域应该是以水资源开发利用为核心的综合开发经济系统。由于其在长期的自然、人文、经济、文化作用下，已经形成了独特的经济结构和社会发展特征，从而研究区域创新需要从其经济社会发展诸方面并结合行政区划分来进行研究（李敏纳，2010）。

黄河被称为中华民族的“母亲河”，表明黄河流域在我国的文明发展史上具有重要地位，黄河流域有着悠久的开发历史和灿烂的农耕文明，一直是我国重要的经济区域。从大致的经济区划分来看，黄河上游的青藏高原和内蒙古高原是我国主要的畜牧区，而上游宁蒙河套平原、中游关中平原、下游黄淮海平原是主要的农业区，这些区域的小麦、棉花、油料和烟草等主要农产品的生产在全国具有重要地位。黄河干支流加上引黄工程、黄河故道和黄泛区，其流域涉及面积除黄河流经的九省区外，还涉及天津、河北、江苏和安徽等地（覃成林，2011），黄河流域的影响区域显然在对其分析的过程中面积要大得多，而且其范围在研究过程中不易精确划定。

实际上，流域区经济的开发和研究具有特殊性。在传统农耕文明时期，水资源成为影响经济发展的重要因素，从而以水资源开发为主线的流域经济在区域经济发展中也起着巨大的作用，这导致世界不同地区均对流域经济给予较大的关注。例如，美国对田纳西河流域、英国对泰晤士河流域、法国对罗纳河流域、德国对莱茵河流域的开发治理都取得了突出的成效，并成为带动国民经济发展的新的增长点。而我国对于长江、珠江、黄河流域的开发和治理，也取得了一定的成效。但总体而言，我国对于流域经济的开发仍然存在一定的问题，包括水土流失、环境污染等生态问题，也存在综合开发和治理程度低等问题（郭培章和宋群，2001）。基于此，对黄河流域的研究既要考虑受大河影响的流域区经济，也要综合考虑黄河流域行政区域的作用。

黄河流域的经济发展深受传统社会文化的影响，从而导致这一区域的社会经济结构具有内在的稳定性，也导致这一区域的企业组织网络化的模式与过程具有特殊性。本章研究通过强调企业网络化社会嵌入对区域创新的价值，分析黄河流域的区域特性，实证研究基于社会嵌入的区域创新模式与控制机制。特别地，由于基于社会嵌入的创新过程具有内生促进机制，这为提出顺应市场机制的对策体系和调控体系提供了基础，而网络化组织中存在的多元帕累托最优解决方案混合动机博弈，为在不牺牲创新绩效、激励和组织公平的前提下制定多种方案的政策的具体实施措施提供了可能。

三、企业创新与社会嵌入相关研究简介

1. 企业创新与企业规模关系

企业规模与创新存在某种对应关系，一般认为，企业规模越大则技术水平越高、创新能力越强，而且这种创新能力对产业升级的拉动作用也越强，这种观点实质上是将产业升级和企业技术水平总体提升相提并论（Humphrey and Schmitz，2000）。另外的研究认为企业规模越大越利于创新的观点基于大企业在重组扩张等方面具有优势，并且可以在规模经济和学习经济方面具有优势（Porter，1990）。理论研究的结果在我国并未为实证所证实，郭斌（2006）在国家统计局发布的2002 年度我国软件开发企业统计资料的基础上，对我国软件产业是否存在可观测的规模效应进行了研究，结果表明就规模对企业绩效而言，其对企业产业率存在一致性的正向影响，但对于利润率却并没有表现出显著的相关性。霍春辉等（2009）以我国轿车整车制造企业为样本，实证研究了我国汽车制造企业规模与创新的关系，发现汽车制造企业规模并不影响其绩效，甚至存在一些规模不经济的特征。

上述结论引导文献从两个方面对规模与创新的关系进行审视，一是探寻大规模带来低效率的原因，如多数文献认为企业规模扩张会导致企业在创新激励和管理等诸方面存在问题，由于反应迟钝而不能对可能出现的危机和机遇进行正确的判断和决策（Boone et al.，2000），或者存在企业家精神受到禁锢而抑制了创新的积极性。二是更多的文献则提出创新与企业规模是存在关联的，不过它主要体现

在小企业中，较小规模的企业能够体现在产业升级中的主体性，企业家精神在中小企业中更能够得到有效的发挥，从而具有灵活性和创新能力（Saxenian and Hsu，2001）。实证研究的文献来看，中小企业创新在我国台湾产业升级中发挥了重要作用，体现了小企业的主体性。长期以来，中小企业创新都得到了人们的深刻认识，在发达国家，中小企业是经济社会发展中最具活力的因素，从而成为推动技术创新和产业进步与升级的主体，也得到了国家的重要支持。例如，在法制健全的美国，仅在20世纪80年代以后，就颁布一系列为支持中小企业创新的《小企业创新发展法》等近20部相关法律。日本也颁布实施了近30多条与中小企业有关的法律，为振兴中小企业创新和发展提供了有力的支持。此外，发达国家也通过财政支持和税收优惠等方法来支持中小企业的创新和发展，如日本成立了多种由政府设立的针对中小企业的贷款援助机构，如“中小企业金融公库”、“商工组合中央公库”等，它们向中小企业提供的长期贷款预算约占中央财政的0.25%，而且比市场利率要低2～3个百分点。德国则主要以低于市场利率向中小企业提供8～10年的长期贷款（方榕，2006）。

2. 企业创新与所有制

吴泽九等（2011）以鄱阳湖生态经济区高新企业为实证对象，研究了所有制与创新的关系。国有高新企业由于基础稳固、实力雄厚，具有足够的资金和政策保护，但国有高新技术企业尚未建立完善的现代企业制度，研究与开发（Research and Development，R&D）投入不足，技术研发中心建设相对滞后，加之缺乏行之有效的人才激励机制，从而导致其创新能力相对较弱。而有限责任公司和股份有限责任公司自主创新综合能力较强，表明企业创新能力与是否具有现代企业制度有关（吴泽九等，2011）。王业斌（2012）运用1999～2008年的高技术产业行业层面数据，研究了政府投入、所有制结构和技术创新之间的关系，结果发现政府投入显著促进了我国高技术产业的技术创新，但同时政府投入的创新效应依赖于企业的所有制结构，国有经济比重越高则其效率越低。

李博和李启航（2012）的研究发现，企业技术创新的效率虽然与其所有制相关，但这一关联机制与经济发展水平存在某种对应关系，即企业技术创新效率存在基于地区所有制结构的门限特征，只有当国有经济比重低于门限值水平的时候，经济发展水平对于技术创新效率才具有显著的促进效应。文献的结论主要体现在国有企业创新效率相对较低，如刘小玄（2000）测定和比较了大约17万家具有竞争性特征的企业，发现国有企业的效率是最低的，而邵挺和李井奎（2010）通过研究企业所有制同资本收益率之间的关系也发现，国有企业的资本收益率要远低于其他所有制类型的企业。

3. 企业创新与组织

另外的文献认为企业创新与其所在的组织形态有关，特别是在创新日益复杂和技术生命周期日益缩短的全球化时代，任何一家企业都难以在其内部进行创新资源的配置，从企业外部链接来研究企业的创新活动具有重要意义。从专业化生产角度而言，新古典经济学认为自由竞争的市场机制能够有效地实现资源的优化配置，则企业就作为一个“黑箱”来参与经济的运行，并认为企业内部总能够在既定技术条件下进行最优的生产和经营活动，这也符合其以市场价格机制为核心来研究资源要素优化配置的目的，从而将视角放到市场中的企业行为中来。

大量关于网络组织的研究文献都指出网络组织因为其所具有的显著协同效应而具有显著的竞争力，然而并非企业的协同可以通过企业的简单联结而天然形成，多重联结的网络组织需要企业分担研发成本、分散经营风险和增强共同的核心能力，从而发挥网络组织配置资源的独特功效。对于网络而言，从 20 世纪 80～90 年代以来，在组织学、地理学、管理学、社会学及经济学中被广泛使用，并被给予不同的概念诠释，但均以不同形式表现出行为主体之间的联系（盖文启，2002）。从这个意义上说，行为主体的有机联结是其竞争力的来源。中间网络组织的存在扩张了企业创新的空间，同时也为企业创新创造了更好的外部环境。在传统理解的创新尺度上，企业的创新一般是指企业的系统创新，即企业创新体系，包括观念创新、技术创新、产品创新、管理创新、制度创新、市场创新等。事实上，企业的创新除了通过依靠公司内部研发和生产的不断整合从而实施产品创新直到市场实现外，研发活动只是企业在获得和吸收新技术与新知识这一过程中的一部分。据 Patel 和 Pavitt（1991）的估计，研发活动以外的知识创新大约占企业全部创新活动的 40%。

创新复杂性的增加，市场竞争的激烈程度和不确定性都对企业创新提出了新的要求，要求企业创新更快速、更具跳跃性，单个企业受其知识和技能的约束很难在其内部满足这种需求，企业也不可能在一个完整的价值链上进行全面的创新，这对企业的外部联结提出了要求，这种联结的要求已经不单单是企业之间在价值链上的分工问题，更是涉及知识技术的共享，市场的共同开发及获取新的增长点等多个方面。具体来看至少在于以下三个方面。

一是企业供应商与客户之间的联结。企业与其上游供应商和下游客户、代理商等企业在生产销售方面的关系建立，虽然是一种纯经济的联结，但在实际的交往过程中存在大量的非市场联系，从而为企业获取知识和技能并有效地进行归核化战略提供可能。

二是企业与本地的非生产企业（如大学及科研机构）的联结。大学及科研机构向企业提供基础知识的创新所必需的技术，并通过这些机构与其他企业进行联结。这一过程已经不再仅对于企业的创新起作用，而且对于网络组织中的行为主体整体发生作用，基于创新的资源整合开始在集群内进行。

三是企业在非相关尺度上与其他网络结点进行互动与合作。地理近邻的作用，导致除了与直接向集群内提供资源并进行有效要素流动的主体间发生联系，也与不直接向集群提供资源但利益相关的其他主体发生联系。当这一联系由于频繁性和便捷性而长期稳固后，非正式的和非经济的联结将起重要作用。一个重要的方面是，人员的流动变得复杂而且频繁，即社会网络把不同的利益主体联结起来，并影响人及企业的选择和目标实现（李恒，2008）。

4. 社会嵌入与企业创新

社会关系主要包括家庭关系、传统文化及风俗习惯。狭义的"社会"是指群体人类活动和聚居的范围，如村、镇、城市、聚居点等，社会中有比较健全的生存和生产的职能分工。广义的"社会"则可以指一个国家、一个大范围地区或一个文化圈。社会学根据人类赖以生存的方式把社会划分为以下几种类型：狩猎与采集的社会、畜牧社会、初民社会、农业社会（又称前工业社会）、工业社会（又称现代社会）。20 世纪 80 年代以来，伴随自动化和信息技术的普及与发展，一些社会学家提出了后工业化社会的概念，其特征是：经济结构从以制造业（生产产品性经济）为主转向以服务业（服务性经济）为主，一个地区随着服务业比重、水平的提高，吸收更多高素质的劳动力就业，该地区的城市规模将会不断扩大，其服务业也将更加多样化；对专业与技术人员需求也越多，由于现代服务业的核心竞争力是知识和信息的竞争，规模越大的城市，信息越密集越多样，人与人之间的交流越频繁。

新经济社会学把嵌入分为两种，一种是关系嵌入，是指经济活动、产出与制度受行动者个人之间的影响；一种是结构嵌入，指经济行动、产出与制度受全体网络关系的结构影响。在社会学的传统中，经济与社会的关系一直受到关注并有诸多的论述。但嵌入性问题的研究最初并不是由社会学研究者提出，研究嵌入性与企业自主创新的内在关联的思想来源于马克斯·韦伯（1922）对于社会中人文因素与经济行为之间的关系的强调，但直到卡乐·波兰尼（Polanyi，1968）提出嵌入性（embeddedness）概念，才提供了进行研究的核心概念工具。波兰尼致力于经济过程嵌入性的机制研究，提出"经济是社会的一部分"，强调如果没有经济过程赖以存在的社会条件，就不会有合理的经济理论；提出"经济行为嵌入在社会行为中"，强调人类的经济活动嵌入在制度之中。波兰尼的"嵌入性概念"的提出对于理解经济行为的社会条件及社会因素对经济活动的影响和作用有着重要的意义。但是他主要是从宏观方面证明了经济与社会的嵌入关系，对于具体的嵌入过程和规则并没有进行深化研究。新经济社会学从社会学的视角研究突破从狭隘的经济学视域解释人类行为的局限，1985 年，美国社会学家格兰诺维特（Mark Granovetter）在《美国社会学杂志》上发表论文“经济行为与社会结构：嵌入性问题”，他对主流经济学中的社会化不足（under-socialized）观点和社会学中的社会化过度（over-socialized）观点进行了批判。后来在其论文“经济社会学的解释性问题”中，在对待“经济行为嵌入于社会关系”立场上他认为不能简单地否定社会化不足与社会化过度的任何一方，而是主张两者之间的相互支持与互相融合。提出了介于二者之间的弱嵌入性（weak embeddedness）概念，即现实中行为主体既不可能脱离社会背景而孤立地行事，也不是完全受社会限制、按社会外在规范行事，而是在具体、动态的社会关系制度中追求自身多重目标体系的实现。社会嵌入，不仅是特定主体和具体关键利益相关者的有形互嵌，更是互嵌双方在思想和情感等无形要素上的深度同化（李怀斌，2008）。Hess（2004）认为嵌入不仅仅是主体在地域上的嵌入，更是主体从制度、经济、文化、习俗等方面嵌入当地社会中，一般包含空间域的地理嵌入、个体和组织间系列关系结构的网络嵌入、文化和政治等社会背景对主体行为影响的制度嵌入。可见嵌入是彼此相关的，而不是独立的，社会嵌入构成的划分在经济地理学、企业国际化等研究中得到了较为广泛的应用。特别是，在这一重要时期，学者们对于企业之间协作的不同结构形式表现出了极大的兴趣，认为在适应性、学习性、敏捷性和效率上其存在各自的比较优势，并从理论的角度认为这是一种有别于市场和科层组织的新的组织协调模式，即“网络”（powell，1990），在这种新的组织形式中，“嵌入性”理念得到了支持，经济行为被认为是根植于一个包括各个层面、各种类型和内容的复杂的关系网络之中。

为什么经济活动会嵌入社会关系网络之中？格兰诺维特的解释是因为人们从事经济活动的动机不仅仅纯粹为了追逐经济利益，满足个人物质的需要，对社会地位、身份、权力的追求也是其主要的动机，而这些动机的实现都离不开社会网络。社会网络是指社会个体和成员之间因为互动而形成的相对稳定的关系体系，“六度分割理论”是其理论基础：你和任何一个陌生人之间所间隔的人不会超过六个，也就是说，最多可通过六个人你就能够认识任何一个陌生人。社会网络研究的主要观点：世界是由网络而不是由群体或个体组成的；网络结构的环境影响或制约个体行动；行动者及其行动是互依的单位，而不是独立自主的实体，行动者之间的关系是资源流动的渠道等。剑桥大学经济学教授桑吉夫·戈伊尔（Sanjeev Goyal）是在经济学领域对网络进行研究的开创者之一，在其著作《社会关系：网络经济导论》中，把网络定义为渗透在社会和经济生活的各个角落，并且在解释众多的社会和经济现象方面扮演着一个突出的角色。关于网络研究的核心思想是理性的参与者个体之间的关系模式会影响其行动，并且决定其收益。

从类型来看，学术界也有不同的认识，Zukin 等（1990）区分了四种嵌入性的类型：结构性嵌入、认知性嵌入、文化性嵌入和政治性嵌入，强调指出结构性嵌入对于企业所融入的网络组织类型及其可能获得的潜在机遇，当企业在网络中取得其相应的位置和它所维系的企业关系时，能够有效地整合资源并创造相应的价值。这特别接近于企业创新研究中的经济分析学派的思路，如青木昌彦（2001）在博弈论视野下研究了社会嵌入问题，他将经济活动对社会关系网络的嵌入看作是系统制度化关联的一种特定类型，并认为将制度化关联理解为均衡现象并不意味着它们必然是有效率的，关键是行为主体如何在不同的域内协调其策略。由此出发，他给出了社会嵌入的方式和社会嵌入带来的企业创新过程与激励。

研究社会网络与区域创新之间关系的文献很多，国外较早对区域创新体系进行比较全面的理论与实证研究的是英国卡迪夫大学的教授库克（Cook），他在 1990 年与莫根（Morgan）合作的题为《通过网络化进行学习：区域创新及巴登-符腾堡的教训》的研究报告中提出区域创新的概念，在此以后，他又与多位学者共同对这个问题进行了更为详细的阐述，认为区域创新体系主要是在地理上相互分工，与关联的生产企业、研究机构和高等教育机构等构成的区域性组织体系，而这种体系支持并产生创新。多数的研究并没有解释社会资本是如何影响经济增长的，即作用机制是什么。Semih Akcomak 和 Bas ter Weel（2009）通过对 1990～2002 年欧洲共同体 102 个地区的实证研究发现，社会资本对经济增长的直接影响很小；高水平创新能力有助于经济增长，但社会资本通过促进创新间接影响经济增长。

很多对于社会嵌入与企业创新绩效的实证研究都提供了正的结论，如大量对意大利艾米利亚—罗马涅产业区的案例研究实证了如下事实，社会嵌入不但使网络代替层级制组织来管理各种经济交换关系，而且提供了对于生产行为的有效管理（Lazerson，1988；Pyke et al.，1990）。但也有研究指出了社会嵌入使企业由此增加了成本，如朱塞皮·索达等（2004）通过对意大利建筑业的案例研究后发现，基于社会嵌入的网络关系型资本在产生绩效的同时，也会由于产业自我规制和对组织领域的压力而产生负的外部性及成本，这会对企业和产业的进一步创新产生不利影响。

对基于社会嵌入的企业自主创新绩效的计量研究也提供了一些良好的工具和思路。例如，赫利韦尔和帕特南（2005）构建了一个条件收敛的模型来研究意大利北部和南部之间的经济增长和社会资本的关系，结论是由于社会嵌入导致了经济增长具有收敛性，而且拥有社会资本越多的地方，其收敛就越强烈，但同时也指出，当政府不能提供令居民满意的服务时，收敛受到影响。这也是实证研究中对政府行为在基于社会嵌入的企业创新绩效中较为典型的研究。

20 世纪 90 年代以来，随着产业集群研究的兴起和发展，从产业集群角度来研究嵌入性和企业自主创新的文献越来越多。在产业集群相关文献中，嵌入性更强调组织网络对本地的依赖性质，Freeman（1991）认为产业集群中存在知识溢出效应，这是促进集群创新的最根本动力，Birkinshaw（2000）认为这与网络组织的地方根植性有关，而 Barber（2005）更是通过墨西哥的实证研究证实，地方嵌入性对于创新知识和技术在提升地方产业集群中的企业竞争力具有巨大作用。

国内一些学者也比较关注社会嵌入与区域创新的关系，并定义了区域创新体系中的社会资本的含义。黄栋和邹珊刚（2002）是我国较早研究区域创新体系中的社会资本的学者，他们认为社会资本是指一个特定区域内，企业与相关企业之间，企业与企业外相关的实体、群体之间的社会联系等社会关系的总和，也包括企业获取并利用这些关系获取外部信息和其他资源的能力的总和。丁焕峰（2006）认为区域社会资本反映了区域地方政府、企业界、学术界及民间社会四方合作的程度。施建刚和唐代中（2007）在其论文中是这样定义区域社会资本的：它包含了很多长期的、历史的内容，如区域的社会文化、区域的非正式制度等。赵蓓（2008）从根植于海峡两岸关系中的“社会嵌入性”的视角分析在海峡西岸投资的台商自身、台商与我国内地企业之间的各种人脉关系、网络关系，以及这些关系对海峡西岸产业集群发展的作用，特别强调当内地吸引台资速度总体上趋于缓慢时，“地缘、血缘、文缘、商缘、法缘”等“五缘”联系在海峡西岸产业集群发展中的特定作用。赵蓓还从嵌入性的角度以东莞为例分析台资的引入对当地产业集群的影响，外资的引入在一定程度上冲击了当地的文化，打破了原有的相互熟悉和信任的人际关系，但从另一方面来看，众多外资的进入也为当地带来了新的文化、更多的资本、技术与信息，增加了产业集群内的合作与竞争，为集群的发展注入了新的活力。张克中（2006）从社会嵌入的角度提出了国家、市场和社区三位一体的治理和发展模式是中国经济转型与发展的关键。

和国外相比，国内学者更强调社会嵌入对于企业自主创新的重要性。因为国内对于企业自主创新的研究是从介绍和评价国外的研究成果开始的，通过长期的研究与思考，已经认可了自主创新不可能通过闭门造车实现，而必须进行技术引进与吸收（赵忆宁，2003），特别是通过吸引跨国公司对华直接投资的形式来进行技术引进。但由于跨国公司严格的技术保护和对政策的敏感性会大大削弱技术引进的效果（Andersson et al.，2002），而这与跨国公司对东道国的地方嵌入性有关，Cantwell 等（2002）研究证明跨国公司是促进东道国企业技术创新的重要力量，而且通过对欧洲技术性集群的实证研究证明，跨国公司的嵌入性越强，则产业集群内本地企业的自主创新能力也越强。

王辑慈（2001）是国内较早，同时也是较为系统地提出以嵌入性来实现产业自主创新的观点的学者，但她更强调的是作为中间组织网络的地方产业集群的“地方根植性”，亦即对于地方要素的利用。相比之下，项后军（2004）、郑胜利和黄茂兴（2002）则通过研究台资企业对中国内地的投资更为深入地研究了社会嵌入对于中国内地本地企业自主创新的作用。赵蓓（2005）则以社会嵌入为自变量，以企业竞争力为因变量研究了产业集群中嵌入性与企业竞争力的关系，实证证明了二者之间的相关关系。总结国内相关文献发现，绝大多数都是基于产业集群提出培育企业自主创新能力的政策建议的。

在对基于社会嵌入促进企业自主创新的障碍因素分析中，多数学者注意到了政府政策的作用，如魏江（2003）、刘友金（2004）等，但他们均强调政府逆市场政策调控的负面影响，而没有注意到公众对于政府提供公共服务的满意情况，这是与国外文献有差异的地方。特别是涉及我国高新技术园区的研究文献，多数强调了引资政策的不适应性导致的嵌入性差从而企业自主创新能力不足的问题。也有学者从文化差异角度进行了分析，指出通过吸引跨国公司进入地方产业集群以促进本地企业自主创新能力的过程中，由于没有能够协调好双方的价值观念和文化差异，从而导致跨国公司地方嵌入性较低（李恒，2006）。

从社会嵌入和企业自主创新的研究现状来看，二者都强调对于企业网络化组织的构建问题，前者给出了进行资源整合的方法和基础，而后者则强调了将更多的资源要素、创新知识和技术应用于实践并为社会提供更多价值的能力，因而，将二者结合在一起进行研究，可以为我国转轨时期提升企业自主创新能力提供有益的战略思路和方法指导。在相关文献研究中，对于社会嵌入的方法、类型及手段研究较多，分析也较充分，而且实证研究对于社会嵌入与区域创新绩效的结论虽各不相同，但均提供了经济社会条件差异的具体影响，这都为进一步研究的深入提供了坚实的基础。这些研究存在的共同的不足有两点，一是没有将社会嵌入与区域创新的关联研究放置于一个相对较长的时期中，这就难以理解社会文化与经济社会结构变迁之间的内在关联；二是没有研究具体区域创新的本地扩散机制和区域间联动机制，从而不能理解区域创新的结构过程。本章研究以黄河流域为研究对象，以黄河文明历史变迁的过程为脉络来研究经济行为对社会嵌入的过程、结构、模式与障碍因素，实证研究这一区域的区域创新模式，并进行绩效评价。

一般认为，社会资本对经济发展的作用是由个体到整体的过程，需要经过企业到企业网络再到区域网络的过程（杨鹏鹏，2008）。在第一阶段通过对企业起作用，这包括促进企业更便利地获取市场信息，通过依赖于网络来获取更高层次的信息来减少市场搜寻成本（Barr，2000），通过在社会结构转型过程中获取某些独特的关键资源，利用非正式制度的优势来进行资源配置（李培林，1994），从而以低于市场的价格来获取资源。企业的社会资本也有利于促进知识传递和技术创新，通过促进企业新产品开发，为降低销售成本和促进技术应用提供基础。在第二阶段则是通过中间性网络组织的作用来促进经济增长，从某种意义上来说，一个更大的网络可能只具有更弱的联系，因为维持一个网络需要更多的稀缺资源（Murray et al.，1997）。当到第三个阶段即区域社会网络形成时期，原有的决定区域经济发展的因素的作用开始下降，而新的因素作用力量增强，使得社会资本用以弥补区域禀赋不足成为可能，通过要素在区域上的集聚形成增长极，对周边地区的经济增长形成辐射和带动作用，在这样的区域中，由于缄默知识和信息的交流，促进了资源要素的利用效率（张曙光，2008）。

Carcia 等（2002）研究了企业社会资本对创新绩效作用的实证关系，证实了企业外部社会资本在企业获取目标知识、整合创新资源和促进知识转移方面发挥了关键作用。但从另外的角度来看，企业对所获取的知识在组织内的流动、转化和再创造的效率依赖于企业内部知识共享与整合能力（Tsai，2002），这说明企业内部社会资本的作用机制能够在创新过程中发挥更大作用。戴勇等（2011）以广度消息省级技术中心企业为对象，对企业内部社会资本影响知识流动的创新绩效关系进行了实证研究，结果表明企业内部社会资本对知识流动具有正向影响，并最终促进了企业技术创新水平的提升。

王霄和胡军（2005）针对中小企业核心竞争力问题，根据我国中小企业的组织特征，区分了社会资本构成的结构性社会资本和认知性社会资本，并在问卷调查的基础上，对我国中小企业技术创新影响因素进行了结构测量和机理分析，结论是中小企业的创新结构和知识管理水平受结构性和认知性社会资本综合影响。而且从社会网络角度来看，社会资本对林业企业技术创新的影响主要在于本行业科技人员、银行及金融机构管理人员交往程度，企业内从业人员社会网络的异质性及对企业愿景的分享普遍程度与林业企业的技术创新存在显著的正相关关系。

第二节　区域创新体系中的企业

一、企业作为区域创新主体的性质

从对区域创新主体的研究来看，对究竟是政府、企业还是大学研究机构作为创新的主体是存在不同理解的。一些观点认为企业家才是创新的主体，从其来源来看，熊彼特关于企业家能力及企业精神的论述奠定了此类观点的基础，他认为创新从其最初形成、创新产出到创新成果转化等程序中均需要企业家的主体参与。另一些观点认为创新的主体应该是知识生产的主体，即包括企业在内的，联结了大学、科研机构、政府及市场等在特定经济社会背景下组成的有机系统。也有一些观点认为只有企业才能成为创新的主体，因为创新活动通过企业进行才能有效地与市场需求相结合，并真正成为促进经济社会发展的核心力量。在我国国民经济和社会发展十一五规划中，提出要建立以企业为主体、市场为导向、产学研相结合的技术创新体系，形成自主创新的基本体制，增强企业创新能力，以形成国家创新体系。区域创新体系是国家创新体系的有机构成部分，企业作为区域创新的主体，其主体地位依赖于如下方面。

第一，企业是市场经济活动的主体。在市场经济体系中，企业是自负盈亏的主体，从市场中获取信息，在价格的引导下进行生产经营，其目标是利益最大化。就其本质而言，技术创新活动也是一种市场行为，创新分为供给创新和需求创新两种，供给创新更多地强调创新本身的价值，即科研人员由于个人兴趣进行科研开发出新技术形成创新供给的过程。这种技术推动型的技术创新在实际中占创新总体的比重在 20%～30%，虽然不是以企业为最初的推动力量，但由于创新成果仍然主要是依靠企业使用而将其转化为现实生产力，创新不能完全离开企业而单独存在。市场需求推动的创新主要由企业根据市场需求变化而提出，这是创新技术推动的主要形式，占创新成果产出的 45%～60%。

第二，企业是技术创新活动的主体。区域创新活动从其科学技术发展史的角度观察，企业并不是最初的创新主体，大多数的技术发明和创新活动都是由大学、科研机构及独立的研究人员完成的。但从产业革命开始，企业开始逐渐成为创新的主体，一方面，企业开始建立实验室进行科技创新，将外部的科技活动转移到企业内部来进行。另一方面，企业外部的科研机构和独立研究人员也逐渐与企业进行不同类型的合作，进入 21 世纪后，随着人类社会进入知识经济时代，企业在创新体系中的核心作用进一步得到强化（陈士俊和关海涛，2005）。

第三，企业实际上已经成为区域创新的主体。在发达国家，企业在其国家创新体系中早已居于主体地位，以美国为例，美国是世界上最强大的国家之一，在经济、科学及技术创新和应用中均居于世界领先地位，美国已经形成了以企业为主体的国家创新体系。从其国家创新体系的特点来看，主要有三个方面的表现：①合作创新成为美国企业之间在研发上的重要创新形式。从 20 世纪 80 年代起，由于日益呈现的竞争压力和投资规模扩大的压力促进了企业研发由原来主要基于内部进行逐渐向外部化演化，企业在开发利用研发外部资源的过程中促进了企业与企业之间、企业与大学和科研机构之间的合作。②中小型高技术企业在国家创新体系中起到了核心的作用，贡献了超过半数以上的技术创新。③20 世纪 80 年代后期起，美国的企业和大学的关系进入了一个新阶段，大学针对企业需求的产业研究大幅增加，美国的大学在企业的支持下建立了众多的研究机构，而且这些研究机构从事了诸多有潜在商业价值的研究活动（胡凯，2007）。

二、企业在区域创新体系中的地位

从创新体系对于经济社会发展的核心推动作用角度来看，企业在区域创新体系中的地位和作用与其创新行为有关，这不但要针对企业作为创新主体的内涵来分析，也应从企业的创新绩效角度来研究。

对区域创新体系中企业地位的讨论主要是基于企业创新投入和创新产出进行的，从创新投入的角度来看，2010 年我国 R&D 经费支出 7062.58 亿元，其中企业为 5185.47 亿元，占比为 73.42%，远高于科研机构的 16.79%和高等学校的 8.46%。实际上，企业本身的创新活动在 2000～2010 年也有了大幅度的增长，2000 年我国工业企业 R&D 经费为 353.4 亿元，到 2010 年增长为 4015.4 亿元，增长了 11.36 倍。而且企业内部 R&D 经费支出占主营业务收入之比也从 2000 年的 0.71%上升到 2010 年的 0.93%[①]。

从创新产出来看，2010 年我国三种专利合计申请 1 222 286 项，其中企业 540 000 项，占比为 44.18%，发明占全部的比重为 39.52%。2000 年我国三种专利合计申请 170 682 项，企业申请 45 864 项，仅占 26.87%，其中发明仅占全部比重的 16.07%。从科技活动强度来看，2010 年我国科技活动全时当量为 255.38 万人/年，其中企业为 187.39 万人/年，同样占据主体地位。可以看出，在 2000～2010 年，我国企业无论是科技创新投入还是科技创新产出均占据了主体地位，而且呈现快速增长的趋势。

第三节　社会嵌入与企业组织创新

一、企业与企业网络组织

在新古典经济学的研究框架下，企业是作为一个黑箱来参与经济运行的，因为新古典经济学认为自由竞争的市场机制能够有效地实现资源优化配置，并总能够在既定的技术条件下进行最优的生产和经营活动，如果将研究的目标放置于企业与企业外部的市场的关联中，则能够完全理解以市场价格机制为核心的要素优化与配置。在新古典经济学的理论与政策实践中，企业是不允许串谋的，因为企业间的合作可能扭曲市场配置资源和侵削消费者的福利，从而形成逆市场的力量。由此来看，在新古典经济学中，经济组织或是企业科层组织或是市场，只能是两端分布，然而现实来看，很多的经济组织处于这二者之间，是一种中间组织，既不属于纯粹的企业科层组织，也不属于完全竞争的市场组织。威廉姆森（1975）最早研究了这一问题，指出“在以完全竞争市场和一体化的企业为两端，中间性体制组织介于其间的交易体制组织系列上，分布是两极分化的”。并认为中间组织不仅广泛存在，而且相当稳定。随着越来越多的企业采用这种企业间协调的方式来组织交易和生产活动，它也更多地引起学术界的重视。目前对这种组织形式的术语非常繁杂，诸如网络组织、混合组织、组织网络等（杨瑞龙和冯健，2003），

---

① 数据来源：历年《中国科技统计年鉴》，作者整理。本书数据如无特别说明，均来自《中国统计年鉴》、《中国科技统计年鉴》，各省统计年鉴及国家统计局和各省统计局发布的官方数据。

一般而言，中间性组织可以理解为市场中的企业关系网络，其存在的必要条件有二：一是存在大量的中间产品，二是企业间中间产品交易的效率要大于企业内部交易的效率（吴德进，2004）。

按制度经济学的观点，经济组织的边界划分与交易费用有关。当一项资源的组织按市场的手段进行产生的交易费用最低时，市场组织是有效率的，如果相反，则企业组织成为最有效率的经济组织，特别是对于企业组织而言，它是大量企业垂直一体化的结果，这意味着在企业内部进行中间产品的交易效率高于企业间的效率。一体化的进程结果产生企业组织，而专业化的分工则凸显市场组织的重要性。中间性组织可以看作是市场中的企业关系网络，它是一体化和专业化相结合的产物（图 1-1）。三种经济组织在典型的市场经济中是并存的，它们在不同的环境条件下发挥各自的作用，并通过相互的联结促进整个经济的运行。

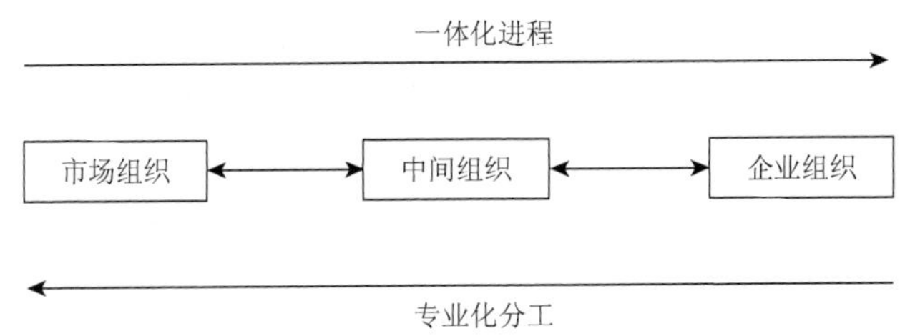

图 1-1　市场组织、中间组织和企业组织的关系（吴德进，2004）

Williamson 使用了三个交易特质指标来刻画三种不同经济组织的效率边界，它们是交易的不确定性、资产专用性和交易的重复频率（Williamson，1991），当这三个特质指标都处于较低水平时，市场组织是最有效率的经济组织，当这三个特质指标都处于较高水平时，企业科层组织则成为最有效率的经济组织，当交易特质指标处于这二者之间时，中间性经济组织就成为最有效率的经济组织结构。在新古典的框架下，由于存在完备信息的假设和清晰的交易预期，使得市场交易变得灵活而且简单，人们之间的关系是纯粹的竞争关系，交易完全是根据完备的契约来完成的。但这种灵活和简单却容易盲目，价格机制虽然能够调节总供给和总需求之间的平衡，但不能调节企业之间的计划，难以保证存在分工的企业的产品在质量和数量上的一致性。而在企业中，由于生产和交易活动都是在雇佣契约下进行，居于中心的企业家对此负相当大的责任，如果等级组织不具有灵活性，合作和竞争中更容易发生冲突。中间性组织虽然也依赖于契约，但由于信息不完备，从而契约也不完备，经济活动不但受正式契约的约束，同时受非正式契约的约束，特别是中间组织的核心在于合作，这种合作虽然并不意味着成员之间是绝对平等的，但企业之间广泛而不断重复的交易和联系使这种组织显得比市场稳定，又克服了企业科层组织的僵硬作风，从而成为一种富有竞争力的组织。

1）资产专用性。资产专用性是指一种资产被其他使用者用于其他可供选择的用途而不牺牲其生产性价值的程度。当其他条件给定时，随着资产专用性的提高，交易的治理机制将逐步从市场过渡到企业。更窄的假定如芮鸿程（2003）把由交易的不确定性和交易频率所导致的成本定义为组织结构的治理成本，对应三种组织，随着资产专用性的提高，市场组织的治理成本上升最快，中间组织居中，企业科层组织上升最慢。Williamson（1989）指出，在激励、适应性调整和官僚成本方面，中间组织都介于市场和科层模式之间，与市场相比，中间组织牺牲了激励但有利于各参与人之间的协调，与科层相比，中间组织牺牲了统一性但有利于更大的激励程度。但杨瑞龙和冯健（2003）指出，当资产专用性很高且企业没有能力进行生产时问题如何解决？他们认为，企业可以市场契约的形式通过其他企业来进行生产，这需要考虑企业的生产能力，由于现实中的企业是异质的，当考虑到企业在知识、经验和技能方面的差异时，企业并不能仅仅通过支付相应的价格就能够获取它所需要的技术，此时，通过契约来由其他企业来生产并进行交易是最佳的选择。

2）不确定性。不确定性影响组织选择，Williamson 认为不确定性主要有两种表现，一是扰动的概率分布保持不变，但扰动发生的次数增加；二是由于扰动方差增加而导致扰动的后果更为严重。而且 Williamson 还认为，从各种组织形式受扰动导致的损害来看，中间性组织是最大的。因此，有效消除不确定性，增强组织抵御扰动的能力就显得非常重要。从不确定性的来源看，可能来源于外部，如环境不确定性，也可能来源于内部，如知识和技术的快速变迁，从而打破组织原有的相对稳定的协同关系等。由于在内部不确定而外部稳定的情况下，网络治理比较普遍，当外部存在不稳定性因素时，为应付风险要求网络内部进行更为有效的联结，按 Helfat 和 Teece（1987）的研究，在产品需求可以预测的情况下，即使是温和的供给不确定也会使企业采取纵向一体化的组织形式，从而破坏中间组织体制。在聚集经济中，由于企业在相同产品层面或产业价值链上建立起了深入而又稳定的联系，从而使供给也能够确定。

3）交易频率。交易具经常性且重复性时，科层组织比中间性组织更显其效率，如由其他维度界定中间组织更倾向于被选择时，维持交易快捷和有序则显得重要。如前所述，中间组织相较市场组织和科层组织的一个重要不同点是成员基于信任的关系，在面临更开放的环境或更快速的技术变迁时，这种信任关系即成为维系生产与技术集群内外溢的重要机制。

吴德进（2004）把由交易的不确定性和交易频率所导致的成本定义为组织结构的治理成本，随着资产专用性的提高，组织治理成本也随之上升，但三种组织的上升速度并不一样，市场组织的治理成本上升最快，中间组织次之，企业组织上升最慢。从而得到结论是，当资产专用性处于中间状态时，中间性组织将是成本最低的组织。从合作的角度来看，由于中间性组织体制是企业与市场相互渗透并且相互作用的一种制度安排，则这一体制是一种效率较高的企业合作制度，是一种介于市场与企业之间，比市场稳定，比科层灵活，信用程度高，主要依靠关系、信任和承诺来进行协调的中间体制组织。

二、区域创新体系中企业与外部社会的联结

在区域创新体系中存在着多种机构，以企业为核心，在其周围是大学、科研机构、社会团体和政府，由于技术创新是区域创新体系的核心，则围绕企业的经济活动几乎都与创新相关，这些活动包括生产、教育、金融、政策等多个方面。实际上，这种企业与政府等机构相互作用的结构即是一种具有中间组织性质的结构，企业作为这一组织中的行为主体，其行为涉及企业创新活动中创新知识的传递、外部交易、联结到企业外部的社会过程等。

在区域创新体系中，企业作为创新的主体需要与其他行为主体互动，以达到促进创新行为扩张的目的，在区域创新体系内部，企业与政府及其他相关机构的互动是处于网络组织结点上的主体间的关系，它们为了获得相同的利益而联结在一起，并为共同维护系统的稳定和发展而努力，最后通过整合资源来获利。对于网络组织内部的各主体而言，在创新过程中，其相互的联结关系会对创新结果带来影响，当其中一个结点的性质发生变化时，其他结点上的企业也会因为这一变化而受到影响，进而影响其创新的进程。

由于企业与创新体系中其他主体的关系与互动会影响到企业与外部社会的联结，进而在企业的创新过程中产生作用。从传统意义上而言，创新尺度是在企业内部展开的，企业创新主要包括观念创新、技术创新、产品创新、管理创新、制度创新、市场创新等。事实上，企业研发活动只是创新过程的一个组成部分，企业的创新活动既包括依靠公司内部研发和生产的不断整合，也包括实施产品创新最后到市场中实现创新的价值，研发活动从这个意义上来说只是获得和吸收新技术与新知识过程中的一部分。据 Patel 和 Pavitt（1991）的估计，研发活动以外的知识创新大约占企业全部创新活动的 40%。

在当前创新环境下，企业已经不能独立完成诸多复杂的创新活动，由于市场竞争的激烈和市场环境的不确定性增加都对创新的复杂性提出了更高的要求，这要求企业不能在原有的知识基础上进行创新，而需要更复杂的知识和更快速的创新，突破已有生产链条和已有价值的约束，这对企业的外部联结提出了要求，这种联结的要求涉及知识技术的开发与共享、市场的共同开发及获取新的增长点等多个方面。包括以下几点。

1）企业在其创新活动中强化与供应商和客户之间的联结。企业在与处于上游的供应商和处于下游的客户、代理商等企业在市场交往过程中建立起较为稳固的生产销售关系，这虽然是基于经济利益的联结关系，但由于在实际交往中存在大量的非市场联系，从而会形成知识的传递和创新过程中技术技能的扩散，并对企业的创新带来影响。

2）企业与非生产企业的联结。非生产企业主要是指除政府外的大学、科研机构及其他社会组织，这些非生产企业向企业提供创新必需的基础知识、信息和技术，由于大量企业同时与这些机构发生关系，也导致这些机构成为企业与企业联结的重要渠道，在这一过程中，企业的外部联系一方面会对企业的创新起作用，同时会对以企业为核心的区域创新体系整体发生作用，将创新所需创新资源在更大范围内进行整合。

3）企业在非创新尺度上与其他单位进行互动与合作。由于地理近邻的作用或其他非经济关系，一些经济行为主体会与企业发生联系，虽然它们不直接向企业的创新过程提供资源或发生资源交换，但当这种联系由于频繁性和便捷性而长期稳固后，非正式的和非经济的联结将起重要作用。例如，当更多的企业存在人员流动时，会通过人员流动把不同的利益主体联结起来，并影响企业创新过程中资源的选择和目标的实现。

上述外部联系的渠道并非相互分离的，在一定的空间内，经济空间（economic space）、社会空间（social space）和地理空间（geographical space）共同发挥作用并支撑企业在其创新活动过程中的外部联结关系之后，这种关系就由短期的市场交易过渡到了长期的合作关系，并通过这一变化有机地将企业创新与整个社会的创新活动联结在一起。

三、社会嵌入与企业的制度化社会关联

企业的创新活动不是一个简单的线性过程，而是与社会活动息息相关，通过与社会的制度化关联，以实现企业技术创新的某种功能的转变，从而形成一种特定的结构类型，即社会嵌入。除了显性的知识和技术外，社会中存在着大量的具有隐性化、更复杂的和更趋组织根植性的知识，获得这些知识对于企业的创新而言是重要的，特别是在市场机制下，基于价格机制的知识生产和利用存在严重不足，交易的不确定性也导致交易成本上升，运用社会资本来克服知识组织的根植性，从而将隐性知识转换成大众可以使用的语言，以提高知识获取的效率。

在企业与社会相互作用的过程中，社会资本会起到促进企业集聚和竞争的作用，由于企业之间的相互信任度不高，当信任程度不足以促进企业生产

规模扩大，或不足以促进企业创新生产过程时，社会资本能够通过人员的交流、信息的流通及示范作用的扩大来扩散新知识，同时开发并共享新技术，此时社会资本发挥作用的内在原因在于社会的封闭性，这符合青木昌彦（2001）对于社区封闭性作为现在社会资本发挥作用的关键性条件的判断。随着经济交易的持续进行，企业之间劳动生产率的差距不断扩大且分工日益专业化，生产率较高的企业会寻找创新的机会，并倾向于向社会寻找发现社会资本并获取可能进行创新的价值，导致社会资本也会发生变化，并形成利用创新的新的社会资本。

企业与社会的结构性联结的关键在于企业的行为会引起社会资本在不同的经济交换过程中进行转移，在已经能够提供创新环境的社会结构中，企业不断地适应社会结构进行创新，并通过这一过程创造新的社会资本。值得注意的是，企业与社会之间的资源交换会对整个区域的创新环境带来影响，最终促进创新体系的形成和演化。如果已经形成了具有竞争力和利于促进创新的经济组织，这会强化产品要素在企业内外的流动，但这种流动更强调市场机制的价格调节，从而市场的不确定性会影响社会资本效应的发挥。一般而言，企业在地理空间内距离越近越容易相互影响，产业的聚集特征对企业的创新而言也是重要的。

第四节　黄河流域工业企业创新的结构与性质

一、黄河流域工业企业创新现状

据《中国科技统计年鉴 2011》，2010 年黄河流域九省区有大中型企业 11 282 家，其中有研发机构的企业为 2601 家，有 R&D 活动的企业为 2489 家，占比分别为 23.05%和 22.06%，而全国有研发机构的大中型企业有研发机构和 R&D 活动的比例分别为 27.6%和 28.31%，黄河流域低于全国平均水平。而就工业总产值和主营业务收入而言，黄河流域九省区分别占全国的 25.7%和 27.3%，但新产品分别占全国的比重为 20.07%和 20.07%。这表明总体而言，黄河流域与全国仍然存在一定的差距。同时，黄河流域新产品在工业总产值和主营业务中的比重分别为 13.81%和 12.37%，低于全国平均水平，也低于东部和中部地区。分省区而言，处于东部地区的山东和处于西部的宁夏在有研发机构和有 R&D 活动比例上均高于全国平均水平，而其他省区则低于全国平均水平。而从新产品在工业总产值和主营业务中的比重来看，除山东外，其余省区均远低于全国平均水平（表 1-1）。这表明黄河流域总体而言，企业科技活动仍然处于全国较低水平。

表 1-1　2010 年我国总体和分区域大中型企业科技活动情况　（单位：%）

地区	全国	东部地区	中部地区	西部地区	黄河流域	山西	内蒙古
有研发机构	27.60	29.79	25.08	21.21	23.05	13.51	13.40
有 R&D 活动	28.31	30.95	26.17	19.35	22.06	12.34	13.12
工业总产值中新产品比重	17.68	19.70	14.03	13.70	13.81	6.72	7.28
主营业务收入中新产品比重	16.82	18.69	13.62	12.63	12.37	5.51	6.24
地区	山东	河南	四川	陕西	甘肃	青海	宁夏
有研发机构	27.75	25.20	17.44	26.49	25.64	19.61	35.29
有 R&D 活动	28.14	25.43	11.30	26.79	25.00	17.65	33.33
工业总产值中新产品比重	22.10	8.25	11.89	11.38	8.95	1.42	7.05
主营业务收入中新产品比重	18.29	8.39	10.78	10.78	7.66	1.38	7.11

数据来源：《中国科技统计年鉴 2011》

从创新投入来看，2010 年黄河流域大中型企业科技人员占从业人员比重为 2.95%，这一比例低于全国的 3.29%，除山东（3.47%）、陕西（3.46%）外，其余省区均低于全国比重。2010 年黄河流域大中型企业 R&D 经费内部支出为 976.69 亿元，其中企业经费和政府经费分别为 916.05 亿元和 50.99 亿元，占比为 93.79% 和 5.22%。而 2009 年 R&D 经费内部支出为 860.56 亿元，其中企业经费和政府经费分别为 809.45 亿元和 38.49 亿元，比例为 94.06%和 4.47%，政府经费比重略有上升。从大中型企业 R&D 经费占主营业务收入比重来看，2010 年全国为 0.93%，而黄河流域九省区这一比重为 0.83%。分省区来看，除山东（1.04%）高于这一比例外，其余省区均明显偏低（表 1-2）。

表 1-2　2010 年黄河流域各省大中型企业 R&D 经费占主营业务比重　（单位：%）

地区	比重	地区	比重
全国	0.93	山东	1.08
黄河流域	0.83	河南	0.68
东部地区	0.54	四川	0.61
中部地区	1.17	陕西	0.88
西部地区	0.46	甘肃	0.46
山西	0.62	青海	0.49
内蒙古	0.56	宁夏	0.51

从创新产出来看，黄河流域与全国相比也处于落后状况。以专利申请为例，我国大中型企业共申请专利 198 890 件，其中发明专利 72 523 件。黄河流域九省区大中型企业申请专利为 33 134 件，其中发明专利 10 696 件，分别占全国的 16.66%和 14.75%。分省区来看，仅有山东和河南分别位居专利申请的第 4 位和第 8 位，其他省区均排名靠后。而发明专利数量仅山东一省排在前十名。

二、黄河流域工业企业创新的结构

1. 黄河流域工业企业创新的人员结构

2010 年全国有工业企业科技人员 1 758 543 人，其中国有企业、私营企业、港澳台投资企业和外商投资企业分别为 192 348 人、209 189 人、185 933 人和 296 827 人，所占比例分别为 10.94%、11.90%、10.57%和 16.88%，总体来看，内资企业科技人员比重远大于港澳台和外商投资企业。而黄河流域的山东以上各种类型所有制工业企业科技人员的比重则分别为 7.52%、16.45%、3.64%和 10.36%。和全国相比，内资企业科技人员比重为 85.99%，高于全国的 72.55%，港澳台和外商投资企业的比重比全国少了 13 个百分点。

2. 黄河流域工业企业创新的行业结构

全国和黄河流域（以河南、山东为例）工业企业科技创新投入比较情况如图 1-2 所示。

从行业结构来看，2010 年全国工业企业 R&D 经费支出在采矿业中为 5.21%，制造业为 93.92%。黄河流域的河南和山东两省和全国相比，河南上述比重分别为 8.56%和 86.27%，山东分别为 8.41%和 91.27%。可见黄河流域总体而言在制造业上的创新投入比例略低，这与黄河流域资源存量高于全国平均有一定关系。分行业来看，黄河流域河南和山东在创新经费投入上和全国相比较为一致，但在一些电气机械及器材制造业和仪器仪表制造业上和全国相比有较大的差距，表明黄河流域仍然关注传统制造业的投入，而对技术要求较高、对其他行业带动较强的装备制造业的投入略显不足。

3. 黄河流域工业企业创新的所有制结构

2010 年，全国有大中型企业 45 536 家，其中有研发机构和有 R&D 活动企业数分别为 12 568 家和 12 889 家，分别占总数的 27.6%和 28.3%。而内资企业上述比例均为 30.2%，外商投资企业则分别为 23%和 25.6%，表明外资企业在中国的创新活动水平相对较低。而从内资企业的结构来看，国有企业上述两项指标分别

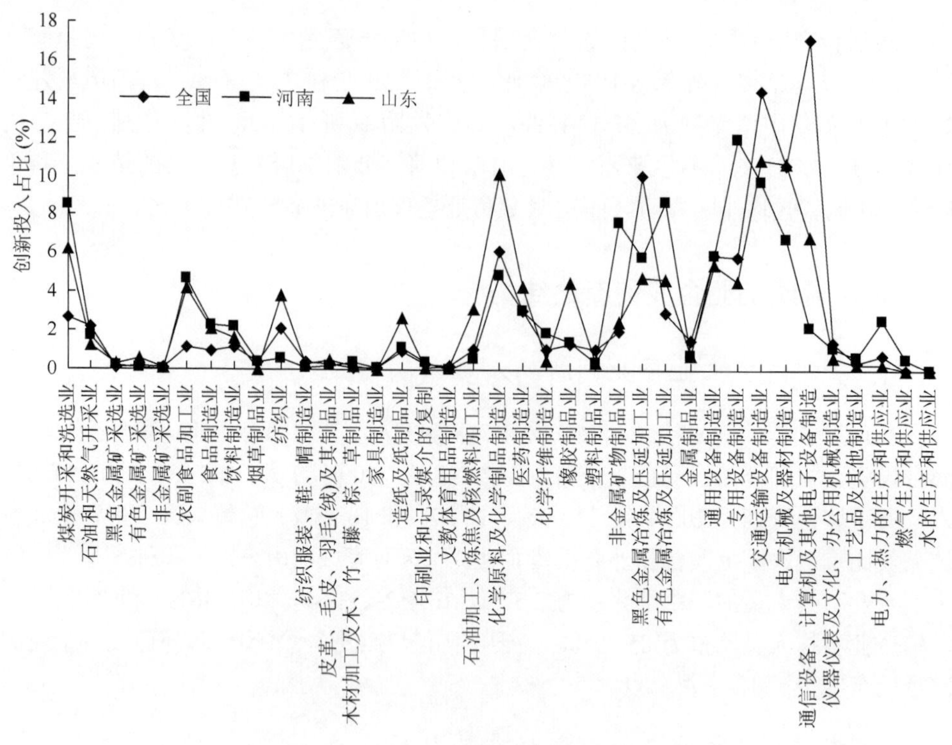

图 1-2　工业企业科技创新投入的行业比较

为 23.8%和 28.5%，低于私营企业的 26.3%和 29%。而从居于黄河流域的山东来看，其工业企业创新的所有结构中，内资企业 R&D 经费内部支出占全省支出的 85.67%，其中国有企业为 8.22%，集体企业为 7.15%，港澳台资企业为 2.61%，外资企业为 11.7%。而 2009 年上述比例分别为 84.72%、8.63%、8.48%、4.15%和 11.1%，外资企业的科技投入反而呈下降趋势。黄河流域工业企业创新的所有制结构和全国相比基本一致。

4. 黄河流域工业企业创新的投入结构

2010 年全国工业企业 R&D 经费投入 4015 亿元，其中来自政府资金、企业资金和国外资金的比例分别为 4.36%、93.62%和 1.14%，而黄河流域九省区上述比重总体为 5.22%、93.79%和 0.35%，来自政府的资金高于全国平均水平，而国外资金远低于全国平均水平，而且低于东部地区 0.52%和中部地区 1.01%的水平，表明作为传统经济地区的黄河流域，其创新投入一方面和全国总体情况一致，另一方面，则更多地依赖政府的性质。

5. 黄河流域工业企业创新的产出结构

2010 年全国工业企业专利申请数为 198 890 件，比 2009 年增长 19.26%，黄河流域九省区增长了 21.43%，高于全国平均水平。从新产品产出来看，2010 年全国大中型工业企业新产品开发经费支出为 4420 亿元，而新产品产值和新产品销售收入分别为 73 606 亿元和 72 864 亿元，分别为开发经费支出的 16.65 倍和 16.48 倍，而黄河流域九省区则分别为 15.08 和 14.93 倍，远低于全国平均水平。

6. 黄河流域工业企业创新的联系结构

为研究黄河流域工业企业创新的联系结构，本节共考察了两个方面的情况，一是工业企业 R&D 外部经费支出情况，二是引进消化技术情况。从 R&D 外部经费支出来看，2010 年全国工业企业 R&D 经费外部支出 275.13 亿元，其中对研究机构和高校支出分别占 37.97%和 18.95%，这一比重低于 2009 年的 38.4%和 20.45%。而黄河流域九省区 R&D 外部经费 2010 年为 71.97 亿元，对研究机构和高校支出分别占 53.51%和 29.28%，而 2009 年这一比重分别为 45.01%和 29.52%。显然就科研经费外部支出而言，黄河流域与科研机构和高校的联系较为紧密，高于全国平均水平。从引进消化技术情况看，2010 年全国工业企业引进技术经费支出和购买技术经费支出分别为 386 亿元和 221 亿元，引进技术经费呈连年递减趋势，购买国内技术经费则呈连年递增趋势，比较而言，黄河流域九省区 2010 年引进技术经费为 60.39 亿元，低于 2008 年和 2009 年水平，但与 2007 年的 63.43 亿元水平接近，而购买国内技术经费较为平均，这表明黄河流域与国内相关技术部门的联系具有较为稳定的性质。

第五节　社会资本、企业组织与黄河流域区域创新的实证研究

一、计量模型设定与数据

为了研究黄河流域基于社会嵌入的企业行为与区域创新的关系，本节建立如下计量模型。

$$\ln \mathrm{PAT}_{it} = \beta_1 + \beta_2 \ln \mathrm{RD}_{it} + \beta_3 \ln \mathrm{social}_{it} + \beta_4 \mathrm{con}_{it} + \varepsilon_{it} \tag{1.1}$$

式中，PAT 为工业企业创新产出；RD 为研发投入；social 为工业企业的社会资本；agg 为聚集变量；con 为控制变量；i 和 t 分别为省份和时间；ε 为随机扰动项。

创新产出。创新产出用各省大中型企业三种专利申请数表示。

研发投入。研发投入涉及两大类，即研发人员投入（RD_1）和研发经费投入（RD_2）。

社会资本变量。以工业企业与社会其他机构的关系为投入，主要涉及两大类型变量：企业对科研机构的经费支出（$social_1$）、企业对大学经费支出（$social_2$）。

企业组织结构变量。经济集聚反映的是由于集聚带来的经济外部性和规模经济效应，本书以经济密度作为经济集聚的替代变量，即每平方公里平均工业产出。

控制变量。为控制地区差异，本书综合考虑了地区、政策和资源的影响，主要选取两个变量：一个是政府经济行为（gov），以政府行政支出占 GDP 的比重表示；二是开放指标（open），以各地区的贸易开放度来代表。

以上数据均来自历年《中国科技统计年鉴》，以及各省统计年鉴。相关数据的描述性统计见表 1-3。

表 1-3　主要变量的数据描述统计量

变量	变量名	均值	中位数	最大值	最小值	标准差
RD_1	企业研发人员的对数	4.3715	4.5643	5.2377	3.4086	0.6087
RD_2	企业 R&D 经费投入的对数	5.6802	5.8297	6.7217	4.7797	0.6163
EDU	职工中大学以上人员比重	2.5130	2.1696	4.1463	1.3577	2.5130
so_1	R&D 内部经费来自政府比重	0.0604	0.0377	0.1807	0.0222	0.0604
so_2	R&D 内部经费来自企业比重	0.9269	0.9478	0.9655	0.7866	0.9269
so_3	R&D 内部经费来自其他比重	0.0127	0.0079	0.0368	0.0004	0.0127
so_4	R&D 外部经费对科研机构比重	0.4590	0.4621	0.6045	0.2884	0.4590
so_5	R&D 外部经费对高校比重	0.3287	0.3192	0.4617	0.2006	0.3287
so_6	有研发机构的企业比例	0.0545	0.0524	0.0877	0.0305	0.0545
so_7	有研发的企业比重	0.0683	0.0651	0.1166	0.0428	0.0683
so_8	企业研发人员占职工比重	0.0190	0.0193	0.0268	0.0132	0.0190
agg	经济密度的对数	2.4009	2.4696	3.3541	1.1766	2.4009
open	经济开放度	0.1955	0.1513	0.6033	0.0798	0.1955
gov	政府支出占 GDP 的比重	0.0324	0.0320	0.0508	0.0145	0.0324
PAT	企业申请专利的对数	3.1757	3.2494	4.2146	2.0128	3.1757

二、计量结果及解释

以黄河流域九省区大型工业企业专利申请数的对数为被解释变量，研究工业企业社会嵌入因素作用下的区域创新结果，由于工业部门不同结构的社会资本因素可能存在相互作用，在实证研究中我们分别对其进行了考察。在解释变量中，我们把创新投入主要划分为两个，一个是创新的人力资本投入，即企业研发人员的对数（RD_1），另一个是创新的资金投入，即企业 R&D 经费投入的对数（RD_2）。其中以创新人力资本投入为解释变量的回归结果见表 1-4，而以创新经费投入为解释变量的回归结果见表 1-5。

表 1-4　社会嵌入、企业组织与区域创新的 OLS 估计结果（RD_1）

解释变量		方程（1）	方程（2）	方程（3）	方程（4）	方程（5）
C		−1.7424 （0.2586）***	−1.5151 （0.5724）**	−4.0664 （2.9916）	−0.0541 （0.9401）	−2.6487 （0.9143）
RD_1		1.1181 （0.0583）***	1.0087 （0.1104）***	1.0272 （0.1146）***	0.9823 （0.1276）**	1.4249 （0.2291）**
教育结构	大学学历以上职工比重		0.0245 （0.0108）			
产学研结构	有 R&D 企业					1.7352 （1.4878）
	有 R&D 机构					5.6333 （1.1081）
	R&D 经费来源政府			3.8483 （3.2801）		
	R&D 经费来源企业			2.7106 （2.9561）		
	R&D 对科研机构支出				0.0646 （0.3106）	
	R&D 对大学支出				−1.1951 （0.6013）	
经济集聚	经济密度		0.1127 （0.1121）		0.1371 （0.1581）	0.3835 （0.2493）
控制变量	政府行为		−6.8662 （7.3010）*	−3.0181 （7.1369）	−13.1387 （9.9124）	−3.4888 （9.2304）
	开放度		0.1167 （0.2568）	0.3922 （2.9116）	0.1251 （0.2822）	0.5681 （0.2564）
R^2		0.9786	0.9877	0.9813	0.9846	0.9854
DW		2.5242	1.6519	1.2824	1.9666	3.0621

注：括号内的值为标准误差

***、**、*分别表示通过 1%、5%和 10%水平下的显著性检验

表 1-5　社会嵌入、企业组织与区域创新的 OLS 估计结果（RD_2）

解释变量		方程（1）	方程（2）	方程（3）	方程（4）	方程（5）
C		−12.0524 （4.6787）**	−2.8163 （1.7241）	−3.5829 （0.5567）***	−2.4832 （0.6132）***	−3.3504 （1.3175）**
RD_2		1.1363 （0.1878）***	1.1074 （0.2477）**	1.1391 （0.0840）***	1.0491 （0.0742）***	1.0538 （0.2076）***
教育结构	大学学历以上职工比重		0.0287 （0.0254）			
产学研结构	有 R&D 企业			−3.3386 （13.5807）		
	有 R&D 机构			11.3178 （17.6876）		
	R&D 经费来源政府	11.1393 （4.8610）				
	R&D 经费来源企业	8.9824 （4.3813）				
	R&D 对科研机构支出				0.3450 （0.4298）	
	R&D 对大学支出				−1.1181 （0.6240）	
经济集聚	经济密度					0.2324 （0.1805）
控制变量	政府行为	−3.1348 （10.464）	−10.999 （16.237）			3.4244 （12.3109）
	开放度	−0.1231 （0.4391）	−0.3065 （0.6327）			−0.1255 （0.4289）
R^2		0.9607	0.9316	0.9633	0.9668	0.9615
DW		1.0945	2.2776	0.8415	2.2349	2.4031

注：括号内的值为标准误差

***、**、*分别表示通过 1%、5%和 10%水平下的显著性检验

表 1-4 中，把创新人力资本投入作为创新投入的主要解释变量，方程（1）中只考察 RD_1 的作用，结果显示创新人力资本投入对创新产出的作用是显著的。在方程（2）中加入了工业企业教育维度的社会资本变量，并控制了经济密度、政府经济行为和地区开放度，发现工业企业职工中具有大学学历的比例越高，对工业企业创新产出的促进作用越显著。在方程（3）、方程（4）和方程（5）中着重考察了企业产学研结构维度的社会资本对创新的作用，结果显示，不论是企业建有 R&D 机构，还是企业有 R&D 行为，对省区而言，其比例越高，则企业创新产出

越受到正向的推动作用。而从企业 R&D 经费来源来看，来源于企业和来源于政府的资金投入也都正向地促进了企业创新产出。但从企业外部 R&D 经费联系来看，企业对科研机构 R&D 经费支出对工业企业创新产出有正向作用，而对大学 R&D 经费支出则存在负向作用。一般认为科研机构和大学同为知识和技术的生产单位，但更细致考察后会发现，科研机构更偏重对技术的强调，而大学则更强调对于知识特别是源头知识的强调，这可能是导致对大学支出反而未能体现出创新作用的原因。表 1-5 则是以工业企业创新经费投入为主解释变量的回归结果，表明 R&D 经费投入对创新产出的作用也是非常显著的。而以创新经费投入为主要解释变量的回归中，教育、产学研及其他维度的社会资本对区域工业企业创新产出的作用基本上也是一致的。

集聚对区域工业企业创新产出的作用也是正向的，我们在不同的模型里考察了集聚的作用，其结果均是正向的，但并不显著。一般而言，经济密度可以粗略地体现一个地区工业企业集聚的程度和性质，从而表明这些区域的企业组织变动情况。但对我国而言，非均衡的区域发展战略导致的经济非均衡发展，聚集并非完全是企业市场行为的结果，所以对上述结论还需要审慎对待。此外，政府经济参与总体而言对创新的作用是负面的，体现了政府行为作为市场行为的相对力量，过多政府干预会影响创新产出。

第二章 社会嵌入、外资行为与黄河流域区域创新

第一节 研究背景与文献评论

一、研究背景

理论与实践均已证实，吸引外商直接投资是促进一国或地区产业升级和经济发展的重要手段。外商直接投资是包括资金、技术、管理、市场营销等在内的一系列要素转移过程，吸引外商直接投资是解决东道国资金不足、技术进步、管理创新和营销观念更新的重要途径，而对于发展中国家或欠发达地区而言，外商投资具有更为特殊的意义，Park 和 Westphal（1986）的研究表明，对外国的技术学习和应用而非自主创新形成了欠发达国家工业化的动力源。我国改革开放以来经济社会发展的过程，即伴随着吸引外资的起步、发展与转型。

从 1979 年改革开放到 1986 年，是我国利用外商直接投资的起步阶段。1979 年随着第五届全国人民代表大会第二次会议通过并颁布《中华人民共和国中外合资经营企业法》，标志着我国对外商直接投资企业的鼓励和欢迎态度，并依此法律推进吸引外资的进程。此后，国务院先后批准深圳、珠海、汕头和厦门四个城市试办特区，实行一些特殊的优惠政策，以鼓励外资流入。1984 年 5 月，国务院又决定开放上海、天津等 14 个沿海港口城市，并于次年将长三角、珠三角和闽南厦（门）漳（州）泉（州）三角地区开辟为沿海经济开放区，初步形成沿海、沿江开放格局，先后采取下放外商投资项目审批权、减免税收、逐步完善外商投资立法等措施，以加快吸引外资的流入，这一时期我国累计批准外资项目 7819 个，实际利用外资金额达 66 亿美元。但这一时期由于外商对来华投资顾虑较多，利用外资主要来源于港澳地区，而且规模较小，投资领域也多为劳动密集型、技术层次较低的产业，而且主要分布在广东、福建等沿海地区，这些特点都表明我国当时处于吸引外资的起步阶段。

1987～1991 年是我国利用外资的发展阶段。1986 年国务院颁布了《国务院关于鼓励外商投资的规定》，进一步改善了外资企业的生产经营环境，并对技术先进型企业和出口型企业给予更加优惠的待遇，1988 年 4 月设立海南经济特区，1990 年开发开放上海浦东新区，这些措施有效地扩大了对外开放的范围，形成吸引外资的新高潮。这一时期，吸引外资在注重速度的同时，开始注重对外商投资项目

的选择，鼓励外商投资于非生产性领域，引导外商直接投资由劳动密集型产业和资源密集型产业向技术密集型和资本密集型产业转型，从地域上由沿海地区向内陆地区转移，而且外商直接投资的来源地也由港澳台地区向北美、日本和欧洲扩展。这一阶段我国累计批准外资项目 34 208 个，实际利用外资 168 亿美元，速度和规模均高于前一个时期。

1992 年邓小平同志“南方谈话”后，我国对外开放进入新的局面，外商投资热情高涨，投资项目和投资金额快速增加。世界著名跨国公司开始在中国投资建厂，沿海经济技术开发区的高新技术产业项目已经占到 30%以上。随着我国把金融、保险、商业零售和一些基础产业也有条件地进行试点开放，吸引外资向更符合我国产业政策和产业发展方向的领域进入，使外商投资成为我国经济结构转变中的重要推进力量。

2001 年中国加入世界贸易组织以来，我国利用外资进入新阶段，从强调数量转向以质量为主的阶段。中国吸引外商直接投资在绝对量保持较大规模的同时，更多地开始向吸引全球的技术、知识、管理、观念和人才等优势资源转变。到 2006 年，全球 500 强企业已经有 480 家在中国投资设立企业，外国公司在中国设立研发中心的有近 1000 家，地区总部近 40 家，外商投资企业已经成为中国经济的有机组成部分，对国民经济和社会发展的促进作用在不断增强。而吸引外资在这一时期的主要特点，一是制造业平稳之中略有下降，而服务业逐步上升，表明外资向中国投资的产业结构在随世界产业结构的转变和我国产业升级进行调整；二是跨国并购迅速发展，吸引跨国公司进行跨国并购是有效利用规模优势并进行内部化的重要方面；三是服务外包成为主流，发展服务业的外包业务成为这一时期的主流，这对优化外商投资结构以促进技术转移是极其有利的。

但对于外商投资企业能否带来东道国的技术进步还要观察其与当地企业的关系，当外资企业具有较高的本地化程度时，当地企业获取外资企业技术溢出的效应就会大，而当外资企业强调独资方式避免技术外溢时，外资行为不会对东道国的技术进步带来正向影响。观察外商直接投资企业在我国的行为会发现，外资企业由于在不同省域的分布而具有不同的本地化程度，表明其行为方式与东道国环境有关。同时，大量外资企业进入我国的制造行业，而且其市场主要依靠出口，换言之，其市场关系依赖的不是内部市场，从而削弱了与地方的联系。对不同市场的依赖程度不但体现了外资企业的经营战略，也体现了外资企业与东道国的结构关系。由于我国具有更具优势的低成本劳动力资源和产业结构上的后发优势，这成为吸引外资向我国直接投资的重要原因，使得外资企业可以通过在中国投资生产并向国际出口从而获取巨大利润。从外资企业与本地联系的角度来考察，如果纯粹讨论外资企业的市场联系，则外资企业并没有在市场联系上与本地经济有更密切的关系。但如果结合外资企业生产所依赖的本地资源基础却有另外的意义，可能正是本地资源的性质和可获得性促进了外资企业的发展。

二、文献评论

1. 外商直接投资与技术外溢

外商直接投资理论产生于20世纪60年代，最初的研究是讨论为什么要进行外商直接投资，外商直接投资的利益与区位选择，后期开始转向研究外商直接投资对东道国经济发展的影响，早期的新古典主义经济增长理论认为外商直接投资对东道国会产生积极的影响，这在于其在对东道国经济发展中的资本积累作用，如Chenery的“双缺口模型”是其中较具代表性的理论。根据哈罗德-多马模型，储蓄是促进一国经济增长的根本条件，双缺口模型理论指出，从总需求角度来描述的国民收入为Y=C+I+X，而从总供给角度界定的国民收入为Y=C+S+M。根据总需求和总供给的恒等条件可以得到：I−S=M−X，其中投资与储蓄之差称为“储蓄缺口”，进口与出口之差称为“外汇缺口”。上式表明，如果国内储蓄不能满足国内的投资需求，则需要进出口有一个规模相等的赤字予以平衡，这时需要从国外引进资本。双缺口模型表明，一国可以在不增加国内储蓄的同时，借助于外国储蓄的流入来增加投资，借以摆脱投资水平受制于较低的国内储蓄水平的被动局面，进而促进经济增长。这一时期，关于FDI对东道国经济增长作用的研究主要是基于Chenery的双缺口模型，验证FDI的流入是否能通过资本积累效应来弥补东道国的资本缺口。

但是，以索洛为代表的新古典增长模型认为，长期看来，FDI影响产出增长的程度是有限的。在索洛的模型中，长期增长只能是技术与知识提升的结果。没有技术进步，国内和外国投资递减的边际收益最终将制约经济增长。经济全球化和FDI对全球经济的影响并没有支持这一结论，主要原因在于新古典增长理论假定技术进步是外生的，所以，FDI就不能通过促进技术进步来影响东道国经济增长。直到20世纪80年代中期，由Romer和Lucas等开创的内生增长理论才解释了这一现象。内生增长理论认为，技术进步是内生的，它是影响一国经济增长的主要因素，一国技术进步来源可分为自主创新和从外部引进、模仿及学习。Coe、Helpman和Keller等研究指出，一国技术变化往往不是来自本国研发，而是国外技术转移、扩散的结果，其中FDI已成为国际技术扩散的重要渠道，FDI不仅可以解决东道国的资本短缺问题，而且可以带来一揽子资源，包括先进的管理技术和经验、工作技能和诀窍、完整的国际分销渠道、研发支持、品牌和无形资产等。

理论研究不能解决外商直接投资在东道国产生的不同效应，随后的研究更多的转向实证研究，学者们开始寻求以实证来研究外商直接投资对经济增长的效应。

2. 外商直接投资技术溢出的实证研究

研究外商直接投资与经济增长的实证研究文献主要是基于外商直接投资的技术外溢效应展开的，从产业角度研究技术外溢的文献主要集中在三个方面。

第一，技术外溢存在性的实证研究。在众多的对行业内溢出效应的经验研究中，对不同国家的检验呈现出不同的结果。Caves（1971）对澳大利亚制造业的研究、Globerman（1979）对加拿大制造业的研究、Blomstrom 和 Persson（1983）对墨西哥制造业的研究表明，FDI 的溢出效应是明显存在的；然而，Aitken 和 Harrison（1999）两次对委内瑞拉制造业的研究、Haddad 和 Harrison（1993）对摩洛哥的研究却得出了相反的结论，即 FDI 的溢出效应是不存在的。这些实证研究的基本结论是：外商直接投资的溢出效应不是自动产生的，东道国的环境及不同行业的特点会对溢出效应的发生产生影响。

第二，分析 FDI 产业技术外溢的决定因素。这些决定因素大致在于以下几个方面：①技术能力的因素。如 Findlay（1978）为代表的早期经验研究、Cantwell（2002）对欧洲的美国投资企业的技术外溢效应分析结果都表明，当地企业的现有技术能力是决定技术外溢效果的关键因素，技术外溢效果与发展中国家、发达国家之间的技术差距，尤其是初始的技术差距成正比，表明存在技术趋同效应。②人力资本因素。一国的人力资本水平会影响该国吸收先进技术的能力。如 OECD 国家对 69 个发展中国家的技术外溢，结果显示如果发展中国家有足够的人力资本，FDI 是向发展中国家技术扩散的有效途径，并对经济增长起积极作用。开创性的研究证实了东道国人力资本投资对于技术吸收的重要性。我国学者赖明勇等（2002）、张建华和欧阳轶雯（2003）及王志鹏和李子奈（2004）基于我国的实证研究也表明，人力资本越高的地区，吸收新技术的能力越高，成本越低，对经济发展的促进作用也越大。③其他因素。这些包括对于 R&D 的分析，Cohen 和 Levinthal（1989）、张海洋（2005）的研究均表明 R&D 具有两面性，但总的来看，R&D 投入增加具有增强内资企业吸收能力的效果；对贸易开放度的分析，如 Grossman 和 Helpman（1990）的研究证实，开放度较高的行业外溢效应比较明显，对当地经济发展水平的分析表明，经济发展水平与外溢效应存在正相关关系。

第三，研究外商直接投资行业分布的特征变量。由于研究方法的不同，或选取的行业特征变量不同，结果也有不同。目前来看，受到普遍重视的行业特征变量主要包括如下四个：①资本密集程度。Kokko（1994）在对墨西哥的研究中，以外资企业的资本密集度作为指标进行分组，结论是，发展低资本密集度的行业更利于吸引外资的技术。②行业集中度。行业集中度用以考察行业内竞争程度的效应，表明竞争越激烈，则溢出效应越明显。③企业规模。Blomström（1986）运用这一指标研究了墨西哥企业的生产效率，结果为，企业规模越大，则生产效应也越高，但外资企业在这些行业的溢出效应不明显。Aitken 和 Harrison（1999）对摩洛哥的研究也得到了同样的结论。④产业的区域集中度。当一些产业具有向一些特定区域集中的趋势时，会对外资的进入产生更强的吸引力，魏后凯和贺灿飞（2002）考察了中国的情况，认为产业的区域集中性和外资进入的区位偏好是一致的。梁琦（2004）利用工业区位基尼系数方法分析了我国产业的区域集中度和 FDI 的聚集关系，也得到了同样的结论。

3. 外商直接投资技术溢出的经济增长效应

关于外商投资与我国经济增长的关系问题，国内许多学者也做了有益的探讨。这些研究大致是沿着两条路径进行的。一部分学者通过建立计量经济模型，利用 FDI 与我国 GDP 的数据，来验证 FDI 与我国经济增长的关系，得出的结论一致认为 FDI 促进了我国经济发展。例如，王新（1999）根据哈罗德-多马动态经济增长模型研究外商直接投资与中国经济增长的关系。该文认为外商直接投资导致额外储蓄增加，且储蓄应全部转化为投资。通过对外商直接投资对中国经济增长贡献率的计算，得出的结论是改革开放以来外商直接投资的经济增长贡献率呈现几个跳跃式增长台阶。该文开拓了 FDI 对东道国经济增长贡献的经验研究思路，但认为储蓄全部转化为投资的假设显然与中国的事实不符。赵晋平（2001）在定性和定量分析外资流入的直接经济效果的基础上，建立描述外资与我国 GDP 等主要宏观经济指标之间相互关系的数学模型，对外资流入与经济增长的关系进行了计量分析。李静萍（2001）利用协整与误差修正模型对经济全球化与中国经济增长的关系进行了分析，认为全球化（包括外商投资）对中国经济增长具有积极的促进作用，但国内投资仍然是我国经济增长的主要推动力。沈坤荣和耿强（2001）通过构建内生增长模型，对外国直接投资、技术外溢与内生经济增长进行了实证分析和检验，萧政和沈艳利（2002）用中国和其他 23 个发展中国家总量时间序列资料进行分析，认为国内生产总值与外国直接投资之间存在着相互影响、相互促进的互动关系，并认为稳定可靠的组织机构和城市化的发展在吸引外资方面也有重要作用，它们是促进经济增长的重要因素。

另外一部分学者则把影响我国经济增长的微观因素作为中间变量，如市场结构、人力资本、技术等，间接地研究 FDI 与我国经济增长的关系，得出的结论也认为 FDI 通过影响这些微观变量促进了我国经济增长。例如，黄华民（2000）对外商直接投资与我国实质经济的关系进行了实证分析。张纪康（1999）对外商直接投资的市场结构效应进行了研究。周淑景（2000）对外商直接投资对我国产业结构的影响进行了研究。牛勇平（2001）通过建立模型，对国际直接投资与我国就业量之间的关系进行了实证分析。窦祥胜（2002）则从更广的范围，研究国际资本流动对资本、技术、人力资本的制度等经济增长因素的结构变迁的影响，进而实证分析 FDI 对经济增长的作用。

FDI 对我国经济增长的贡献是有目共睹的，但是 FDI 在中国地区分布上呈现出不平衡的特点。FDI 主要集中于我国沿海地区，大量研究表明，FDI 已成为推动我国沿海地区经济高速增长的重要因素之一。20 世纪 90 年代初，这种地区分布上的差距表现得十分突出，如东部地区 FDI 高达 94%，而中部和西部地区分别为 3.8%和 2.2%。到 2000 年年底，东部 FDI 仍占绝对优势，但其比重由 94%缩减到 86.3%，而中部上升为 9.2%，西部为 4.5%。由此可见，FDI 虽有向中西部推进的趋势，但至今仍然没有改变其高度集中在沿海少数省市的格局。

国内外学者从不同角度来分析造成这种差异的原因。大多数学者认为区域间的生产率增长速度和区域经济差距是造成 FDI 在我国区域分布不均衡的主要因素。一般来讲，地区经济发展水平越高，地区生产率增长速度越快，FDI 越多。FDI 与全要素生产率（TFP）有密切关系，因为 FDI 的密度是经济自由度的一个很好的度量；经济自由度越高，TFP 就应该越高。沈坤荣（1999）指出，由于我国经济国际化（包括吸收资本国际）的梯度推移政策，对外开放的程度和深度在地区间存在着差异，因此外商投资企业的地域分布一开始就存在着不平衡。而且，由于外国直接投资高度集中于沿海地区，为了与外资进行配套投入，国内资金也大量投向沿海地区，这是导致近些年中国沿海与内地的增长速度与收入水平差距拉大的主要原因。不仅如此，为了改善投资环境而向沿海地区基础设施投入大量资金，使内地与沿海的投资环境和“潜在增长能力”也呈现出差距拉大的趋势。因此，随着开放程度的深入、开放经验的积累、投资环境的改善、外国直接投资数量的增加，在沿海地区改善投资结构，提高投资水平的同时，努力使外国直接投资向我国内陆地区推进已势在必行。

另外一部分学者从投资效率、制度因素及技术水平等角度来研究了我国 FDI 区域分布不均衡的原因。一般来讲，地区投资效率越高，FDI 越多；地区政策倾斜程度越大，FDI 越多。王成岐等（2002）研究发现，经济技术水平和政策因素强烈地影响 FDI 与经济增长之间的关系。在经济发达地区，FDI 对于经济增长的影响更强烈；企业间的竞争最为激烈时，FDI 对于经济增长的作用能够得到最大程度的实现，建议地方政府应该采取措施最大程度地发挥 FDI 对经济增长的作用。市场化改革作为一种“一般性”的政策优化了经济增长的环境；FDI 作为这种政策的一种体现，在发达地区对经济增长发挥了重要作用。卫春江等（2004）认为各地区投资效率的差异是外商直接投资的重要原因，建议我国中西部地区应从改善投资软环境入手，强化其促进经济增长的传导机制，努力消除与东部地区在投资效率上的差距，实现区域经济协调发展。

也有学者从 FDI 对某些特定地区经济增长的影响来研究 FDI 与我国区域经济增长的关系。例如，李竹宁（2003）结合上海利用外商直接投资的基本状况，应用定量分析对外商直接投资与上海经济增长的相关性进行论证；结果显示，外商直接投资存量与上海国内生产总值之间存在明显线性关系，从而证明了外商直接投资促进了上海的经济。张立芳和李琛琛（2004）利用协整理论分析 FDI 对大连经济发展的长期影响和短期影响，结果表明无论从短期还是长期来看，FDI 对大连经济发展的拉动作用都是显著的。

第二节　外商直接投资的社会嵌入及其绩效

一、外资与地方关联的理论

外商直接投资本质上是全球化条件下资本为寻求最大化的投资行为，但外商投资的绩效和其与地方的联系密切相关，根据在地全球化理论，外商直接投资的全球化生产与要素对地方具有严重的依赖性。Storper（1997）提出地域化的概念，并将其定义为经济活动对本地关系的依赖程度。讨论地域化一般把研究的重点放置于经济集聚上，因为集聚在某些情况下是地域化的成因，另一些情况则是地域化的结果，当经济活动的活力完全依赖于本地关系的情况下，就可以说这个经济活动是完全地域化的，这种经济活力是无法在其他地方创造或者模仿的，由于人员、技术或关系的特殊性，这个区位是不可能被替代的。用 Markusen（1996）的话来说就是，高度区域化的区域应该是有黏结性的区位，从而对全球战略的跨国公司具有较强的吸聚作用，这正与 David（1998）所认为的通过地方制度整合和制度调整手段，妥善利用区域制度资源从而加强地方竞争力，并由于跨国公司的加入所导致的区域制度变迁来适应全球化的要求相一致。而从制度的角度进行的分析又进一步理清了国际投资与区域经济全球化的关系，强调地方各种正规、非正规制度及政府行为对于区域参与全球化的影响。地方集群中经济活动与社会生活网络之间的嵌入关系，使厂商之间有互动学习与竞争合作的基础，也使得地域厂商作为一个整体更具有优势，这一理论所强调的全球化力量和在地化机制的接轨，不但辨识了产业发展的形态与不同区域的优势与限制，而且给出了全球生产系统在地调节的制度演化必然性。

在地全球化理论的来源主要由两个理论组成：①新产业区及其相关学派，包括以复兴马歇尔产业区的“新产业区”学派、“新的产业空间”学派和“产业集群”学派。新产业区理论强调当地根植性、机构稠密性、创新连续性和区域创新网络的特征，认为经济交易的活动与社会生活网络之间有着床或嵌入的关系，这样的社会经济关系使厂商之间有互动学习与竞争合作的基础，也使得工业地域厂商作为一个整体具有优势，由于这种优势总是镶嵌于特定的地点，从而具有在地化的优势，而跨国公司加入产业集群就是为了获取这种特定的在地化优势。这些地区被一些学者称为“光滑”的生产空间中的“黏结”点（Markusen，1996）。②在地调节理论。David（1998）指出，地方通过制度整合和制度调整等手段，妥善地利用区域制度资源而加强地方的竞争力。政府通过对制度资源的不同配置及地方性的制度规则，从而协调外资与地方经济的组合关系。与跨国公司的接触，可以导致区域制度的进一步变迁，从而加速区域经济的转轨，以适应全球化的要求。Swain和Hardy（1998）则认为如果不从地区的制度安排角度来研究，就不容易认识外国直接投资与区域经济全球化的关系。这些理论都是受20世纪70年代末西方学者运用制度分析的理论框架对战后资本主义从福特制到后福特制转变分析的影响。当然，在地全球化理论也必须考虑尺度的问题，在具体到产业集群这样的区域范围内，企业之间的联盟、合作与竞争是协调全球化与地方化冲突的重要手段。

这样来看，研究外商直接投资与地方的联系的另一面，即是研究地方如何通过外资与全球化相连，目前来看主要在于两个理论。

一是全球价值链理论。全球价值链（global value chain，GVC）理论是基于国际分工理论，国际分工体现了在全球范围内有效利用并整合全球资源的分工与协作体系。古典国际分工的边界是产业，现代国际分工的边界则以价值链为基础，GVC将价值链认知的触角延伸到全球经济一体化的框架当中，从跨国公司到战略联盟，从全球采购到全球营销，从垂直分工到全球供需体系等，涵义相当广泛。英国Sussex大学的发展研究所（IDS）是目前对这一问题进行较广泛研究的机构。IDS将全球价值链定义为产品在全球范围内，从概念设计到使用直到报废的全生命周期中所有创造价值的活动范围，包括对产品的设计、生产、营销、分销及对用户的支持与服务等。他们认为组成价值链的各种活动可以包含在一个企业之内，也可分散于各个企业之间；可以聚集于某个特定的地理范围之内，也可散布于全球各地。Gereffi和Tam则将全球价值链区分为四个方面：①输出-输入结构，指的是在生产或服务中所牵涉到经济活动的附加价值；②在国家、地区与全球的层次上生产与分配活动的空间组织图像；③管理的结构，指出了在一条（商品）链中参与者之间的权力关系；④一个制度的设定，说明地方、国家、国际状况决定了（产品）链内的每个活动。全球价值链有两种管理结构：生产者驱动与购买者驱动的价值链。产业集群通过跨国公司的全球生产网络加入到全球价值链中，从而发挥地区优势，在全球价值链的优势环节获取地方利益。

二是跨国社会网络理论。由于网络关系不仅存在于地方，也存在于跨国的生产关系中，每一个地区加入全球网络的前提都是要足够的专业化，从而成为全球分工中的一个重要环节，专业化的分工合作是全球不同地区进行结盟的起点。Saxenian和Annalee（1994）也将全球化的过程看作是不同地区产业社群的网络关系。针对这一点的意义而言，个别地区的产业或厂商要想取得全球网络中某个结点的优势，就必须基于专业化来创造自己的优势。

二、外商直接投资与集聚经济的耦合

在实际的研究中，由于外商直接投资强调了全球生产网络的优势，而地方产业集群则体现了全球化经济中地方竞争优势的所在，因此，结合二者的生产体系能够体现出外资企业的地方嵌入性。产业集群严格来讲不是典型的组织结构，既不等同于企业，同时又异于市场。按制度经济学的观点，可以以交易费来划分经济组织的边界，不管是市场组织还是企业组织，它们存在的标准在于组织资源谁产生的交易费用最低。Williamson 和 Oliver（1991）使用了三个交易特质指标来刻画三种不同经济组织的效率边界，这三个交易指标分别是交易的不确定性、资产专用性和交易的重复频率，当这三个特质指标均处于较低水平时，市场组织最有效率，当这三个特质指标都处于较高水平时，企业科层组织最有效率，当交易特质指标处于这二者之间时，中间性经济组织就成为最有效率的经济组织结构，产业集群即是中间性的网络组织。

作为一种典型的网络组织，产业集群竞争力的源泉来源于其内部有机的组织结构，很多文献认为网络组织的竞争力来源于其所具有的协同效应，但企业的协同效应不是通过企业的简单联结形成，这需要企业分担研发成本、分散经营风险以增强核心能力，从而发挥网络组织独特的资源配置功效。产业集群的结构由于外资的进入而发生大的变化，进而改变了产业集群与外部的联结关系，这种变化主要体现在两个方面：①产业集群作为一个整体与外部的联结。由于产业集群是开放的体系，并且具有专业生产的倾向，产业集群与外部的联结正是其获得外部规模经济的主要渠道。②产业集群内的企业与外部的联结。在传统的地方产业集群中，产业集群内的企业主要是本地企业，它们同时承担着与外部联结的任务。而在外资参与的产业集群中，与外部的联结主要依赖外资企业来进行。外资企业一方面通过产业集群获得地方资源，另一方面通过与外部的联系来实现其全球战略，这一行为对地方产业集群的技术创新会带来积极的影响。

由于产业集群的组织结构在吸引外资进入后发生了变化，则其地方创新体系亦呈现出一些新的特点。

1）非对称性的组织结构。吸引外资进入的产业集群中有两类行为主体，即外资企业和本地企业，这二者是不对称的。一般来说外资企业在产业集群中具有一定的影响力，但这种影响力不足以完全决定集群的发展道路。特别是，外资企业进入地方产业集群多是为了获取区内的资源优势，与本地企业之间的关联程度不深，这种非对称的结构在短期内并不会破坏产业集群本地企业原有的结构，但易于向有利于外资企业的方向转变。从技术角度来看，外资企业大多是跨国公司的分厂，自主创新能力也有限，与本地企业技术传播的多是成熟的技术。

2）典型的网络治理模式。在外资企业与本地企业的相互作用关系中，外资企业在集群中具有一定的主导地位，外资企业的行为会对其他经济行为主体的行为带来影响，最终这种影响会在产业集群总体的创新行为中表现出来，当产业集群的创新及其发展路径出现问题时，需要从网络关系上来寻找解决办法，这样就会形成一种典型的网络治理模式，产业集群中的每一个企业都将其核心资源贡献出来，使得所有的企业都能够获得单个企业不能获取的技术创新利益。

3）产业集群的开放性增强。地方产业集群由于专业化生产和内部的密切联系，导致其与外部的联系较少，外资企业进入地方产业集群后，会促使原来相对封闭的地方产业集群与外部的联系增多。这种联系的一个重要渠道是通过外资企业的外部网络渠道与外界沟通，本地企业由于与外资企业存在供应关系也可通过这一渠道与外界取得联系，但与外资企业存在竞争性的本地企业则难以仿效，其结果是，外资进入带来的产业集群开放性的好处并未惠及群内所有的企业。

4）组织结构的稳定性出现分化。外资企业进入地方产业集群之后对于产业集群组织结构稳定性的影响具有不确定性，这主要与外资企业的性质有关。小型外资企业进入地方产业集群后会导致集群的结构稳定性变差，其原因在于外资企业对当地的根植性较差。如果外资企业是独立性较强的子公司，当地根植性强，则会提高产业集群的组织稳定性。

理论研究表明，外资在东道国往往代表先进技术的拥有者，那么外资进入地方产业集群能够有效地促进其技术升级，这种促进机制既包括外资的关联效应和示范效应，也包括外资的自我强化机制所带来的技术创新机制。Howells（1990）曾经指出大企业研究机构间的知识外溢对产业集群的技术学习是一种有效的促进机制，但在实证研究中并没有得到明显的证据支持，一些研究证实集群中的 FDI 技术外溢效应比分散的强烈，如 Cantwell 和 Lucia（2002）在研究欧洲一些偏重于研究性的地方产业集群，以及 Paulo 等（2000）对硅谷 IT 产业集群实证研究的结论均表明，外资的技术溢出效应在产业集群中更为强烈，外资对于集群的技术升级具有较强的促进作用，这种作用也影响到了产业集群内部的本地企业，它们对技术学习和创新的效应比外资进入之前更强烈。但也有研究认为，由于外资具有严格的技术保护和对政策的敏感性，这会导致它们对东道国的技术溢出效应不是那么突出（Andersson et al.，2002）。实际上，我们也发现大量的外资倾向于把研发机构放在母国，而把生产和销售基地放在东道国，即使外资进入了发展中国家的地方产业集群，但由于它们使用技术能力比较落后，对于本地的技术升级不会带来预期的乐观结果。Birkinshaw（2000）认为外资对产业集群的作用与产业集群的发展阶段有关，他将产业集群划分为成熟产业集群和高增长的产业集群，并认为对于成熟产业集群而言，外商直接投资在不同时期都具有积极的效应；但对于高增长的产业集群而言，外资的短期影响是积极的，但中长期的效应却具有不确定性，其效应取决于外资与当地的关系，外资与当地企业的关系越紧密，其正面影响越显著。

国内研究外资技术溢出效应的文献在近年来较多，而且有大量从产业集群角度来研究外资技术溢出的文献。王缉慈（2001）以北京中关村 IT 产业集群的案例分析表明外资对地方产业集群发展是有利的，而且认为在全球化背景下产业集群是地方竞争优势的源泉。徐康宁（2001）认为开放条件下产业集中对产业竞争力有利，并用我国制造业地区集中度指标验证了二者的关系；从区域角度来看，外资集中区域和产业集群发育程度之间具有正相关关系，说明二者是相互促进的（梁琦，2004）。

对于在地方产业集群中外资的作用而言，它能否带来技术进步与外资的进入方式有关，一般而言，外资进入产业集群的方式有选择建立子公司、合作生产或并购三种，对于外资来说，选择何种方式在于其对于成本的考虑，但对于产业集群而言，不同的进入方式会导致不同的产业集群结构，最终会影响地方产业集群的发展方向。Cantwell 和 Lucia（2002）认为并购容易使外资快速地获取当地资源，并融入地方生产和社会网络中，所以选择并购对于外资而言是有利的。但另外的研究认为并购可能使外资获得大量自己并不需要的资源，从而提高了进入成本。Caves（1996）认为设立子公司是最有利的进入方式，这样能够有效地避免被对手模仿。这种观点在实际中得到了证明，统计表明采取建立子公司形式进入地方集群的方式占 79%，而采取并购的形式为 15%，合作生产仅为 6%（Kummerle，1999）。从东道国的环境来看，本地企业的行为也会对外资进入集群的方式带来影响，当本地企业对外资具有敌对意识时，并购或建立子公司都不容易获得成功。合作易于为本地企业接受，能够有效避开当地进入壁垒（Birkinshaw，2000）。

第三节　黄河流域吸引外资及其创新行为分析

一、黄河流域吸引外资的历史与现状

1. 黄河流域外资产业分布特点

（1）外资产业分布现状

截至 2010 年年底，我国共有外资企业注册户数 445 244 户，投资总额 27 059.31 亿美元。黄河流域九省区有注册外资企业数 67 670 家，投资总额为 2935.896 亿美元，占全国的比重分别为 15.2%和 10.85%。而在 2000 年年底，全国共有外资注

册企业 203 208 家，投资总额为 8246.75 亿美元。黄河流域九省区有注册外资企业 24 873 家，投资总额为 801.84 亿美元，分别占全国的比重为 12.24%和 9.72%。可见在过去十年间，黄河流域九省区吸引外资不论是数目还是金额上均快于全国平均增长速度，而且从规模来看黄河流域九省区外商投资企业的平均规模由 2000 年的 322.37 万美元上升到 2010 年的 433.85 万美元，但仍然低于全国吸引外资企业的总体规模。

以河南省为例，2010 年，外商投资企业投资规模在 1000 万美元以上的企业为 662 家，占全部企业的 24.9%，而这一比重在 2004 年为 11.6%，体现了吸引的外商直接投资企业规模仍显过小。分产业来看，第一产业共有外商直接投资企业 81 家，占全部外商直接投资企业总数的 3.29%，第二产业共有 1716 家，占全部的 69.78%，第三产业共有 738 家，占全部的 26.72%。第二产业是吸引外商直接投资的主要部门，从投资额来看，情况基本一致，第一、第二、第三产业占投资额的比重分别为 1.91%、70.44%和 26.04%（表 2-1）。

表 2-1 2010 年年底河南省外商直接投资产业分布

产业	企业数（个）	所占比例（%）	投资总额 1000 万～5000 万美元	投资总额 5000 万美元以上	投资总额（万美元）	所占比例（%）
第一产业	81	3.29	19	2	72 429	1.91
第二产业	1716	69.78	318	120	2 667 399	70.44
制造业	1504	61.16	253	85	1 792 338	47.33
第三产业	738	26.72	171	52	1 058 356	26.04
总计	2459	—	489	173	3 786 593	—

资料来源：《河南统计年鉴 2011》

分时期考察，河南省吸引外商直接投资的产业分布存在变动，表 2-2 选取了 2001 年、2004 年和 2010 年三个年份来进行考察。总体来看，仍然是第二产业吸收了大部分的外商直接投资，在最低的年份 2001 年，仍然超过 60%，到 2004 年则高达 78.23%。不同的是，第一产业吸收直接投资的比例均比 2004 年年底统计的外商直接投资总额比例要高，2004 年甚至高达 4.94%，基本接近国际上对于第一产业吸引外资的一般比例，如果考虑统计口径的因素，比一般比例还要高一些。一个原因是河南省在吸引外商直接投资方面加大了对于第一产业的倾斜力度，二是因为河南省有一些比较大的涉农企业，这也促使了外资向第一产业进入；三是本表使用的数据是协议投资，而非实际投资，第一产业的实际投资比例往往较低。但到 2010 年，这一比例则出现明显降低，只有 1.91%。

表 2-2　河南省当年吸引外商直接投资产业分布

年份 投资情况	2001 年			2004 年			2010 年		
	企业数（个）	投资额（万美元）	所占比例（%）	企业数（个）	投资额（万美元）	所占比例（%）	企业数（个）	投资额（万美元）	所占比例（%）
第一产业	9	1406	2.26	19	10150	4.94	81	72429	1.91
第二产业	169	38502	61.91	367	160674	78.23	1716	2667399	70.44
第三产业	46	22280	35.83	92	34559	16.83	738	1058356	26.04
总计	224	62188	—	478	205383	—	2459	3786593	—

注：表中资料使用的是当年河南吸引外商直接投资新签协议和协议投资额

资料来源：河南统计年鉴. 2002，2005，2011

深入国民经济各部门内部来考察，制造业是吸收外商直接投资最多的行业，截至 2010 年年底，制造业吸引外商投资累计投资金额和当年投资金额占全部的比重分别为 47.33%和 57.06%。其次是电力、煤气和水的生产与供应业（占 19.17%和 2.34%）、房地产业（占 10.39%和 4.98%）及租赁和商务服务业（占 3.51%和 7.52%）（表 2-3）。值得注意的是，制造业也是企业注销比例最高的行业，截至 2010 年，制造业共累计注销 734 家企业，占全部注销企业 1217 家的 60.31%，体现出制造业是外商直接投资最为关注也是活动最频繁的部门。

表 2-3　2010 年黄河流域利用外资方式

地区	外商直接投资（亿美元）	合资经营企业		合作经营企业		外资企业	
		金额（亿美元）	比重（%）	金额（亿美元）	比重（%）	金额（亿美元）	比重（%）
全国	1057.35	224.980	0.213	16.160	0.015	809.750	0.766
黄河流域	220.697	62.652	0.284	14.089	0.064	127.368	0.577
宁夏	2.841	2.022	0.712	0.206	0.073	0.612	0.215
内蒙古	33.846	6.564	0.194	0.370	0.011	12.716	0.376
山西	7.142	3.401	0.476	3.490	0.489	0.251	0.035
陕西	18.201	4.011	0.220	2.312	0.127	11.673	0.641
河南	62.467	19.120	0.306	5.855	0.094	36.677	0.587
甘肃	1.352	1.107	0.819	0.000	0.000	0.245	0.181
山东	91.683	26.215	0.286	1.748	0.019	62.348	0.680
青海	3.166	0.213	0.067	0.108	0.034	2.845	0.899

资料来源：中国统计年鉴. 2011；2011 年各省统计年鉴

（2）外商直接投资产业非均衡分布的特点

第一，第一产业利用外资明显不足。以河南为例，第一产业利用外商直接投资明显不足，仅为 1.91%，这虽然略高于全国第一产业利用外资 1.15%的水平，但一般发展中国家在外商直接投资中，第一产业利用外资的比重为 5%，虽然这里面存在统计口径的问题，在国际上统计外商直接投资时，第一产业一般包括两部分，一部分为农、林、牧、渔业，另一部分为采矿、采石、采油业，而我国统计时将采矿业计入第二产业从而降低了第一产业利用外资的比重。但即使将采矿业加入第一产业，河南第一产业利用外资所占比重也仅为 3.46%，距一般水平仍有很大差距。而黄河流域的其他省份如山东、山西和陕西，第一产业利用外资比重分别为 3.08%、1.31%和 0.7%。

特别是黄河流域九省区中多数省区是农业大省，如山东和河南第一产业总产值分列全国第一和第二位，但第一产业现代化水平较低，河南人均农用机械总动力为 1.594 千瓦/人，和全国 2.093 千瓦/人相比尚有差距，因此吸引外资以提高河南第一产业的现代化水平是相当关键的。

第二，第二产业是吸收外商直接投资最多也是外商直接投资活动最频繁的部门。这也符合外商直接投资产业分布的一般规律，而且主要进入制造业部门。截至 2010 年末，实有外资企业投资总额中制造业占比为 47.33%（河南）、73.46%（山东）、21.79%（山西）、48.22%（陕西），和全国的 52.87%相比虽然多数省份比重并不算太高，但仍然处于较高水平，这一方面说明外商直接投资进入第二产业比例较高，第二产业既是国民经济活动最活跃的部门，也是外商直接投资活动最频繁的部门，同时也印证了外商对华直接投资更注重于强调利用我国低成本劳动力的性质。但观察第二产业其他部门情况来看，一些省份占比却高于全国平均水平，如河南电力、燃气及水的生产和供应业吸收外商直接投资比例高达 22.37%，远高于全国 5.09%的水平。电力、燃气及水的生产和供应业是具有高垄断性的行业，换言之，高垄断部门的高垄断收益成为河南吸收外商直接投资的主要力量，这种情况不利于产业的长期发展，也不利于第二产业市场结构的优化。

第三，第三产业吸收外商直接投资略显不足且内部存在不平衡。黄河流域多数省区第三产业吸收外商直接投资较低，如河南第三产业吸收外资占比为 20.82%，山东为 16.09%，甘肃为 18.72%，内蒙古为 11.55%，宁夏为 12.16%，山西为 20.44%，陕西为 15.42%。而全国平均则为 24.57%，黄河流域各省区第三产业吸引外资明显低于全国平均水平。但考虑到第三产业总产值比重和全国也存在差距，这一比例虽略显不足，但是相对适中的。2010 年，全国第三产业比重为 43.14%，但黄河流域九省区最高的省份宁夏为 41.6%，最低的河南则为 28.6%，其他省区基本上都在 34%～37%，九省区总体第三产业比重为 34.86%，低于全国近 9 个百分点，作为传统结构省区，黄河流域各省区和东南沿海等经济发达区域相比，第三产业在发展水平和质量方面与全国平均尚有差距，因而吸收外商直接投资的进入以促进第三产业发展是重要的。

2. 外商直接投资产业分布结构失衡的深层次原因

（1）外商直接投资产业间非均衡分布的理论解释

从世界经济发展历程来看，国际投资部门的重点具有从第一产业转向第二产业并继续向第三产业转移的趋势，这一世界范围内的普遍现象可从产业结构演变规律得到理论解释，一是配第-克拉克定理指出，随着经济的发展，劳动力总是先从第一产业向第二产业转移，再转向第三产业，这是由产业之间附加价值的相对差异造成的。现实经济中第二产业的附加价值高于第一产业，而第三产业的附加价值又高于第二产业，劳动力便具有由低收入产业向高收入产业转移的趋势，则产业结构的转移也出现相应的梯度转移趋势。二是国际投资引力定律，认为国际投资部门投向的决定主要取决于行业投资密度的高低。据世界银行统计，1952 年世界第一、第二、第三产业的投资密度平均比值约为 4∶3.8∶3.2，因此，第二次世界大战以后国际投资重点必然依次从第一产业向第二、第三产业转移。三是产业内同向投资理论。产业内的同向投资是指一个国家某一行业的企业在对外进行直接投资时，也常把资本投向国外的同一行业。国内产业发展由第一向第二再到第三的梯度发展，导致在对外直接投资时引起相同的效应。

（2）国有经济产业分布的影响

一般而言，国有经济在产业或行业中的分布是影响外商直接投资的一个重要变量。由于中国经济发展的特殊背景，国有经济体系相对成熟，而且在各个方面享有优惠政策，特别是 1999 年年底，中共十五届四中全会确定国有企业退出一部分竞争性领域，并积极吸收外资参与国有企业改组改造，同时通过与外资建立合资企业的方式，国有企业还能享受到国家为吸引外资而提供的一系列税收、信贷和原料供应方面的优惠政策，这成为吸引外资进入的主要原因。但并非所有高国有比重部门都成为吸收外资的主要部门，因为受国家《外商直接投资指导目录》的影响，在同一部门内部的不同产业也受到较大影响。这虽然不能完全显示国有经济对外商直接投资的解释，但总的来看，国有经济占比重较高的如制造业、电力、燃气及水的生产与供应业、房地产业同时也是吸收外资较多的部门，但水利、环境和公共设施管理业及公共管理和社会组织等却是受到较多限制的部门。

（3）外商直接投资企业经营目的的影响

从吸引外商直接投资的性质来看，截至 2010 年末，全国外商独资企业占比重为 76.6%，而合资和合作企业分别占 21.3%和 1.5%，外资企业是全国利用外商直接投资的主要方式。而黄河流域八个省区投资方式的比重则分别是 57.7%、28.4%和 6.4%（表 2-3）。和全国相比，虽然外资独资企业仍然是主要方式，但合资经营在黄河流域却表现得较为突出。独资倾向是外商直接投资企业在华投资的一大倾向，这一点在黄河流域的表现也很明显，一般而言，独资企业更强调将中国作为一个出口的平台，通过大量使用中国的低成本劳动要素，依托其自身较高的生产技术和全球营销途径，来获取利润。河南虽然是农业大省，但农产品的国际竞争力不高，难以成为吸引外资进入的力量，而河南劳动力资源丰富所导致的工资成本低，和河南劳动密集型产业比重高的特点，都为外商直接投资的进入提供了条件。

（4）外商直接投资初始行业分布的影响

理论与实践都已证明，外商直接投资初始分布对后来的外资进入具有很强的效应，这一方面在于产业本身的关联，如大量的处于同一行业的外商投资企业之间可以通过人员调动、商业联动等联系来实现“知识溢出”，相互促进，更重要的是，外商直接投资毕竟跨越了不同的地域、体制和文化制度背景，从而会由于存在信息不完全而影响其投资和发展，这些信息包括对劳动力市场的动作、东道国外资政策的具体执行情况、对于合作伙伴的选择策略等，以前的投资无疑能够积累起当地经济和商业环境的知识和经验，从而减少投资成本，降低投资风险。

（5）市场集中度的影响

东道国的行业市场发育情况也会影响外商直接投资的选择。关于外商直接投资与东道国市场集中度的分析是产业组织理论的重要内容，由于跨国公司通过国际分工实现了规模经济，从而基本都要比东道国的企业规模要大，也会在东道国市场上形成挤出效应，实现对东道国最小市场规模的提升。多数文献证实了由于外商直接投资导致了东道国市场竞争不够充分的结果，也有文献认为当东道国行业的市场集中度较高时，会对外商直接投资产生抑制效应，但另外的研究认为已经形成垄断效应的行业对外商直接投资会带来吸引力，因为跨国公司可以通过兼并东道国的企业而实现快速占领市场的目的。以河南省为例，其外商直接投资规模相对较小，2010 年年底，河南外资直接投资一共 2459 家企业中，投资规模超过 5000 万美元的只有 173 家，而制造业和电力、燃气及水的生产和供应业就占了 26 家，这反映了外商直接投资过于注重短期利益，既不利于技术的获取，也不利于产业结构的长期调整。

二、黄河流域外资在区域创新中的地位

吸引外资有利于落后地区的结构升级和技术进步，外资在一个地区经济发展中的地位体现了其作为区域创新体系有机组成部分的作用。考察外资在一个地区区域创新体系中的地位和作用，其涉及一国整体发展战略的过程和性质，对于发展中国家和地区而言，由于它们与发达国家存在经济发展水平、经济结构、技术水平等诸

多方面的差距，从而对外资的引进成为缩小差距的手段。由于外资对东道国经济发展的总体作用是正向的，因此，吸引外资本身即是对东道国区域创新体系的促进。

黄河流域九省区分属我国东、中、西部三大地带，由于我国改革开放以来开发开放政策的区域差异，黄河流域九省区吸引外资也存在差异。图 2-1 显示了 1985～2008 年我国不同类型区域吸引 FDI 占 GDP 比重的情况，可见，我国吸引 FDI 占 GDP 的比重在 1992 年邓小平"南方谈话"后出现了快速增长，1995 年起呈稳中有降的趋势。各地区比较来看，东部地区吸引 FDI 占 GDP 比重最高，而中部和西部地区均低于全国平均水平。黄河流域九省区大致和中部地区持平。同时观察图 2-1 发现，各地区吸引 FDI 在时间趋势上具有大致相似的走势，这表明我国吸引 FDI 受国家总体上的开放战略和政策影响。

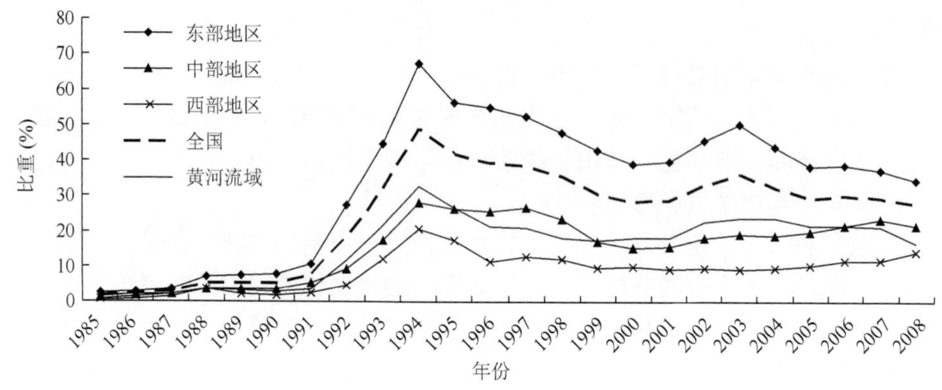

图 2-1　我国各地区吸引 FDI 占 GDP 的比重

进一步观察黄河流域九省区吸引 FDI 的情况，除山东和内蒙古个别年份外，多数省区吸引 FDI 的比重均低于全国平均水平，而且多数省区吸引 FDI 的比重除 1992～1995 年出现大幅增长外，1995 年后大幅回落，表明黄河流域除山东外各省区吸引 FDI 比重长期以来没有发生显著的增长（图 2-2）。

从外资在区域创新体系中的作用来看，过去十年外资在黄河流域九省区扮演着重要角色。2001 年全国工业企业总产值中外资企业的产值比重为 28.51%，而黄河流域九省区的外资工业企业产值比重仅有 10.97%，分省区来看，除了山东和陕西分别为 15.53%和 10.51%外，其余省区外资工业企业产值占比不足 10%。工业增加值全国外资企业比重为 25.16%，黄河流域九省区也仅有 10.52%。这表明总体来看，黄河流域九省区外资企业在工业产值中的贡献是比较低的。到 2011 年，全国工业企业总产值中外资企业的比重下降到 25.87%，黄河流域九省区总体而言反而有所上升，为 11.03%。分省区来看，仍然只有山东比重为 15.88%，其余省区均低于 10%（表 2-4）。

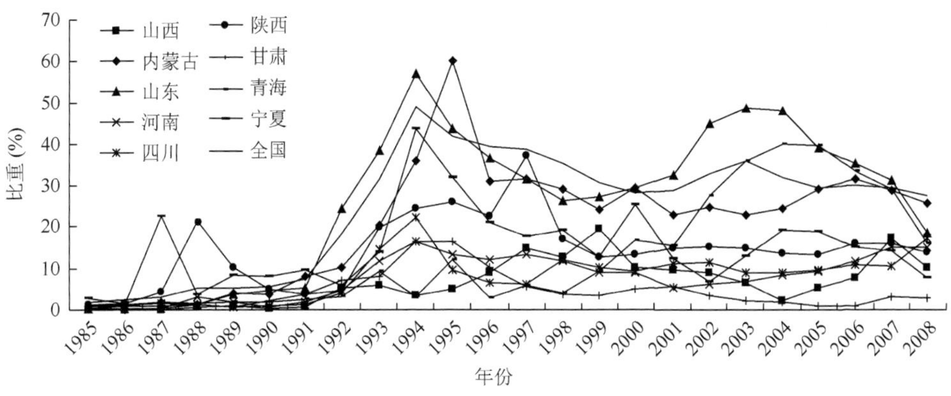

图 2-2　黄河流域九省区吸引 FDI 占 GDP 的比重

表 2-4　黄河流域各省区外资工业企业产值比重　　（单位：%）

地区	2011 年	2001 年
全国	25.87	28.52
黄河流域	11.03	10.97
山西	5.69	5.35
内蒙古	7.78	7.94
山东	15.88	15.54
河南	7.43	6.82
四川	9.57	8.19
陕西	8.27	10.52
甘肃	1.80	3.79
青海	3.08	2.78
宁夏	5.14	7.20

从我国改革开放以来的引资阶段来看，在初期阶段以市场换资金为主，这导致了外资的大量进入，特别是 1992 年邓小平“南方谈话”后，吸引外资的规模和速度有了更大的提高，并形成了加工贸易型的产业结构。到 20 世纪 90 年代后期虽然提出由市场换资金转变为以市场换技术，但已经形成的加工贸易型引资结构很难在短期内得到改变，可以理解为外商企业在我国的出口中占据了重要地位。2000 年，我国外商投资企业出口占全部出口的比重为 47.92%，到 2011 年上升为 52.42%。比较而言，黄河流域九省区外商投资企业出口比重低于全国平均水平，2000 年为 35.97%，到 2011 年增长为 43.41%，而其中主要是居于东部地区的山东贡献较大（表 2-5）。如果观察进出口总额，2000 年，全国外商投资企业进出口占

进出口总额的比重为49.9%，到2011年增长到51.1%，而黄河流域九省区外商投资企业进出口占进出口总额的比重在2000年为37.1%，到2011年仍然为37.1%，没有增长（表2-6）。这表明在2000～2010年，外商投资企业进口反而在下降，而且下降速度高于全国平均水平。

表2-5　外商投资企业出口占出口总额的比重　　（单位：%）

地区	2000年	2001年	2002年	2003年	2004年	2005年	2006年	2007年	2008年	2009年	2010年	2011年
全国	47.9	50.1	52.2	54.8	57.1	58.3	58.2	57.1	55.3	55.9	54.6	52.4
山西	7.3	6.0	5.8	7.1	7.2	8.2	10.2	9.3	8.9	16.9	13.1	11.8
内蒙古	12.4	14.4	12.1	9.8	8.2	18.2	14.8	12.4	19.7	13.6	22.0	23.8
山东	49.3	50.0	51.1	49.7	49.5	49.8	51.0	51.5	52.3	54.2	51.3	47.4
河南	19.5	17.1	15.9	16.1	16.0	15.0	15.3	15.7	13.8	20.8	21.0	38.6
四川	17.1	14.2	12.2	14.9	15.8	16.7	20.6	29.5	33.3	36.4	35.8	55.8
陕西	8.8	7.6	7.3	8.1	8.6	8.3	10.9	16.3	16.2	27.1	38.3	35.0
甘肃	9.1	11.1	19.6	14.5	12.2	17.2	12.8	13.8	9.5	9.9	7.6	6.9
青海	1.5	0.9	1.9	5.9	1.0	4.3	2.2	5.7	11.6	1.8	3.1	5.1
宁夏	12.1	15.0	17.1	14.5	12.3	13.7	12.1	12.1	10.8	12.3	9.6	11.1
黄河流域	36.0	36.4	36.9	36.0	34.9	36.7	38.3	39.5	39.2	45.1	43.2	43.4

表2-6　外商投资企业进出口占进出口总额的比重　　（单位：%）

地区	2000年	2001年	2002年	2003年	2004年	2005年	2006年	2007年	2008年	2009年	2010年	2011年
全国	49.9	50.8	53.2	55.5	57.4	58.5	58.9	57.7	55.0	55.2	53.8	51.1
山西	15.0	8.0	374.4	8.0	7.6	9.9	11.6	9.7	11.0	17.5	15.9	16.3
内蒙古	7.6	8.2	9.4	6.5	6.2	15.6	11.1	8.7	14.3	11.5	13.8	16.6
山东	49.3	50.3	51.9	49.3	46.4	46.4	46.4	47.3	45.0	46.2	42.8	37.8
河南	18.5	17.4	18.0	19.0	16.6	16.5	16.7	18.1	16.1	25.0	22.6	42.1
四川	22.2	19.9	15.0	16.6	19.5	19.4	27.2	36.5	41.2	43.5	48.6	58.2
陕西	14.8	13.8	14.5	14.9	14.4	13.4	13.5	19.6	19.9	29.1	43.2	40.0
甘肃	8.2	9.7	13.0	11.0	8.5	7.7	5.3	4.5	3.0	2.4	2.0	1.8
青海	4.1	9.2	4.9	4.1	1.5	10.1	4.9	18.1	32.2	27.1	16.5	5.2
宁夏	11.5	11.7	18.9	16.0	11.9	19.5	23.5	20.8	21.2	11.3	12.5	14.3
黄河流域	37.1	37.4	61.8	36.7	34.6	35.5	36.3	37.2	36.3	39.8	38.0	37.1

实际上，黄河流域外资企业创新投入也较低，本节计算了规模以上工业企业

R&D 经费支出各类型企业的比重，以山东为例，内资企业、港澳台投资企业和外商投资企业 R&D 经费比重分别为 85.68%、2.62%和 11.7%。而全国的平均水平则分别为 73.89%、8.9%和 17.2%。由于山东为黄河流域唯一的东部省份，其吸引外资的水平也远高于其他省区，表明外商投资企业 R&D 经费比重较低的事实。

第四节　黄河流域外资行为与区域创新的实证研究

一、计量模型设定与数据说明

一般而言，技术创新是经济长期发展中的重要决定因素，即一个国家为了促进和保持经济的持续发展，需要持续不断的技术创新。对于发展中国家而言，由于和发达国家存在一定的技术差距，因此，通过吸引外商直接投资即利用外资的技术溢出效应是获取先进技术的重要手段。但从文献来看，外商直接投资对东道国的技术溢出效应仍然存在不一致的意见，多数文献实证结论表明外商直接投资对内资企业具有正的技术溢出效应，也有一些研究认为不存在正的溢出效应，甚至一些研究认为这种效应与外商投资企业本身无关。实际上，由于外商直接投资对东道国的技术溢出机制存在复杂性，既受东道国体制改革和市场化发展历程制约，也与东道国内部不同地区经济发展的基础和科技进步环境有关，同时，由于外商投资企业与当地企业、政府及机构的关系存在差异，这也会影响其技术溢出的效果。

为了研究黄河流域区域创新中外资的作用，本书在创新生产函数的基础上进行修正并建立纳入外资企业社会资本的计量模型。其基本形式如式（2.1）所示。

$$Y = AK^{\partial}L^{\beta} \tag{2.1}$$

式中，Y 为创新产出；K 为物质资本投入；L 为人力资本投入；A 为影响创新的技术因素；∂为物质资本产出的弹性系数；β 为人力资本产出的弹性系数。在上述柯布-道格拉斯型的创新生产函数中，物质资本和人力资本均为科技创新的主要投入因素，在这里，物质资本 K 为科技活动的 R&D 经费投入，而人力资本 L 则为从事科研活动的人员。由于外商直接投资在技术创新中的作用，这一作用又受外资企业与东道国的社会关系的影响，因此，需要加入外资因素及其社会资本变量。则上述模型变化为

$$\ln P_{\mathrm{a},it} = \alpha_0 + \alpha_1 \ln K_{\mathrm{a},it} + \alpha_2 \ln L_{\mathrm{a},it} + \alpha_3 \ln \mathrm{FDI}_{it} + \alpha_4 \mathrm{social}_{it} + \alpha_5 \mathrm{con}_{it} + u_{it} \tag{2.2}$$

$$\ln P_{\mathrm{n},it} = \alpha_0 + \alpha_1 \ln K_{\mathrm{n},it} + \alpha_2 \ln L_{\mathrm{n},it} + \alpha_3 \ln \mathrm{FDI}_{it} + \alpha_4 \mathrm{social}_{it} + \alpha_5 \mathrm{con}_{it} + u_{it} \tag{2.3}$$

$$\ln P_{\mathrm{f},it} = \alpha_0 + \alpha_1 \ln K_{\mathrm{f},it} + \alpha_2 \ln L_{\mathrm{f},it} + \alpha_3 \ln \mathrm{FDI}_{it} + \alpha_4 \mathrm{social}_{it} + \alpha_5 \mathrm{con}_{it} + u_{it} \tag{2.4}$$

式中，$P_{\mathrm{a},it}$、$P_{\mathrm{n},it}$ 和 $P_{\mathrm{f},it}$ 为被解释变量，分别表示全部大中型企业、大中型国有工业企业和大中型外资企业的创新产出，其中 a、n 和 f 分别代表全部企业、国有企

业和外资企业；*K* 为科技活动经费；*L* 为科技活动人员；FDI 为外资因素，这里用外资企业出口占其产值比重来表示，当这一比重较大时，表明外商投资企业主要经营加工出口贸易型产品，利用我国的地方资源来有效减低成本，与国内市场联系不够紧密，从而难以理解其技术溢出的结果，反之则认为与国内市场联系较为紧密，具有较强的技术溢出性质；social 为社会资本因素，这里主要使用外资企业科技活动与当地的关联程度来表示，主要选取两类社会资本因素，第一类为外资企业科技活动经费来自政府和金融机构贷款的比重（s_1、s_2），第二类为外资企业有科技机构的比重和科技人员比重（s_3、s_4）；con 为控制变量，主要包括各地区的政府经济行为（gov）、各地区教育水平（edu）等；*u* 为随机误差项。

以上数据均来自历年《中国科技统计年鉴》和《中国统计年鉴》，由于在中国科技统计年鉴中只有在 1998～2009 年才将国有企业、三资企业相关科技数据进行分类统计，本书研究中采用的解释变量滞后一年，则数据样本在 1999～2008 年。

各变量的基本描述统计见表 2-7。

表 2-7　主要变量的数据描述统计量

变量	变量名	均值	中位数	最大值	最小值	标准差
PAT	全部企业专利对数	6.0391	5.9349	10.3146	1.9459	1.4928
FPAT	外资企业专利对数	3.4621	3.2581	8.9727	0.0000	2.3868
NPAT	国有企业专利对数	4.9901	5.0173	8.0421	0.6931	1.4082
L	全部企业科技人数对数	10.5428	10.6614	12.5605	6.4265	0.9975
FL	外资企业科技人数对数	7.6176	7.6852	11.7210	2.0794	1.7773
NL	国有企业科技人数对数	9.9816	10.1836	11.4438	5.7746	1.0332
RD	全部企业 R&D 经费对数	12.6746	12.6944	15.7049	7.9918	1.2625
FRD	外资企业 R&D 经费对数	10.0545	10.1023	14.8194	3.2958	2.2892
NRD	国有企业 R&D 经费对数	11.9412	11.9552	14.6409	6.0680	1.3020
RD_1	R&D 经费来自政府比重	0.0628	0.0465	0.3811	0.0015	0.0595
FRD_1	外资企业 R&D 经费来自政府比重	0.0213	0.0087	0.2857	0.0000	0.0402
NRD_1	国有 R&D 经费来自政府比重	0.0786	0.0599	0.4372	0.0000	0.0748
RD_2	全部 R&D 经费来自金融机构比重	0.0850	0.0791	0.3391	0.0000	0.0562
FRD_2	外资企业 R&D 经费来自金融机构比重	0.0636	0.0328	0.5406	0.0000	0.0870
NRD_2	国有 R&D 经费来自金融机构比重	0.0731	0.0552	0.7142	0.0000	0.0721
FSO_1	外资企业有科技机构比重	0.1948	0.1745	0.7500	0.0000	0.1296
FSO_2	外资企业科技人数占就业比重	0.0382	0.0346	0.1263	0.0005	0.0215
gov	政府支出占 GDP 比重	0.0161	0.0131	0.0766	0.0043	0.0120
FDI	外资企业出口占工业产值比重	0.0330	0.0235	0.1517	0.0009	0.0292
edu	平均受教育年限	7.5426	7.4197	11.0853	5.1055	1.0651

二、计量结果及分析

对式（2.2）进行回归，结果如表2-8所示。在方程（1）中我们仅考察了R&D经费投入对创新产出的影响，结果显著表明创新投入与创新产出的稳定关系，即投入对产出影响显著，由于在理论研究和经济运行现实中对此均有详尽而确定的结论，则可以得到的初步结论是：为获得区域创新产出的结果，加大创新投入是重要手段。为了考察外资对创新产出的作用，在方程（2）中加入了企业科技人员和外资，二者对企业创新产出均呈现出正向的推动作用，外资对企业创新产业作用显著。由于我们使用的是各地区吸引FDI与其国内生产总值的比重，则可以理解为各地区外资规模与创新产业的关系，由于外商投资企业的技术溢出作用，进而对企业创新产出带来正面影响。

表2-8　社会嵌入、外资行为与区域创新估计结果（总体）

解释变量		（1）RE	（2）FE	（3）FE	（4）FE	（5）FE	（6）FE
C		−6.2597 （0.612）***	−6.0003 （0.687）***	−6.1519 （0.733）***	−6.1748 （0.753）***	−6.4290 （0.941）***	−6.2466 （0.960）***
RD		0.9544 （0.048）***	0.8725 （0.083）***	0.9191 （0.101）***	0.9217 （0.102）***	0.8779 （0.127）***	0.8578 （0.127）***
L			0.0609 （0.104）	0.010 （0.123）	0.011 （0.125）	0.0296 （0.145）	0.0647 （0.147）
FDI			0.4876 （0.214）**	0.5123 （0.220）**	0.5081 （0.223）**	0.4156 （0.265）	0.4225 （0.266）
社会资本	与政府关系			1.3209 （1.209）	1.4520 （1.235）	1.5689 （1.238）	1.4124 （1.230）
	与金融机构关系			0.0979 （1.009）	0.2208 （1.042）	0.4220 （1.823）	0.1144 （1.065）
	外资R&D经费来源政府				−0.4172 （1.250）	−0.3856 （1.223）	
	外资R&D经费来源金融机构				−0.4491 （0.669）	−0.4900 （0.658）	
	外资企业有科研机构比重						−0.3200 （0.451）
	外资企业科技人员比重						−3.3771 （2.654）
控制变量	政府行为					−0.9055 （5.930）	−0.6401 （5.980）
	教育水平					0.0837 （0.111）	0.0681 （0.113）
调整R^2		0.7392	0.5987	0.5989	0.5815	0.5676	0.5699
Hausman检验，*P*值		0.1658	0.0097	0.0168	0.0260	0.0001	0.0001

注：FE、RE分别是固定效应和随机效应。系数下方括号内的值是标准差

***、**、*分别表示在1%、5%和10%水平上显著

在方程（3）到方程（6）中，我们依次加入企业与政府的关系、企业与金融机构的关系，这两个指标用以度量企业社会资本的作用，分别用企业 R&D 经费来源于政府和来源于金融机构的比重，同时加入外资 R&D 经费来源于政府和来源于金融机构作为外资创新投入行为对地方企业创新的影响，回归结果表明，地方企业 R&D 经费不论是来源于政府还是来源于金融机构均为正，因此对企业创新具有促进作用，但不够显著。但外资社会资本对本地企业的创新而言均呈负向影响，一方面，外资企业在东道国的投资会对本地企业的创新带来积极影响，但这一积极影响主要与地方吸引的外资规模有关，如外资企业对本地企业的示范及配套带动作用等，但另一方面，从外资企业创新投入的社会资本结构来看，不论是外资企业 R&D 经费来源于政府或来源于金融机构的比重，还是外资企业设立科研机构、科技人员比重指标，回归结果均为负值，虽然不够显著，但仍然体现出外资企业在创新方面的投入对本地企业的创新是不利的。从我国改革开放以来的引资结构来看，外资企业进入我国的主要目的在于我国具有比较优势的劳动力资源，这导致在过去三十多年间我国产业结构倾向于制造业化，外资企业与本地企业存在结构雷同的低水平重复、同业竞争现象，这在产品研发方面也有体现，而本书的回归结果可作为上述现象的一个解释。

为了深入研究外资行为与本地创新的结构效应，我们按照上述方法对国有企业进行了同样的研究，结果如表 2-9 所示。可见，与全部企业的结果相似，国有企业自身的 R&D 经费投入、R&D 人员投入及国有企业 R&D 经费来源于政府和金融机构的比重等社会资本指标均为正，且多数比较显著，显示了创新产出高度依赖投入的性质。同时也发现了一些微小的差别，即外资企业 R&D 经费来源于金融机构比重指标回归结果为正，同时外资企业设立科技机构比重和科技人员比重指标的回归结果均为正。虽然外资企业与本地企业之间存在同业竞争及在资源利用方面的竞争，但在我国渐进式改革的背景下，国有企业在获得金融机构贷款支持方面不会受到外资企业的负面影响。

表 2-9　社会嵌入、外资行为与区域创新估计结果（国有企业）

解释变量	（7）FE	（8）FE	（9）FE	（10）FE	（11）FE	（12）FE
C	−3.3669 （0.668）***	−4.1401 （0.632）***	−4.2970 （0.646）***	−3.9968 （0.632）***	−4.9804 （0.830）***	−5.2432 （0.826）***
NRD	0.6683 （0.049）***	0.3790 （0.087）***	0.4696 （0.107）***	0.6387 （0.101）***	0.5252 （0.115）***	0.5450 （0.111）***
NL		0.4088 （0.107）***	0.3017 （0.129）**	0.0995 （0.125）	0.1643 （0.140）	0.1558 （0.135）
FDI		0.5873 （0.183）**	0.5833 （0.186）**	0.4808 （0.194）**	0.1975 （0.255）	0.1982 （0.239）

续表

解释变量		（7）FE	（8）FE	（9）FE	（10）FE	（11）FE	（12）FE
社会资本	与政府关系			1.6579 （1.036）	0.3722 （0.989）	0.2066 （0.955）	0.1510 （0.956）
	与金融机构关系			0.2260 （0.892）	−0.0975 （0.852）	0.3133 （0.861）	0.3612 （0.840）
	外资 R&D 经费来源政府				−0.4282 （1.422）	−0.3492 （1.395）	
	外资 R&D 经费来源金融机构				0.3124 （0.736）	0.5472 （0.735）	
	外资企业有科研机构比重						0.2793 （0.497）
	外资企业科技人员比重						3.7278 （2.783）
控制变量	政府行为					5.6595 （5.655）	4.7091 （5.211）
	教育水平					0.2176 （0.102）**	0.2119 （0.098）
调整 R^2		0.3941	0.4465	0.4385	0.4648	0.4533	0.4767
Hausman 检验，P 值		0.0000	0.0058	0.0000	0.0002	0.0000	0.0000

注：FE、RE 分别是固定效应和随机效应。系数下方括号内的值是标准差

***、**、*分别表示在 1%、5%和 10%水平上显著

控制住政府行为和教育水平后发现，政府行政管理费占 GDP 的比重越高越不利于本地企业的创新产出，当把有限的资源用于非生产领域时，会抑制企业的创新行为。但一个地区人们的平均受教育年限越高越有利于创新，因为这提供了创新所需要的人力资源基础。

我们更多关注的还是外资企业社会资本对其自身创新行为的影响。对式（2.4）进行回归，结果如表 2-10 所示。在方程（13）中主要考察了外资企业 R&D 经费投入对创新产业的影响，FRD 前的系数为正，且高度显著，表明外资企业创新产出高度依赖于其 R&D 经费投入。和对全部企业和国有企业的分析方法相同，在方程（14）到方程（18）中，通过逐步加入科技人员、外资比重及外资企业社会资本变量的方法，来考察外资行为对外资企业创新的影响，观察回归结果并与表 2-8、表 2-9 比较可得如下结论。

表 2-10　社会嵌入、外资行为与区域创新估计结果（外资企业）

解释变量	（13）FE	（14）FE	（15）FE	（16）FE	（17）FE	（18）FE
C	−3.1480 （0.594）***	−2.7879 （0.571）***	−2.8635 （0.669）***	−9.3687 （1.012）***	−5.0401 （0.553）***	−8.4472 （0.924）***
FRD	0.6390 （0.056）***	0.0588 （0.144）	0.0501 （0.171）*	0.2737 （0.125）**	0.5763 （0.114）***	0.3907 （0.112）***

续表

解释变量		（13）FE	（14）FE	（15）FE	（16）FE	（17）FE	（18）FE
FL			0.6796 （0.181）***	0.6627 （0.219）***	0.2111 （0.164）	0.2935 （0.153）*	0.4419 （0.144）***
FDI			1.7071 （0.397）***	1.5626 （0.405）**	1.3354 （0.597）**	1.4163 （0.387）***	0.7879 （0.402）*
社会资本	外资 R&D 经费来源政府			5.6512 （3.062）*	−1.1434 （1.745）		
	外资 R&D 经费来源金融机构			0.4318 （1.228）	0.2121 （0.750）		
	外资企业有科研机构比重					0.2669 （0.601）	0.6268 （0.558）
	外资企业科技人员比重					1.3745 （3.711）	1.2329 （3.419）
控制变量	政府行为				6.9666 （14.495）*		22.1156 （8.138）***
	教育水平				1.0771 （0.201）***		0.5087 （0.142）***
调整 R^2		0.3589	0.4505	0.4110	0.8284	0.5899	0.6165
Hausman 检验，P 值		0.0059	0.0025	0.0120	0.0000	0.0006	0.0000

注：FE、RE分别是固定效应和随机效应。系数下方括号内的值是标准差

***、**、*分别表示在 1%、5%和 10%水平上显著

第一，创新产出高度依赖于创新投入。不论是本地企业、国有企业还是外资企业，企业自身 R&D 经费投入、科技人员数量均高度解释了其创新产出。

第二，外资的社会资本变量对不同企业的创新效果存在不一致性。不论是外资企业 R&D 经费的政府来源、金融机构来源，还是外资企业中设立科研机构比重、科技人员比重对于外资企业的创新都具有正向作用，但对于本地企业并非是正向效应，表明了在当前制度环境下，外资企业过度进入制造业，以利用我国的低成本劳动力优势，形成了与本地企业竞争的态势，不利于本地企业的创新。

第三，政府的经济行为对于不同类别的企业具有差别性。由于采用的是政府行政管理费支出占 GDP 的比重，则这一比重能够部分表明政府的规模及政府干预经济的程度，政府行为对本地企业创新是负面影响，表明政府规模越大，对区域企业创新阻碍作用越大。但对于国有企业和外资企业而言，政府行为却呈现正向作用，在外资企业的创新行为中尤其显著。这也体现了我国在改革开放以来，以政府行为来进行引资竞争几乎成为各地方政府的主要行为，虽然政府支出是非生产领域支出，但对外资企业而言具有正向效应。

第四，教育水平对区域企业创新具有正效应。不论本地企业还是外资企业，各地区平均受教育年限指标在回归中均具有正效应，且显著。因为人力资源的质量和结构形成了促进创新的投入要素和基础条件，则促进教育对区域创新而言是非常重要的。

第三章 社会嵌入、政府行为与区域创新体系

第一节 研究背景与文献评论

一、研究背景

政府在经济发展中的作用是显而易见的，人们对政府作用的认识经历了三个阶段。在早期，人们认为政府本质上是发展进程最仁慈的领导者，是掌握了完全的信息、完备的工具和经验的，其目的是促进社会福利最大化的工业化者，从某种意义上而言，这也是最乐观的观点。另外的观点则认为政府是经济发展最大的障碍，认为政府是为少数利益集团或者为政客和官僚服务的，他们的行为偏离了为大众服务的方向，在这种情况下，政府是一个追求自身利益最大化的理性行为人，可能为了追求自身的利益而损害社会的利益。现在，人们发现，过于信赖或对政府过度戒备都是不正确的，各国政府之间表现的巨大差异是导致政府对发展作用不同的重要方面，在这些差异中，决定政府能力的制度因素是重要的。但不论如何，这些都为政府干预经济提供了有效的借口。

在多数文献中，人们认为由于政府不是生产者，它对经济社会发展的调节是建立在公共政策的理论基础上的，如果政府在生产过程中起作用，那么它也应该是通过促进卫生、教育、保护穷人、提供基础设施及为企业发展营建良好环境等方面来为生产服务。但在科技创新与区域发展的大背景下，政府已经成为区域创新体系建设的强大支撑，在发达国家的区域创新体系建设中，政府发挥了重要的主导作用，如美国硅谷区域创新系统中，政府通过立法、政府采购和 R&D 投入等方式对企业创新进行支持，积极促进产学研结合以鼓励科技人员创业，建立成熟的投资融资体系，完善知识产权保护制度。而在欧盟，多数国家通过促进创新文化发展，创造有利于创新的法律、行政和金融环境来促进企业创新。我国东部沿海地区的地方政府已经开始积极制定相关促进政策，如苏州工业园区、珠三角地区等的区域创新体系中政府已经开始在发挥重要作用。

二、文献评论

1. 社会资本与政府绩效

一般认为，社会资本能够提高政府的行政绩效，因为民主制度需要良好的社

会资本环境，如果缺乏良好的社会资本，政府行政效率会低下。马得勇和王正绪（2009）通过对全球69个国家的实证数据比较分析后发现，社会资本对政府治理的影响依赖于一定的制度环境，在民主制度建设不完善、民主水平发展水平较低的情况下，社会资本对政府治理的效果并不显著。

Putnam（1993）在《使民主运转起来》中通过分析意大利民主化后南北地方政府绩效的差异后得出结论，是社会资本导致了南北地方政府绩效和经济发展的差异。另外的研究认为，社会资本与民主政治是一种相互依存的关系，社会资本有助于政治体制由专制向民主制度转变，而且，相对完善的民主制度也有助于促进社会资本的发展（Pamela，2002；Sides，1999）。

如果从政府表现的角度来寻找政府是否值得信任的原因，那么民众个体对政府的信任会随政府的表现而波动（Citrin，1974）。在大多数国家，政府官员的腐败、浪费公款及政府无效率均会导致人们对政府的不信任，同时，如果政府不能营建民主的制度环境，也会被民众不信任。

2. 社会资本与政府信任

公众对政府的信任是衡量政府职能的重要方面，政府信任又称政治信任，即公民对政府或政治动作产生的与其相一致的结果的信念或信心（Miller，1974；Hetherington，1998）。由于公民和政府之间的关系是一种委托-代理关系，即公众将行政权委托给政府行使，并期望政府能够维护好公众的权利和利益，而政府也从代理公众行使行政权中获得相应收益。因此，政府信任是维持这种委托代理关系稳定的重要因素，如果政府无法取得公众足够的信任而发生信任危机，会导致政府难以履行公众委托的行政权，不但会破坏原有的委托代理关系，甚至会导致社会秩序的紊乱。

社会资本作为刻画社会组织特征的主要指标，即是对信任和规范的强调。Putnam（1993）认为它们能够通过促进合作来提高社会的效率，当更多的民众愿意而且能够参与公众事务时，表明他们对政府具有更多的信任，而且他们能够从这种公众参与中获得利益。如果仅从个人角度来探讨对政府的信任，可以认为政治信任是一个人对他人信任的函数，虽然在研究中更多地探讨政府官员的行为，以及由于公众对政府官员信任的结果，但实证研究却发现，政治信任与人个信任具有显著的相关关系，即人们越不信任政府，他也越不信任其他人，相反，如果一个人越是信任其他人，他对政治的信任也越多（Schyns and Koop，2010），但也有研究认为，政治信任和个人信任并不存在严密的相关性，如对西欧的研究发现，政治信任与政治参与存在负相关关系，即政治信任度越低，人们政治参与度越高（Kaase，1999），而且美国的数据也认为，政治信任的下降与社会资本没有必然的关系（Keele，2007）。胡荣（2011）以对厦门市居民的问卷调查考察了我国城市居民对政府的信任程度，并进一步分析了影响城市居民政府信任的各种因素，结果认为，社会资本对城市居民政府信任的影响是积极的，改进社会资本可以增加对政府的信任。

3. 社会资本与政治创新

另外的研究关注政府创新及其结果，政府创新是世界范围内政府发展的普遍趋势，因为全球化、市场化、信息化和民主化的挑战已经遍布了世界各地，世界各国均以不同形式的政府创新来促进政府行政效率的提高，以节约行政成本、提高行政效率、提供更多社会服务为政府创新的目标。由于信任是政府创新的重要来源，政府创新离不开社会公民的同意，离不开公众的支持，当人们履行义务、相互信任时，会提供促进政府创新的良好环境，根据委托-代理理论，政府的权力来源于公民，政府的合法性要从公民对政府的态度及信任程度来判断（Ahernam and Hendryxb，2003）。同时，社会资本是参与网络，是政府创新的基础，由于现代政府是治理型政府，不是政府统治，这就必须建立在公民支持和公民参与的基础上，由此实现公民与政府的良好互动，本质上讲，政府创新是一种政府与社会互动的过程，政府创新与社会资本之间存在内在的结构性关联，社会资本是政府创新的基本变量，其中的信任是政府创新的合法性的来源，支持信念因素是政府创新的基本条件（庄德水，2006）。

第二节 政府在区域创新体系中的作用

一、政府对经济运行的干预

政府在经济发展中应该发挥什么样的作用？其职能在经济理论发展的不同时期被强调的重点不同，在重商主义时期，由于商业资本家要求保护和扩大贸易，为开辟海外市场，对政府扶持作用进行了强调。而到 18 世纪后半期，随着工业革命的产生，人们对政府的职能要求从主张政府干预转向了自由主义，在亚当·斯密的名著《国富论》中，他将政府的职能定位于守夜人的角色，认为管的最少的政府是好政府，因为市场机制是有效的，政府通过减少对经济运行的干预，以充分发挥市场的作用。

到 20 世纪 30 年代西方资本主义国家发生经济大危机，为政府干预经济提供了新的宏观环境，随着罗斯福新政的推行和凯恩斯主义的兴起，政府干预对宏观经济发展的控制作用逐渐显现，并得到了其他国家的仿效。随着西方社会逐步走出困境，政府干预也开始在随后的较长时间里成为传统。即使后来随着西方社会在其发展中遇到了更为复杂的问题，导致凯恩斯政府干预传统受到诸如新自由主义等理论的冲击，但政府在经济发展中的作用已经获得广泛的认可。

总体来看，对政府干预经济行为的理论研究主要在于对如下两个方面的持续讨论。

一是市场失灵问题。由于存在市场失灵，则需要政府干预以发挥市场机制的作用。市场失灵一般是指由于市场内部功能性存在缺陷或外部扰动而导致市场难以在资源配置上发挥作用，从而导致市场价格引导机制失效。经济理论对于市场失灵的研究一般在于经济外在性、市场消失、垄断、公共物品及信息不完全等方面，当经济外在性存在时，由于经济行为主体的经济行为对其他主体带来了非市场性的外在影响，这会使其私人成本和社会成本不一致，并导致产出偏离市场需求的水平，如果不由政府进行干预会形成市场失灵；垄断本身就是一种与市场相对的力量，而且垄断又是市场运行产生的结果，难以避免，需要通过政府立法或政策干预予以限制；公共物品由于具有非竞争性和非排他性而难以在市场上自发而有效地生产和供给，而且也不能以市场机制的方式进行资源配置，从而需要由政府来提供或在政府管制下提供；当信息不完全时，市场交易双方可能对于市场交易所需的各种信息理解存在差异，进而导致价格机制失灵。

除此之外，从宏观角度来看，由于社会收入分配存在不均等现象，贫困的存在及其扩散对社会发展不利，为了改善收入分配状况，对穷人进行救助以促进社会均等发展，也需要政府进行干预。特别是人们享有使用诸如教育、公共卫生、住房等公共设施的权利，这些都不能通过市场的机制自由提供，需要政府进行干预。

二是政府失灵问题。虽然在市场失灵时需要政府干预来予以弥补，但政府经济参与行为也存在失灵问题。所谓政府失灵是指政府对经济运行干预不当，未能有效地克服市场失灵问题，反而对市场运行带来负面影响，阻碍和限制了市场功能的正常发挥，导致经济关系扭曲。对于政府失灵的研究主要在于公共选择理论，公共选择理论认为，由于公共选择和政策分析存在复杂性及现实实施中的难题，当信息不完全时公共政策可能会偏离经济运行的现实，而社会运行中究竟存在所谓的公共利益共同目标，还是仅存在利益集团的不同利益也尚未取得一致，同时，当微观主体掌握和政府人员相似的知识背景及数据方法后，可能会对政府的干预行为形成预期，其反应会抵消政府政策的效果。在政府提供公共服务的过程中，虽然公共物品具有非排他性和非竞争性特征的市场很难提供，但由政府提供也可能出现低效率的结果，这些都会导致政府失灵。

市场失灵和政府失灵理论虽然是从两个极端的方面讨论了市场运行中的机制和体制问题，但也表明了政府行为的边界、范围和程度，为理解和研究政府在经济发展中的作用提供了良好视角。创新行为的目的是为了生产更优质的产品，降低成本并在市场竞争中获利，因此，其从本质上来看也是一种类型的经济行为，对于创新的不同类型来说，究竟是更多地依赖于市场还是依赖于政府，也应该在上述框架下进行。

二、发达国家政府在区域创新体系建设中的作用

1. 美国硅谷区域创新体系建设中的政府作用

从世界范围内来看，区域创新体系的建设总是与政府的促进政策密切相关，硅谷成立于 1951 年，但在这之前就已经开始了漫长的孕育过程。1909 年，斯坦福大学的毕业生埃尔维尔建立了联邦电报公司（Federal Telegraph）。由于其所应用的技术很快被新技术所取代，埃尔维尔在大萧条之后离开了硅谷，所以其对于硅谷早期的影响往往被后人忽视，但它在硅谷早期的电子信息工业发展中起到了至关重要的作用，它培养了硅谷的技术先驱，培养了硅谷第一批企业家，并且开创了硅谷衍生公司发展的先河，更重要的是，它培养了硅谷创新型集群的雏形。到 1939 年惠普公司的成立，成为硅谷发展的标志，其作用主要在于，惠普公司的管理文化为后来硅谷在高科技领域独占鳌头奠定了良好的基础，同时惠普公司与大学及区内企业的合作，也开启了合作创新的传统，特别是惠普公司的长足进步，推动了当地基础设施的配套建设，积累了技术和经验，并促成了衍生公司的形成，吸引了外来企业的加盟和聚集，加快了技术在区内的扩散。

1956 年，晶体管的发明者肖克利（William Shockley）带领被称为“肖克利八人帮”（Shokley's Eights）的一大群物理学家来到硅谷，并创立了肖克利半导体实验室，次年，“八人帮”之一的诺伊斯（Robert Noyce）在工业家费尔柴尔德（Sherman Fairchild）的支持下成立了专门开发晶体管的仙童（Fairchild）半导体公司，它成为硅谷后来电子产业集群发展的最初动力，虽然仙童半导体公司的寿命只有 15 年，但由其直接衍生的 38 家大名鼎鼎的公司如英特尔（Intel）公司、西格奈蒂克斯（Signtics）、国民半导体公司（National Semiconductor）、高级微型仪表公司、四阶段公司和超级微型系统公司（AMD）等，都成为了硅谷中最有影响力的跨国公司，随着仙童公司和这些跨国公司的不断衍生，导致硅谷半导体集群的规模不断扩大。到 20 世纪 80 年代初期，硅谷的电子信息工业进入到成熟期，硅谷的半导体存储器生产制造也开始向外转移至日本、中国台湾等地。与此同时，硅谷又开始经历新一轮的产业革新，这次革新是以网络经济的迅速发展为主题，随着雅虎、亚马逊、网景、思科、3COM 公司的发展，在这些公司的带领下，硅谷又成为互联网的产业聚集地，其区域创新体系的创新能力得到了进一步的提升。

政府在硅谷区域创新体系中的作用是显而易见的，主要包括如下行为。

第一，政府通过立法建立创业投资基金进行政府采购以对企业创新进行支持。由于硅谷的成立是基于自由创新精神的，企业家也崇尚自由，尽量避免与政府打交道，地方政府对企业创新的支持多是间接的手段。政府通过向硅谷进行基础研究方面的投资为其提供了重要的知识来源，并通过完善知识产权保护制度，对相关产业进行保护和支持以推进硅谷创新体系的发展。这一过程中通过大量的政府国防采购，如对硅谷的集成电路、计算机产业的大规模采购对硅谷的发展起到了重要的支持作用，特别是 1951 年起政府对硅谷晶体管发展的支持促进了这一产业的大发展。同时，政府制定明确的科技促进政策，如通过设立科学技术办公室来鼓励政府内部和外部的研究发展工作，设立与地方政府间的联系机制以鼓励技术教育的开展等。另外，政府还通过诸如《中小企业技术创新法案》等，利用国防、卫生、能源等部门的研究基金来支持中小企业技术创新，对中小企业创新进行投入，并通过税收优惠等措施激励企业进行创新，所有这些都有力地促进了硅谷创新体系的形成和发展。

第二，鼓励科技人员创业以促进产学研结合。硅谷是依托斯坦福大学进行广泛的产学研结合形成的区域创新体系，在政府协调和政策作用下，形成了较好的产学研合作传统，鼓励企业的科技人员学习大学的研究生课程，将提高企业科技人员的知识和技能作用作为促进硅谷发展的重要手段，同时协调大学和企业的关系，通过合作计划来促进大学开放课堂，给企业科技人员、大学研究人员及学生交流的平台。

第三，建立完善知识产权保护制度来促进企业创新。鼓励创业是硅谷企业文化的重要组成部分，硅谷拥有成熟的风险投资体系，并形成了有利于风险投资的发展机制，而且这些风险投资人多是身怀技术的工程师、技术员，对硅谷的创新发展起到了很大的促进作用。而这些方面活跃的重要原因是政府建立了完善的知识产权保护制度，保护创新者的利益，从而促进了创新活动的活跃。

第四，创造吸引人才的制度环境。美国政府采取了一系列的措施以吸引人才进入硅谷，包括为具有突出科技贡献的人才提供优厚的生活待遇、研究环境，确定人力资本的产权地位，并为其在企业中的利益提供制度保障。这一制度保障有力地保证了硅谷科技人员的流入和流动，聚集了大批的高层次人才，从而也使这一区域的知识与技术的生产在世界上具有核心地位。目前在硅谷集中了世界上诺贝尔奖金获得者中的四分之一，除了斯坦福大学外，区内还有加州大学伯克利分校、圣克拉拉等。一流大学和智力人才的集聚，是硅谷诞生和发展的无限动力。

2. 欧盟区域创新中的政府作用

欧洲国家对于国家创新系统的建设具有传统的政府参与意识，其政策的最突出特征为以研究开发为核心，在强调对于创新关注的基础上，以创新所营建的知识网络来推进生产网络和社会网络的发展，同时把创新支持政策向更广的范围进行延伸，包括运用产业政策来促进创新。自欧共体成立起，欧盟经过不懈的努力与调整已经制定并形成统一的区域产业政策，如欧盟垂直产业政策、欧盟特殊产业或部门的对应政策。欧盟垂直产业政策是在国家水平上激励创新，扶持中小企业和高新企业发展，为培养人力资本和提供工业转型调整基金等方面提供政策支持。欧盟在扶持中小企业的发展方面提供了完善的政策环境，这些政策改善了中小企业生存和发展环境、提供融资方便的环境、促进技术创新、提供信息咨询培训服务。对于高新技术，欧盟各成员国都有自己的科学技术政策，因为市场失灵和外部经济，各国政府都对科学技术研究进行扶持和资助。另外欧盟作为一个一体化经济体，有共同体层次上的科学技术政策，通过成员国间的科技合作，集中有限资源开展科学研究和技术开发，减少不必要的重复研究，促进科学技术的发展及其在经济社会中的应用。欧盟对高新技术产业的支持主要体现在对科学技术研发的资助上，主要通过各种金融（援助基金）、技术（研发项目）及政策优惠对高新技术企业进行扶持和培育。

具体而言，欧盟地方政府在促进区域创新体系发展中的做法主要有如下几种。

第一，提高社会创新意识，促进创新文化发展。欧盟认为让全社会人员都能认识到创新的价值，并参与到技术创新中有利于营建促进创新的环境。为此，欧盟强调对于政府部门和公共部门在经济生活中的作用，要求各国政府部门的决策人员、公共项目与各类项目管理人员进行创新培训，增强创新意识。对于企业管理提出更高要求，要求企业管理者能够成功预见社会需求、掌握先进技术、提高应变能力，建立创新比较评价体系，大力支持面向创新的管理培训。

第二，通过立法的手段以创造适合创新的环境。保护知识产权对于促进创新的价值是非常重要的，欧盟对知识产权的保护也非常关注，欧盟及其成员国致力于改进专利体系，以简化申请程序，降低专利申请成本。为了鼓励创办新企业，提高创新项目资助效率，欧盟进一步简化创办企业的手续，鼓励风险资本对创新进行投入，对创新能力强、创造就业岗位多的企业进行重点扶持，并引导退休金、人寿保险等长期资金向支持创新的风险资本转向。

第三，促进研究成果的产业化。欧盟虽然具有很强的科研基础，但在研究成果转化为创新产品方面仍然与美国和日本存在差距，为此，欧盟采取了多项措施建立研究与创新的有机联系，包括针对科学研究及其成果开发与应用开展战略前瞻性研究，提高科研投入，并要求成员国确定 R&D 及技术创新投入的远期指标，强化企业研究与开发，加强公共研究机构、大学和企业间的合作，以促进技术推广和应用。

在政策支持方面，欧盟的创新支持更多地强调市场的机制，针对创新系统失灵制定不同的国家政策，从而有效地促进了创新发展（表 3-1）。

表 3-1 欧盟国家针对创新系统失灵的政策反应

系统和市场失灵	政策反应	不同国家产业集群政策的重点
市场功能无效率	竞争政策和规章制度的改革	大多数国家
信息失灵	技术预见； 战略市场信息和战略研究	荷兰、瑞典、英国；
		丹麦、荷兰
创新系统中参与者有限的交互作用	经纪人和网络中介； 提供建设性对话平台； 促进网络合作	丹麦、荷兰、英国；
		奥地利、丹麦、荷兰、德国、瑞典、荷兰、英国；
		比利时、芬兰、荷兰、英国
公共知识基础设施与市场需求的制度不对称	联合产业与研究中心； 促进产业与研究机构合作； 人力资本开发； 技术转移项目	比利时、丹麦、芬兰、荷兰、西班牙、瑞典、瑞士；
		芬兰、西班牙、瑞典；
		丹麦、瑞典；
		西班牙、瑞士
目标消费者的缺乏	公共采购政策	奥地利、荷兰、丹麦、瑞典
政府失灵	私有化； 同业政策制定； 公共咨询服务； 减少政府干预	大多数国家；
		丹麦、芬兰；
		荷兰；
		英国

资料来源：Hertog，Leyter，Limpens et al.，1999

三、我国地方政府在区域创新体系建设中的作用

1. 苏州工业园区区域创新体系建设中政府作用

苏州工业园区是中国和新加坡两国政府间重要的合作项目，1994 年 2 月经国务院批准设立，行政区域面积 288km^2，其中中新合作开发区规划发展面积 80km^2。园区建立以来呈现快速发展态势，以占苏州市 4%左右的土地、人口和 7%的工业用电量，创造了全市 15%左右的 GDP、地方一般预算收入和固定资产投资、26%左右的外资和 30%的进出口总额。特别是苏州工业园区呈现出科技自主创新日益活跃的趋势，越来越多的跨国公司研发机构选择落户园区，更多的知名科研机构和科技精英汇集园区，形成创业创新优势。

苏州工业园区的区域创新与政府职能创新密不可分，苏州工业园区的政府管理创新主要在于政府理念创新，包括政府理论、观念和管理方式上的创新，以适应政府管理的现代化，在公共服务领域引入市场机制和价值判断，建立公共服务领域的市场竞争机制和社会公正机制。从体制层面进行政府管理创新，主要是从政府管理体制和职能安排上进行创新，包括政府的民主制度、法律制度、经济制度和文化制度等。着眼于公共行政人员行为能力提升的人事管理创新和以政务电

子化的操作创新等，从而提高了政府效率，构建了促进创新的环境。

苏州工业园区创新体系建设中的政府做法主要体现在如下方面。

一是完善促进科技创新的能力平台建设。建设先进的公共服务平台，如知识产权保护中心、IC 设计和测试、软件测试、软件培训、IDC 互联网数据中心等五大公共技术支撑平台，以适应高新技术产业发展和科技企业的需求。苏州市政府和中科院联合成立了非营利性机构“中科集成电路设计中心”，具备 EDA 服务、技术扩展服务、信息服务和测试服务等多项功能。

二是建设以政府、企业和社会协同的多元化投融资体系。通过组建工业园区创业投资公司，与中国台湾、以色列等合作，设立具有外资成分的风险投资基金，以提供中小企业创业投融资平台。

三是开展与科研机构的合作。与中国科学院等国家科研院所开展广泛合作，如中国科学院、江苏省和苏州市三方联合投入巨资共同设立研究机构，成为园区以及省市的重要技术支撑平台。

四是注重人才开发，建立吸引人才的体制机制。苏州工业园区的就业人口中外籍人士和海外归国人员分别超过 1 万人和 1200 人，在近年新增就业岗位中，专业技术人员占比超过 60%，其中硕士以上学历呈逐年翻番趋势。园区构建了辐射全球的人才网络，并建立动态的人才资源指数系统，以满足科技创新对人才的需求。

五是推进国际科技合作，以增强区域科技创新的国际竞争力。园区利用国家间合作的优势推进国际科技合作，并建立依托产业发展的高新技术产业，引进国内大学重点科学研究实验室与国外大学如新加坡大学、美国代顿大学等一批国际知名高校及国家重点实验室和工程研究中心，逐年扩大科研投入和开发规模。

2. 珠三角地区区域创新体系建设中的政府作用

珠三角地区是广东省的经济重心，占全省经济规模的 80%，也是广东省和我国重要的区域创新基地。目前珠三角地区已经进入从技术进口型向技术创造型转变的关键时期，广东省在其“科教兴粤”战略规划里明确要推进广东科技经济发展和建设区域创新体系，为加快科技体制改革和创新发展，加强科技成果转化，进一步推动政府的科技管理理论转变提供基础。为了促进科技创新体系的外部效应，2004 年 6 月，泛珠三角区域政府在广州签署了《泛珠三角区域合作框架协议》，这是我国规模最大的区域合作协议，涵盖了 9 省 2 区，区域内各省区的经济发展水平、区域性市场关系和区域科技实力及区域创新能力均存在诸多差距，这为进一步建设区域创新体系、促进区域内创新能力的提升提出了诸多问题，而这些更突显了政府的协调作用（谢洪明，2005）。

泛珠三角区域创新体系的建设是以加强区域内各机构的互动为目标，区域内的企业、科研机构、科技中介机构和教育机构在政府的协调下进行协同创新，而政府一方面运用科技管理体制和相关财税制度来对各方的创新进行激励和协调，另一方面运用珠三角地方政府合作制度安排来进行协调。目前来看，珠三角地区的地方政府合作主要在于：一是论坛和合作洽谈会，这包括泛珠三角合作与发展论坛和泛珠三角区域经贸合作洽谈会。二是高层联席会议制度，包括行政首长联席会议制度，政府秘书长协调制度和国家发展与改革委员会主任联系制度等。三是日常办公制度，其职责是加强与本地区有关部门的沟通、联系，以掌握本地区区域合作推进情况。四是部门衔接制度，以对区域内具体合作项目及相关事宜提出工作措施，制定详细的合作协议（徐涵蕾，2007）。

泛珠三角地区地方政府在创新中的作用主要有三点体现。

第一，以政府作为创新的主要提供者。以政府为主体建立技术创新中心的方式提供技术创新的支持。这些科技创新中心的功能主要包括依托高等院校科研院所及其他相关科技中心，建立产学研合作平台，以促进科技成果的转化，提供企业创新信息需求，促进企业管理创新；建立网络平台以引进现代物流体系，降低企业创新的成本；提供知识产权的保护和应用，创造利于企业创新的环境。广东省以广东省科技厅为主体，组织专家进行评估，拨款成立一系列创新中心，如有色金属技术创新中心、鞋业技术创新中心等。

第二，企业主体、政府扶持。依托大企业，引导企业进行科技创新，并积极介入到企业的技术创新过程中，提供企业技术创新的启动资金，鼓励企业成立工程技术创新中心，成立新技术孵化中心，加强企业与大学、科研院所的合作。

第三，吸引外资进入实施外资创新带动型产业。吸引外资以引进新技术是我国改革开放以来的主要做法，珠三角地区在通过吸引外资并整体性地引进国外新技术以促进地方创新方面具有很好的经验。以江门摩托车产业为例，广东的摩托车产业是在政府的大力支持下，依托龙头企业的带动作用，与国外技术创新能力强的跨国公司合作，成立研发机构，以提高企业的创新意识和创新能力，目前广东已经形成了我国四大摩托车生产版块之一（丘海雄和杨玲丽，2008）。

第三节　政府经济行为与区域经济增长

一、政府经济行为作用于增长的机制

1. 政策是经济增长的条件因素

巴罗（2004）的研究表明，更多的政治自由对增长的影响在理论上是不确定的，政府对经济的过于放任可能会扭曲经济，进而阻碍增长。而诸如市场失败、

垄断和不平等等也给了政府干预经济的理论理由，从而政府以政策或直接干预的手段来影响经济运行已是常态，这也导致人们较多地关注经济增长中政府的作用。人们对政府与经济发展关系的理解经历了三个阶段，在第一个阶段人们认为政府本质上是发展的促进者和领导者，是一个“无所不知的、使社会福利最大化的工作者”（Dani，1995）。第二个阶段则表现出较为悲观的认识，人们认为政府是发展的最大障碍，政府只是为了少数利益集团或者为政客和官僚服务的。如扎伊尔就是这样的典型掠夺型政府，自从蒙博托在1965年控制了扎伊尔后，他和扎伊尔政府机构里的一伙人从该国丰富的矿产资源出口收入里榨取了大量的财富，并导致国家倒退和人民陷入贫穷（World Bank，1991）。实际上，在发展中国家，对人民掠夺以服务于官僚集团的例子比比皆是（Krueger，1974）。显然上述两种观点都有失偏颇，过于强调政府的作用以及政府的单一功能。第三阶段人们认识到不同政府的表现差异可能源于其政府能力的差异，并开始试图去解释这些差异，此时人们认识到的是决定政府能力的制度性因素，即政府能否具有不受非经济因素干扰地制定发展政策并具备有效贯彻执行政策的能力，如进取型政府日本、韩国和中国台湾的成功案例，以及肯尼亚和玻利维亚的失败例子（Evans，1992）。而这些基本上都是通过政府的发展战略和政策行为来实施的，如果把政府的政策视为经济增长的条件因素，显然同样的资源结构会由于不同的政策而呈现出不同的增长格局，换言之，不论是截面还是时序增长均会由于政策差异而具有迥异的路径。

1978年以来，中国经济在快速增长的同时呈现波动特征，由于过于对平等的关注，一国内部差别化的区域政策带来的增长差异更加引人注目，沿海偏向的开放政策开始显现其强大的力量，导致东部沿海地区与内陆省份之间的经济增长出现较大差异，不论是GDP总量的增长还是区域之间的差距均呈现放大趋势（图3-1）。观察图3-1发现，黄河流域地区的GDP走势与中、西部地区具有一致性。特别地，东部地区与黄河流域地区相比，其增长速度要高，从而表明东部地区不仅GDP高于黄河流域地区，同时其增长速度也高于黄河流域地区。特别是在1992年邓小平“南方谈话”后随着全方位对外开放，这一差值扩大更为明显，从而体现了政策作为增长的条件因素的特征。

2. 政府影响经济增长的方式

政府并不单纯通过制定政策来影响经济增长，更多的是通过其经济行为来直接影响经济的运行，其背后就是国有经济比重、政府管理费用及政府的财政手段等。实际上，国有化率在不同时期和对不同类型国家而言均意味着政府对经济的直接控制程度，国有经济比重的巨大差异曾经是市场与计划分野的重要指标，由于西方国家实行的是自由的市场经济，则私有制一直是其所有制的基础和主体，

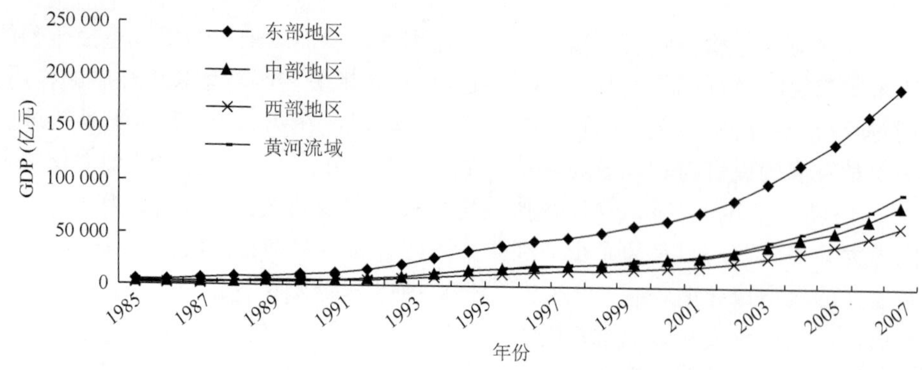

图 3-1　东、中、西三大地区及黄河流域实际 GDP

资料来源：据《新中国六十年统计资料汇编》相关数据计算

虽然经济体系中存在一定数量的国有经济（国有企业），其比例相对较小。从历史上来看，西方国家曾经有过多次大规模的私有化和国有化运动，每一次国有化浪潮都对应经济危机或战争重建，如第二次世界大战后经济重建、20 世纪 70 年代的能源危机及当前的国际金融危机，而每一次私有化浪潮均对应经济的高涨，如二十世纪八九十年代的情形（金碚和刘戒骄，2009），从某种意义上来说，国有经济正是政府直接干预经济活动的手段。而观察西方国家每一次国有化浪潮的宏观背景，可以得到的初步结论是，国有经济更多强调的是政府经济目标的实现而非效率。这也在姚洋（1998）、刘小玄（2003）等的研究中得到证实，刘瑞明和石磊（2010）进一步指出，除国有企业本身的效率损失之外，由于这种效率损失进一步带来的其他效率损失更为突出，当国有企业过渡到依靠政府补贴来救助或依靠政府限制市场进入以获取垄断利润时，国有经济实质上已经成为了经济增长的掣制。

这样看来，退出越多的政府越有利于市场机制的发挥，从而越有利于经济增长，换言之，管的越少的政府应该是最有效率的。托马斯·杰斐逊曾经说过“管得最少的政府是最好的政府”，亚当·斯密在《国富论》里则诠释为政府的本质决定了他不能去管理经济，而应该让市场去管理。一般认为，政府大小的衡量是基于其管理费用支出与国民产出的比重来进行的。行政管理支出是财政支出的重要组成部分，其规模取决于政府职能等多种因素，因此，具有越多经济职能的政府具有越大的管理费用规模。1978 年改革开放以来，我国财政支出中行政管理费用支出呈快速增长的态势。特别是在与其他有关社会经济发展指标的增长变化进行比较后发现，中国行政成本过于膨胀（何翔舟，2007）。更进一步，赵东辉（2006）在比较管理费用支出的绝对量、相对量及增长率等指标后得到结论，中国的行政管理费用实际上挤占了其他财政支出项目的增长空间，比较 1985～2008 年各省份行政管理费支出占 GDP 的比重与科教文卫支出占 GDP 比重可以发现，行政管理费用支出的比重呈现稳中有增的趋势，而科教文卫支出比重则显示出下降后趋于平稳态势（图 3-2）。由于行政管理费用的消费性质，可以认为行政管理费用支出增长已经开始成为阻碍 GDP 增长的因素了（高树兰，2010）。相关实证研究也表明，行政管理支出对人均 GDP 的影响是微不足道的，这也表明越大规模行政管理支出对经济增长是越不利的（朱柏铭和祝燕君，2008）。张颖熙（2008）利用省级面板数据研究表明，行政支出规模越小的省份反而具有越快的经济增长速度。在本书实证研究部分，将行政管理费用支出占 GDP 的比重作为政府参与经济活动的另外一项重要的指标，以度量政府规模的大小，以及政府挤占其他财政支出增长空间后的效应，并预期其系数为负。

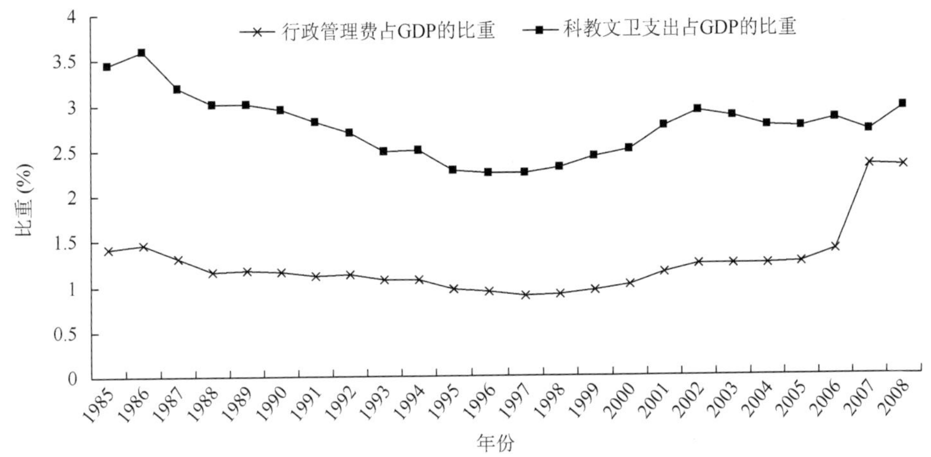

图 3-2　行政管理费支出与科教文卫支出占 GDP 比重的比较

资料来源：据《新中国六十年统计资料汇编》相关数据计算，由于数据可获得性，不包括西藏

1994 年的分税制改革是我国体制改革进程中的重要事件，财政分权和市场化改革的互相推进，分权推动了地方经济发展的积极性，从而成为中国经济取得高速增长的重要动力（王志刚和龚六堂，2009）。实际上，分权已经成为世界发展的趋势，20 世纪以来，世界各国普遍出现了财政分权的趋势，全世界人口超过 500 万的 75 个转型发展中国家中，有 84%国家正致力于向地方政府下放部分权力（Dillinger，1994）。实证文献来看，Lin 和 Liu（2000）使用边际留成比例衡量财政分权程度，利用省级数据估算中国自 20 世纪 80 年代开始的财政分权在经济增长上所产生的作用。他们发现，在控制了同时期其他各项改革措施的影响后，财政分权提高了省级人均 GDP 的增长率。但沈坤荣和付文林（2005）的研究结果则发现，只考虑预算内收支衡量的财政分权指标有利于经济增长，而加入预算外收支以后的财政分权指标对经济增长的影响不确定且显著性不高。可能的原因是，由于我国改革的区域差

异，讨论国家层面并不能得到更趋真实的结论。王文剑和覃成林（2008）的研究表明了这一点，对非国有经济相对发达的东部地区而言，财政分权有利于地区经济增长，而在中西部地区则相反。基于上述分析的结论，可以得到的初步启示是，财政分权一方面扩大了地方政府的自主性从而利于地方政府经济行为更考虑地方比较优势的发挥，从而正向推动经济增长，另一方面，地方政府攫取之手的冲动可能导致增长被抑制。更重要的是，从理论上来看行政与财政分权已经构成了地方政府激励的重要来源，但可能并不是中国地方政府激励的最为基本和长期的源泉（周黎安，2007），这提示我们在研究财政分权对经济增长的效应的同时，更要注意财政分权对其他中间指标的影响。

3. 地方政府的经济行为与经济开放

区域间增长差异首先取决于各地区的现有产出水平，我国不同地区产出水平的巨大差异本身可能即是导致增长差异的重要因素，这导致决策者更多关注决定产出水平的因素，吸引外资和促进对外贸易无疑是最获青睐的。由图 3-3 可见，1985～2008 年，我国沿海地区和内陆地区的开放程度具有较大差距。这既符合我国以沿海地区为主的开发开放战略，也体现了改革开放三十年来加工贸易型经济增长体系的成功。由于东部沿海开放成功的巨大示范效应，导致各地区纷纷效仿，形成地区间的吸引外资竞争，进而导致吸引外资的目标发生方向性转变。特别是在分权财政体制下，外资成为各地方政府争夺的重要资源，各地方给出的吸引外资优惠政策已经对地方政府的收益产生重要影响（张宇和黄静，2010）。更为突出的是，财政分权下的政府对地方经济增长的干预手段和干预程度都在增加，导致经济增长成为投资推动型增长，地方政府为了在引资竞争中获胜，可能以行政手段扭曲资源价格，以高增长掩盖市场扭曲和资源浪费（靳涛，2008），并且在一定程度上强化了外资对私人投资的挤出效应，朱轶和熊思敏（2009）认为，由于我国中西

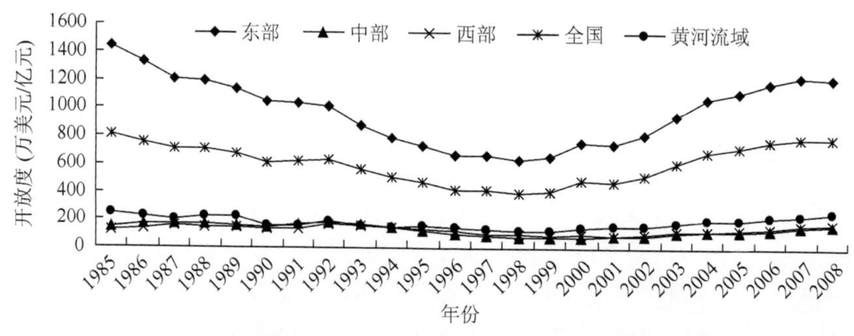

图 3-3　各地区开放度的比较（1985～2008 年）

资料来源：据《新中国 60 年统计资料汇编》相关数据计算

部地区对外资的优惠强度明显高于东部，由此导致的挤出效应也最为显著。从这一意义上来看，经济开放不仅被开放政策所推进，而且更多的是政府经济行为的结果。

二、模型与数据

本节在柯布-道格拉斯生产函数的基础上构造开放条件下的总量生产函数来进行研究。新古典内生增长理论认为，经济增长可以表示为物质资本与人力资本不变规模报酬的CD生产函数，即

$$Y = AK^{\alpha}L^{(1-\alpha)} \tag{3.1}$$

式中，Y 为产出；K 为物质资本存量；L 为人力资本存量；$\alpha \in [0,1]$；A 为技术、制度等因素。

采用劳均生产函数的形式，式（3.1）改写为

$$y = Ak^{\alpha} \tag{3.2}$$

式中，$y = Y/L$，为劳均产出；$k = K/L$，为劳均资本存量。

将政府的经济参与及对外开放纳入生产函数进行研究存在多种思路，一种简单的考虑是将政府经济行为和外资外贸视作与资本和劳动性质等同的投入量，通过拓展CD函数获得。但由于对政府经济行为作用于经济增长的机理仍然存在着不同的理解，究竟是将制度视作生产函数中的一个投入量，还是将其视作经济增长的条件因素是正确设定计量模型的关键。从技术进步的角度来看，政府经济行为不但影响了经济增长可供利用的要素投入，同时也在于其促进了投入要素的效率增进，因此，可以认为政府经济行为更多的作用于全要素生产率。基于此，本书结合相关文献的做法，将生产函数变换为以下形式。

$$y_{it} = A_{it}e^{\beta}k_{it}^{\alpha} \tag{3.3}$$

式中，

$$\beta = \gamma_1 + \gamma_2\text{gov}_{it} + \gamma_3\text{own}_{it} + \gamma_4\text{fdou}_{it} + \gamma_5\text{fdin}_{it} + \gamma_6\text{open}_{it} + \varepsilon_{it} \tag{3.4}$$

其中，gov 为行政管理费指标；own 为国有经济比重；fdou 为各省预算内人均地方财政支出/全国预算内人均财政支出；fdin 为各省预算内人均地方财政收入/全国预算内人均财政收入；open 为对外开放度；ε_{it} 为随机冲击；i 和 t 分别表示时间和地区。将上述方程两边取对数处理，得到如下线性形式：

$$\ln y_{it} = a_t + \gamma_2\text{gov}_{it} + \gamma_3\text{own}_{it} + \gamma_4\text{fdou}_{it} + \gamma_5\text{fdin}_{it} + \gamma_6\text{open}_{it} + \alpha\ln k_{it} + \varepsilon_{it} \tag{3.5}$$

式中，a_t 为 t 时期对各地区的一个共同的随机冲击；ε_{it} 是在时间 t 地区 i 的随机冲击。

本节以1985～2008年我国30个省市区作为研究样本[①]，以考查开放经济体系的经济增长差异。实证研究所涉及的变量数据说明如下。

1）地区生产总值（Y）。地区生产总值数据直接来源于《新中国六十年统计资料汇编》，由于所获得的是名义值，则利用各年GDP平减指数得到实际值。以实际GDP除以当年就业人数得到劳均产出y。

2）各地区资本存量（K）。由于不能从统计资料中直接得到各省的资本存量数据，则使用永续盘存法进行计算。其公式是$K_{it}=K_{i,t-1}(1-\delta_t)+I_{it}$。下标$i$和$t$分别代表省份和时间，其中$K$表示实际资本存量，$I$表示实际投资，$\delta$表示实际折旧率。当年实际投资数据在相关研究中有多种选取方法，一是取全社会固定资产投资（total social asset investment），如王小鲁（2000）的研究。二是采用积累（accumulation）的概念及其相应统计口径，如贺菊煌（1992）、张军（2002）等的研究。三是采用资本形成总额（gross capital formation）或固定资本形成总额（gross fixed capital formation），如张军等的研究（2004）。四是采用新增固定资产（newly increased fixed assets），如Holz和Carston（2006）。从1993年起，我国正式采用新的联合国国民经济核算体系（SNA），以SNA统计的固定资本形成总额来衡量当年投资较为合理，而且存货投资数据波动较大，其折旧率也与固定资本不一致，则在计算中不包括存货。投资价格指数可以直接利用的数据是《中国统计年鉴》公布的1991年以来的固定资产投资价格指数，1991年以前的投资价格指数则参照张军等（2004）的方法，通过估算“固定资产投资隐含平减指数”来作为“固定资产投资价格指数”的替代，其公式为

$$T\text{年的固定资本形成总额指数}=\frac{T\text{年的固定资本形成总额(当年价)}/T\text{年固定资本形成价格指数}}{1952\text{年固定资本形成总额(当年价)}}$$

3）各地区劳动投入（L）。根据文献研究的普通做法，劳动投入用各地区历年全部第一、第二、第三产业就业人员数量代替。

4）对外开放度（open）。对外开放度涉及一国或一地区对外贸易、吸引外商投资和金融体系的开放度，从而在度量对外开放度时也从这些角度来进行。从文献来看，有强调单一指标来度量对外开放度的，如使用贸易开放度指标、金融开放度指标或投资开放度指标，运用单一开放度指标的好处是简单，易于计算，但在国际金融、投资活动兴起之后不能较好地反映一国对外开放程度，因此度量对外开放度应包括贸易开放度、投资开放度和金融开放度诸个方面（周茂荣和张子杰，2009），由于金融开放度在一国之内是一致的，本书主要以贸易开放度和投资开放度来度量。本书分别选择各地区历年实际使用外商直接投资与GDP的比值来

① 由于数据所限，西藏、港澳台地区没有包括在内。

度量外资开放度，选择各地区历年进出口总额与 GDP 的比值来度量贸易开放度，分别对其赋予 0.4 和 0.6 的权重进行加权平均得到对外开放度。相关数据以历年人民币对美元汇率将数据进行转换以消除汇率变动的影响。

5）政府对经济的参与。根据理论部分的研究，本书分别选取四个指标来度量政府对经济的参与程度：gov 为政府管理费用，主要使用政府管理费用占 GDP 的比重（gov_1）来表示，根据文献的讨论及做法，同时使用人均政府管理费用（gov_2）和政府行政管理费用占财政支出的比重（gov_3）来做辅助研究；own 为国有经济比重，使用国有职工占全国职工比重来表示；fdou 为各省预算内人均地方财政支出/全国预算内人均财政支出；fdin 为各省预算内人均地方财政收入/全国预算内人均财政收入①。

三、计量研究及结果

对式（3.5）进行回归，结果如表 3-2 所示。方程（1）的结果显著表明了政府管理费用支出占 GDP 比重和经济开放度对增长的影响，gov_1 前的系数为负且高度显著，表明政府管理费用支出占 GDP 的比重越高越不利于经济增长，可以得到的初步结论是，在当前的市场机制条件下，政府对经济的干预已经成为制约市场机制发挥的重要因素。即使如此，本书仍然对上述结论保持谨慎态度，因为行政管理费用支出虽然是政府经济行为的重要体现，但可以理解的现实是，经济越发达，政府提供公共产品的责任也越大，从而可能与人均产出水平是互为因果的关系，因而关注人均行政管理费用可能易于更准确地理解这一问题，这也符合人们从行政管理成本观察政府规模大小的习惯。此外，在当前我国的行政管理体制下，各省区的行政建制差别较小，从而也会导致越穷的省份其行政管理费用占 GDP 的比重越高，这需要从结构的角度来讨论行政管理费用的支出。因此本书在方程（2）和方程（3）中分别使用人均行政管理费用和行政管理费用占财政支出的比重来进行检验，结果显示使用三种指标得到的结果是一致的。观察 own、fdou 和 fdin 发现，这三类表示政府经济行为的指标其系数均为负，从而也从另外的侧面证实了本书理论研究的结论。国有经济比重对经济增长的影响从本质上来说是经济效率的损失，这一效率损失并非仅由于国有企业经营效率低下，背后的深刻原因是牵动政府以损失社会效率为代价的隐性补贴（林毅夫和李志赟，2004），目前我国大部分

① 由于预算外收支只有 1993 年以来的数据，而且由于 1993～1995 年和 1996 年对预算内外收支的范围进行了调整，1997 年起政府性基金又纳入预算范围内，从而使数据不具可比性。我们计算了 1993 年以来包括预算外收支的数据，并在 1994～2008 年分时期回归时做了应用，结果与只使用预算内数据显示的各变量之间的关系及显著程度相比均没有改变，考虑到两时段数据的可比性和文章篇幅的限制，研究中没有报告包括预算外收支的回归结果。

企业是央企，央企由于其所具有的权威背景很容易突破地方政府的干预而获取资源和市场的控制，地方政府也愿意把本地国有企业卖给央企（方军雄，2008），在国家的财政扩大投资中，最后的项目大多落到国有企业身上（刘伟，2010），国有企业得到过多投资，资本效率低下，从而限制了民营企业的发展，最终拖累了经济增长。

表 3-2　全样本回归结果

解释变量	(1) FE	(2) FE	(3) FE	(4) FE	(5) FE	(6) FE
样本	30	30	30	30	30	30
观测数	720	720	720	270	450	720
C	−0.3671 (0.03)***	−0.3901 (0.02)***	−0.4014 (0.03)***	−0.4209 (0.11)***	−0.3829 (0.02)***	−0.4996 (0.04)***
gov_1	−2.6715 (0.52)***			−3.4430 (1.74)**	−1.0535 (0.49)***	−2.4011 (0.53)***
gov_2		−3.8566 (1.64)**				
gov_3			−0.0521 (0.13)*			
Own	−0.3226 (0.07)***	−0.3185 (0.08)***	−0.2552 (0.07)***	−1.0217 (0.41)***	−0.4738 (0.06)***	−0.3439 (0.07)***
Fdou	−0.0553 (0.01)***	−0.0581 (0.02)***	0.0631 (0.02)***	0.0095 (0.04)	0.0831 (0.03)**	−0.0595 (0.01)***
Fdin	−0.0016 (0.01)	−0.0104 (0.01)	−0.0159 (0.01)	0.0616 (0.01)***	−0.1677 (0.04)***	−0.0063 (0.01)
Open	0.1194 (0.02)***	0.1272 (0.03)***	0.1148 (0.03)***	0.1475 (0.04)***	0.1254 (0.03)***	0.1089 (0.03)***
Lnk	0.8615 (0.01)***	0.8646 (0.01)***	0.8561 (0.01)***	0.7848 (0.02)***	0.7812 (0.01)***	0.8583 (0.01)***
东部地区						0.2398 (0.05)***
黄河流域						0.1936 (0.05)***
调整的 R^2	0.9950	0.9896	0.9895	0.9889	0.9954	0.9815
Hausman 检验，*P* 值	0.0001	0.0096	0.0005	0.0004	0.0000	0.0104

注：FE、RE分别是固定效应和随机效应。系数下方括号内的值是标准差

***、**、*分别表示在 1%、5%和 10%水平上显著

从财政分权指标的回归结果来看，fdin 前的系数虽然为负，但检验结果并不显著，表明财政收入分权对区域经济增长的效果并不显著。虽然从理论角度而言税收对经济增长的作用不是直接的，而是经由消费或投资的间接过程，当政府效

率依赖于公共服务的增加时，财政收入分权会对政府支出规模具有显著的负效应（Jin and Zou，2002），但郭庆旺和贾俊雪（2010）认为其影响在一定程度上取决于政府组织的结构特点，1994 年分税制以来，我国的政府间财政关系发生了巨大的变化，中央和省级政府之间形成了稳定的分权制度框架，提高了中央财政的宏观调控能力，也刺激了地方政府的积极性，而同期推行的撤乡并镇使政府组织结构也发生了明显的变化，这使我们有理由认为考察分税制的效应是重要的。本书对 1985～1993 年和 1994～2008 年两个分时期子样本进行回归，如方程（4）和方程（5）所示，结果显示财政收支分权在两个时期具有不同的效应，而且分税制以来财政收支分权对经济增长的效应具有非对称性，表明地方政府具有更为明显的财政约束机制，从而诱导了增长导向的财政支出结构。

理论和经验研究均证实，对外开放对发展中国家经济增长的推动是具有根本意义的，这也在本书的研究中得到了进一步的证实。值得注意的是，由于国家开发开放战略时序性安排的区域差异，导致了不同区域的经济增长也呈现差异性。本书在方程（6）中控制了地区变量，可以看到，由于地区不同经济增长存在显著差异，东部地区相较黄河流域更为显著。同时，加入地区控制变量后，政府管理费用支出占 GDP 比重、国有经济比重和财政分权这些度量政府经济参与的变量系数方向未变，但作用效果更显著。相关文献的结果也表明，财政分权具有区域差异的性质（lin and liu，2000；张晏和龚六堂，2005），从理论的角度看，开放倾向于弱化政府经济行为，进而降低财政分权的作用。为进一步考察这些区域差异对政府经济参与效果的影响，本书分别对东部地区和黄河流域进行回归，为考察 1994 年分税制对不同地区的影响，同时对 1985～1993 年和 1994～2008 两个分时期样本进行回归，并在这两个时期中加入财政分权与开放度的交互项，以考察财政分析对不同地区的差别化效应，回归结果如表 3-3 所示，其中方程（8）、方程（10）和方程（12）是东部地区，方程（9）、方程（11）和方程（13）是黄河流域地区。

表 3-3　东部地区和黄河流域地区回归结果

解释变量	1985～1993 年		1994～2008 年		1985～2008 年	
	（8）RE	（9）FE	（10）RE	（11）RE	（12）FE	（13）RE
样本	11	8	11	8	11	8
观测数	99	72	165	120	264	192
C	−0.1700 （0.12）**	−0.7977 （0.24）***	−0.2939 （0.05）***	−0.3658 （0.03）***	−02762 （0.04）***	−0.4203 （0.06）***
gov_1	−11.6584 （4.66）**	4.7834 （4.63）	3.6775 （1.09）***	−2.3115 （1.20）**	−2.4017 （1.42）*	−4.8892 （1.31）***

续表

解释变量	1985～1993 年		1994～2008 年		1985～2008 年	
	（8）RE	（9）FE	（10）RE	（11）RE	（12）FE	（13）RE
own	−0.9217 （0.31）***	0.1596 （0.87）	−0.5700 （0.08）***	−0.3406 （0.14）**	−0.4804 （0.09）***	−0.1026 （0.15）
fdou					−0.0489 （0.02）***	0.2198 （0.12）*
fdin					−0.0169 （0.01）	−0.2941 （0.09）***
open	0.2573 （0.15）**	2.8342 （1.42）*	0.0794 （0.05）	0.1844 （0.77）	0.1194 （0.02）***	0.6672 （0.22）***
lnk	0.7886 （0.04）***	0.7273 （0.07）***	0.7557 （0.01）***	0.7811 （0.02）***	0.8437 （0.01）***	0.8279 （0.02）***
fdou×open	−0.2123 （0.08）**	−8.1158 （3.18）**	−0.0678 （0.06）	1.8271 （1.32）		
fdin×open	0.1039 （0.05）*	6.3646 （3.09）*	−0.0859 （0.06）	−3.1815 （1.64）*		
调整的 R^2	0.9288	0.9771	0.9867	0.9872	0.9905	0.9845
Hausman 检验，P 值	0.5587	0.0000	0.3589	0.0335	0.0014	0.0787

注：FE、RE 分别是固定效应和随机效应。系数下方括号内的值是标准差

***、**、*分别表示在 1%、5%和 10%水平上显著

通过对结果观察并与表 3-2 比较发现以下几点问题。

第一，我国的开放政策在不同区域的力量是不同的。和东部地区相比，经济开放对黄河流域地区的经济增长而言更显重要，其原因可能在于两个方面，一是对东部地区而言，虽然其改革开放要早，但东部地区具有更好的基础、更充裕的资源和更适应市场运行的体制，经济开放对以中西部地区省份为主的黄河流域地区的增长和发展来说具有更加重要的意义；二是由于资源要素在我国区域间能够较自由地流动，特别是改革开放以来中西部地区劳动力向东部沿海地区的流动，使得东部地区的开放经济体系能够建立在全国的比较优势基础之上，东部地区的经济开放对经济增长的促进作用并非限于本地，对中西部地区也有推动作用，黄河流域九省区的经济增长也受到东部地区的正向作用。

第二，政府经济参与对经济增长的影响在东部地区和黄河流域地区是不相同的。虽然总体而言，不论是政府行政管理费、国有经济比重还是财政分权指标，分地区回归的系数均为负，这与全国样本分析的结果是一样的，但也存在一些细微的差别。变量 gov_1 在东部地区的经济增长中的作用相对较弱，而且显著程度较低，这反映了东部地区市场化程度和经济活跃程度较高，政府对经济的作用是作为条件因素存在的，但对于黄河流域地区而言就不一样了，由于资源配置和使用较多地依赖政府力量，从而政府参与对经济增长的约束力量也较大。观察另外一

个变量 own 会发现，虽然总体而言国有经济所占比重的系数为负，但其在黄河流域地区相对较弱，而且只有东部地区是显著的，黄河流域地区的增长效应则不显著。虽然不同地区的国有经济具有不同的地位和作用，但国有经济运行的效率仍然存在较大的区域差异，这与胡智勇和林初昇（2008）的研究结论是一致的。

第三，分税制对经济增长的效应和区域差异都是突出的。为了考察分税制对黄河流域地区的效应，本书使用分时期回归的方法来进行观察，同时加入财政分权指标与经济开放的交互项以观察分税制前后二者的作用机制，结果发现，分税制对东部地区及黄河流域地区经济开放的影响都是显著的，但对黄河流域地区的作用强度要大于东部地区，进一步证实了前述结论，即经济发展水平越高的地区，其经济发展越依赖于市场，经济发展水平较低的地区，政府在经济中的作用越突出。财政收入分权和财政支出分权在分税制前后的效应具有非对称性，财政收入分权在分税制前显著地促进了经济开放，在分税制后却显著约束了经济开放，这在黄河流域地区尤其突出，因此这表明不论是吸引外资还是开展对外贸易和经济发展都更多地依赖于国家对于开放发展的总体政策环境，地方政府在分税制之前更多地强调将引资或开展对外贸易作为一种行政行为，或者是非经济激励。而当政府有足够的资源保障时，它对待开放的选择会谨慎，从而导致分税制反而抑制了经济开放的增长效应。财政支出分权在分税制以来推进了经济开放，但不显著，由于政府的预算支出具有互补性策略行为特征（郭庆旺和贾俊雪，2009a），地方政府惯于以财政支出的手段来竞争外资等有利于本地区发展的资源，这些在经济发展水平较低的黄河流域地区更显突出。

值得注意的是，不论是全样本分析还是分地区的考察，资本和要素投入对增长的解释都是最强也最为显著的，说明虽然历经三十年的改革开放，经济增长高度依赖要素投入增长的局面仍然没有得到本质上的改观。

四、结论及政策建议

本章理论分析及实证研究的结果都表明，政府对经济的参与程度已经深深地影响到了区域经济增长，并成为作用于区域创新的重要力量，过高的政府管理费用和国有经济比重都已经成为经济增长的掣制，并在区域创新体系的构建中体现出来。即使如此，还需要对上述结论审慎对待，因为政府经济参与对经济增长的影响显然具有更为复杂的机理，既包括政府行为本身的直接效应，也包括政府行为经由其他中间指标的间接效应。而且，由于国家区域发展战略的时序性差异，这些效应对于不同地区而言也不同。具体在于以下几方面。

第一，总体而言，政府经济参与是一种与市场机制相对的力量，过度的政府经济参与会影响经济增长。

第二，政府经济参与对经济增长的影响存在两面性，其负面影响主要表现为直接效应，即政府参与越多则占用资源越多，正面影响更多的表现为间接效应，其原因在于促进资源要素流入和促进地方经济开放在经济转型初期高度依赖于政府行为。

第三，政府经济参与对经济增长的影响具有区域差异性，在开放度较低的中西部地区要显著高于东部地区。

基于本章的研究结论，对我国转型时期促进经济增长的政策启示在于如下几个方面。

1）短期而言强化政府经济参与有利于吸引外资扩大开放，也利于短期区域经济目标的实现，但政府经济参与的目的是培育有竞争力的市场主体，最终促进市场机制发挥。我国的经济改革是渐进的过程，这虽然有效规避了激进改革对经济发展带来的动荡，但容易形成政府管理经济的惯性，政府经济参与不但在时期上更长，而且涉及范围也更广。由于政府经济参与本质上是直接的手段，对经济增长影响的效果显现得也更快，如果政府不能准确地掌握信息并做出科学决策，过多的经济参与反而不利于经济增长。目前来看，吸引外资已经被各地方政府认为是推动经济增长的首要任务，但外资活动的双面性表明过度吸引外资并非都是有利的（张海洋，2005），特别是吸引外资如果不能和地方资源结构有效结合，长期看来可能会削弱地方经济增长的潜力。

2）促进区域间经济联系可能是未来时期推进区域经济增长的重要手段，其强烈的政策启示意义在于促进区域经济合作，推动资源要素区域间流动和产业由东部地区向中西部地区转移。从实证研究的结论来看，东部沿海地区由于受益于改革开放而取得了更高的增长率，而深入分析后会发现，东部沿海地区建立的加工贸易型产业体系的基础是全国的劳动力优势，由于劳动力在过去三十年间持续不断地从中西部流向东部沿海地区，促进了东部地区经济的活跃和发展。当东部地区市场日趋饱和、优势逐渐消失后，向中西部地区实施产业转移并形成区域间合理分工体系不但有利于东部和中西部地区的经济增长，也利于促进区域经济协调发展。因此政府应该逐步减少对经济的直接参与，而关注营造利于产业转移和区域合作的政策环境。

3）财政分权体制提高了地方政府控制资源的数量，当政府没有足够资源保障时，“攫取之手”会阻碍增长，反之当政府有足够保障时，适当提高政府经济参与程度并不损失增长，因此对不同发展阶段的区域仍需要实施差别化的区域政策。实证研究结果显示，分税制对增长的促进作用是显著的，同时，分税制对三大地区的开放度有不同程度的制约作用，说明政府可控资源的增加提高了政府参与经济的能力和冲动。但当经济相对落后的中西部地区承担相对更大规模的财政支出时，会通过预算外收入加大对地区经济的攫取力度，而在经济相对发达的东部地区则不很显著。从制度上加强对预算外收支体系的监管，并加强对中西部地区转移支付力度，以减轻这些地区地方政府预算收支压力亦显重要。

第四章　社会嵌入、教育发展与黄河流域经济增长

第一节　研究背景与文献评论

一、研究背景

教育最重要的特征是能够从根本上推动经济增长，教育在经济生产过程的作用主要来源于三种观点：第一，假定生产过程中受过教育的工人和未受过教育的工人是完全可替代的生产要素。如果受过不同教育水平的人是完全同质的话，那么就可以认为劳动是同质的，对其在生产过程中的作用就可以用效率来测量。在保持劳动力投入数量不变的情况下，提高劳动力的教育水平相当于用效率测量的劳动投入数量的增加，这种效率的提高反映在单位劳动力上，把劳动力作为生产要素投入到生产中，则生产产量增加，即劳动力的产出与其所受的教育水平呈正相关关系。第二，假定未受过教育的工人和受过教育的工人是不完全替代的生产要素。这种不完全替代主要体现在受过教育特别是接受过专业知识教育的人能够适应更专业的、更复杂的工作，对于一个国家或地区经济发展的过程而言，受过高等教育的工人的数量增多，为资本密集型和技术密集型产业发展提供了基础，这有利于促进一个国家的生产力水平进入到一个新的阶段，在这个阶段里生产技术将会更为尖端，生产工艺更为复杂。第三，教育有助于欠发达国家吸收国外新技术。这已经为理论所证明，一种产业的生产过程需要技术密集型的工人，是因为需要工人的熟练操作和质量监控，或者说是因为技术在迅速更新，而受过良好教育的工人需要不断地学习新技术。其结论是：受过教育的工人在任何生产过程中的作用都可被看作是一个技术学习和创造的过程，而这一过程本身就产生了更大的生产力。即使其他投入要素保持不变，即使不是科技本身的投入，也会产生更大的生产力。这就导致了教育对欠发达国家的经济增长具有明显作用的最重要观点。

制度经济学认为，制度是经济发展的内生变量（科斯等，1994），而促进制度变迁的一个重要方面即是教育，教育通过促进制度变迁来促进经济社会发展，这具有长期性和根本性的作用。

首先，教育能够增强人们处理不均衡状态的能力，进而影响潜在利润的发展和制度变迁需求。制度变迁即是制度打破原有均衡向新状态运行的过程，这一过

程会产生新的利润，包括市场规模变化、技术更新、交易费用降低等，不论是哪种情况出现，均需要人们能够准确地发现并捕捉不均衡状态，这依赖于人们对信息的掌握、处理能力，进而依赖于教育对人的能力的提高。

其次，教育极大地增加了社会知识存量，传播社会知识，扩大制度变迁供给。制度变迁需要建立新的制度安排以使制度从不均衡恢复到均衡，但是由于社会科学知识不足，政府也可能由于能力有限而难以建立一个正确的制度安排（科斯等，1994），因此，一个国家知识储备越多，制度安排选择的集合也越多，从而就越有利于制度变迁。教育所带来的知识传播与累积，正是促进制度变迁的重要基础。

再次，教育可以改变人们的价值观念、意识形态等，从而具有间接促进制度变迁的作用。诺思认为，制度分为两种类型，即正式制度与非正式制度，非正式制度是人们在长期交往中无意识形成的、具有持久生命力的部分文化遗产，主要由功能信念、伦理规范、风俗习惯、意识形态等因素构成，正式制度则是指一系列的政策法规，可以在短时间内通过规划变动来完成，但正式制度要发挥其效率，还需要非正式制度的相应变迁。教育所具有的巨大的文化功能，可以传递、传播文化，从而发展文化、升华文化，并直接促进非正式制度的变迁，而这有利于影响和制约正式制度变迁及实现正式制度发挥作用的目的，间接地促进正式制度的变迁。

最后，教育能够增强人的理性认识，减少制度变迁的阻力，从而加快制度变迁的速度、扩展制度变迁的广度。制度变迁是利益和权力再分配的过程，因此，制度变迁也就是一个“非帕累托改进”的过程，在人类社会发展史上，几乎没有发生过对所有人所有阶层都有利的制度变迁，从而一部分在制度变迁中利益受损的群体会反对制度变迁，阻碍制度变迁的实施。为了得到利益受损者的合作，使制度变迁能够顺利进行，可通过教育来提高其认识水平，使他们充分认识到制度变迁的长远利益和整体利益，从而降低制度变迁的成本并扩大制度变迁的效果（吴克明和孟大虎，2005）。

对黄河流域而言，教育在其经济增长中的作用涉及更多方面，也涉及更为复杂的内在机理，对于传统区域的增长需要教育的推动，但教育的效果会深深地受社会因素的影响，本章对这一问题的研究即强调区域创新能力和教育对增长的作用，同时也关注教育经由区域创新能力对增长的影响，并以此来理解黄河流域区域创新系统中教育的作用。

二、文献评论

人力资本与人密切相关，由于人力资本一般被认为是凝集于人身上的知识和技能，这不但与教育有关，而且与健康有关。大多数的实证研究均采用教育指标来衡量人力资本，并且发现了教育与经济增长的相互作用关系（Kyriacou，1991），但在不同的增长理论中，人力资本的重要性是不同的，如 Solow（1956）把储蓄率、劳动增长和技术进步都视为外生给定，并没有给予人力资本特殊的强调，但在内生增长理论中，人力资本却发挥着非同寻常的作用，如 Aghion 和 Howitt（1998）认为人力资本是影响经济增长的两大方式中的一种，当人力资本具有不同的积累率时，会影响到经济增长率。不过，后来一些研究发现，当对于人力资本的理解存在偏差时，得到的结论也不一致。一些研究利用跨国人力资本数据通过实证研究发现，人力资本积累对增长的作用不显著，但人力资本存量却存在显著的正向影响，这说明区分人力资本的性质在研究增长中的意义是重要的。但对我国的研究结果表明，不论是人力资本存量还是人力资本积累均对增长具有正向作用（龚六堂和张庆华，2005）。

在新增长理论中，经济增长不仅取决于物质资本积累，更注重人力资本的作用，特别是由于教育是人力资本形成的主要因素，则教育投资越多意味着越高的经济增长，人力资本水平越低的地区其经济增长成绩越差。在 Lucas（1988）的两部门增长模型中，教育对经济增长具有重要作用。Blankenau 和 Simpson（2004）等从公共教育投资的角度出发，详述了政府教育支出、人力资本与经济增长的内在运行机制。于凌云（2008）在 Lucas 的基础上，将人力资本的教育投入主体区分为政府教育投资和非政府教育投资两部分，并分析均衡条件下教育投入与经济增长的长期关系，结果表明，我国教育投入对经济增长具有较强的短期效应，而且在教育投入相对较低的地区，物质资本投入是拉动经济增长的主要原因，而非政府教育投入的增长对人力资本积累的效果更加明显。

实际上，各国教育投入比重虽然各有差异，但教育投入比重总是存在上升的趋势，美国教育投入比重由 1995 年的 40.1%上升到 2004 年的 46.2%，英国则由 14.51%上升到 19.2%，澳大利亚从 26.7%上升到 36.9%，而我国的教育投入增长更快，1991 年仅为 18.4%，到 2005 年已经上升到 63%（于凌云，2008）。杨俊和李雪松（2007）运用教育基尼系数量化了我国 1996～2004 年 31 个省份的教育获得不平等程度，发现我国的教育扩展政策收效显著，显著地改善了地区间教育获得不平等的状况，但未能验证二者之间的倒 U 型关系。教育不平等与经济增长的区域差异具有一致性，教育不平等显著地阻碍了经济增长。

在讨论人力资本对经济增长的作用机制中，虽然更多的文献关注教育的作用，但对于健康指标的关注度也在持续上升中，一些研究把健康和教育分别作为衡量人力资本的指标来研究，如杨建芳等（2006）把教育和健康分别称为教育资本和健康资本，并根据柯布-道格拉斯生产函数构造了教育作用于经济增长的模型，利用 1985～2000 年的我国 29 个省（市、区）的经验数据实证分析了人力资本的积累和存量，以及其对中国经济增长的影响，其结论是，虽然人力资本的积累比物质资本积累对经济增长的边际影响要大，但由于物质资本积累速度远大于人力资本，人力资本在我国经济增长中的贡献只有特征资本贡献的 28.8%。其中，教育和健康资本的增长率分别为 99.4%和 50.2%，表明仍然是教育资本具有更为显著的作用。郭庆旺和贾俊雪（2009b）构建了一个包含基础教育和高等教育的两阶段人力资本积累模型，考察了公共教育支出规模、结构和高等教育可获取性对不同教育背景的家庭的人力资本投资行为、熟练和非熟练劳动力的相对供给和相对效率的影响，结果表明，我国地方公共教育投入政策并未充分发挥对地区经济增长的促进作用，且不利于缩小劳动力工资差异；教育资源更多的向基础教育倾斜将更好地促进我国地区经济增长，也有利于降低人力资本溢价水平，但后一种影响并不显著；中等职业技术教育支出和高等教育支出政策对地区经济增长和人力资本溢价水平的影响总体上较为模糊。

但对于教育可获得性而言，由于教育制度具有阶段性特征，较高阶段的学习依赖于较低阶段的知识积累，在我国由于高等教育资源十分稀缺，决定了高等教育的获取建立在资格考试的基础上，从而形成锦标赛式的特征。而由于教育背景是导致劳动工资和收入分配差异的主要因素（李实和丁赛，2003）及知识和技能结构的不同，考虑熟练和非熟练两类劳动力来刻画教育及其收入增长效应具有重要意义。郭志仪和逯进（2006）以人力资本溢出模型为依据，通过教育年限法和教育成本法比较研究了改革开放后中国西北地区要素投入与经济增长之间的关系。结果表明，虽然西北地区的经济增长总体来看是资本推动型的，但各省区人力资本的产出弹性和贡献率较高，而且人力资本的溢出效应较为明显，此外，各省区间人力资本对经济增长的贡献率有较大差别。王磊（2011）利用中国 2004～2007 年 31 个省市的面板数据，构建职业教育通过促进人力资本积累和促进就业来促进经济增长的理论模型，并进行了实证检验。结果表明，职业教育的发展可以促进经济增长，各地职业教育对经济增长的平均贡献率为 0.23%，其中职业教育通过促进人力资本积累对经济增长的贡献率为 0.05%，通过促进就业对经济增长的贡献为 0.18%。研究结论同样表明，如果职业教育的发展无法适应经济增长的需要，则会成为制约经济增长的因素。李发昇（2011）认为教育对增长的影响主是要通过劳动力素质节点来实现的，通过提出以体现教育作用的劳动力素质作为增长要素的评价标准，并研究其对经济增长的作用，结果表明，教育与增长之间的关系存在长期稳定性。

第二节 黄河流域教育发展特征

一、黄河流域教育发展的水平

为了考察黄河流域教育科技发展的水平，我们分两个角度来进行，一是考察其在时间序列上的发展情况，二是考察与其他地区的比较。

2011 年，全国普通高校在校学生为 2308.5 万人，每万人在校学生为 171.33 人，黄河流域九省区在校大学生为 676.76 万人，每万人在校学生为 166.43 人，低于全国平均水平。实际上，除高校比较集中的陕西每万人在校大学生高达 257.78 人外，其他省区均低于全国平均水平，河南、四川等人口大省分别为 159 人和 141 人，青海仅为 80.47 人。比较而言，东部经济发达地区的北京、天津、上海、辽宁、江苏等省区，每万人在校大学生人数均在 200 人以上。而这一数字在过去十年间有了较大的增长，2001 年，全国普通高校在校学生为 719.06 万人，每万人在校大学生为 57.87 人，黄河流域九省区总体为每万人在校大学生 47.81 人（图 4-1），图 4-1 是以 2011 年数据的降序排序的，可见，除陕西外，黄河流域其他省份均低于全国平均水平，这一性质不但在 2011 年如此，在 2001 年也是如此。另外，从增长来看，黄河流域九省区在十年间每万人在校大学生的比重增长普遍低于全国平均水平。

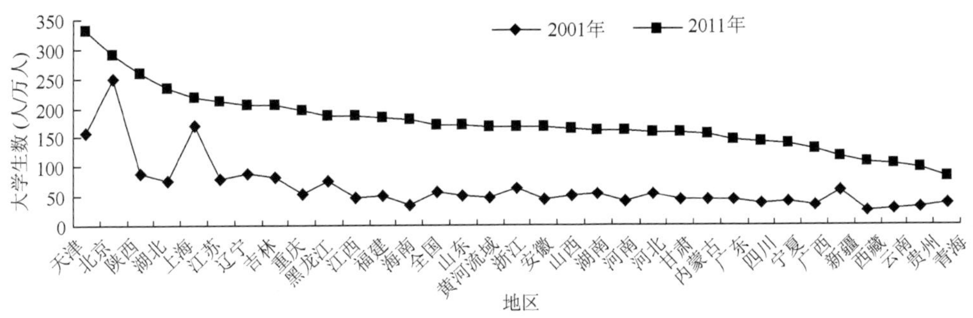

图 4-1　每万人在校大学生情况

从教育投入来看，2010 年，全国教育经费投入为 17 403.5 亿元，占国内生产总值的比重为 3.98%，而黄河流域九省区总体上教育经费投入占国内生产总值的比重为 4.03%，略高于全国平均水平。分省区来看，处于西部地区的陕西、甘肃、青海和宁夏其教育经费投入占国内生产总值的比重均在 5%以上，表明这些地区对教育的重视程度较高。但如果按照人均教育经费投入来考察，全国人均教育经费为 1297.88 元，黄河流域九省区平均为 1168.63 元，低于全国平均水平，特别是人口大省河南，仅为 968.7 元。2000 年，全国教育经费投入为 3849.08 亿元，占国内生产总值的比重 3.61%，而黄河流域九省区总体上教育经费投入占国内生产总值的比重为 3.41%，低于全国平均水平，显然在过去十年间，就教育经费投入占国内生产总值的比重而言，黄河流域上升速度要快于全国。从人均教育经费投入来看，2000 年全国人均教育经费仅 301.59 元，黄河流域总体仅为 223.71 元。人口大省河南和四川均不足 200 元（表 4-1）。

表 4-1　黄河流域各省区教育经费情况

地区	2000 年		2010 年	
	人均（元）	占 GDP 比重	人均（元）	占 GDP 比重
全国	301.59	3.61%	1297.89	3.98%
黄河流域	223.71	3.41%	1168.63	4.03%
山西	242.86	4.46%	1261.35	4.90%
内蒙古	244.37	3.76%	1676.15	3.55%
浙江	477.01	3.26%	1950.92	3.83%
山东	272.40	2.61%	1084.28	2.65%
河南	178.88	3.03%	968.71	3.95%
四川	187.50	3.66%	1112.73	5.21%
陕西	277.28	5.50%	1377.06	5.08%
甘肃	207.88	4.99%	1213.58	7.54%
青海	245.08	4.26%	1886.69	7.87%
宁夏	264.03	4.98%	1571.46	5.89%

资料来源：中国统计年鉴. 2002，2012

二、黄河流域教育发展的社会结构

为了研究黄河流域教育发展的社会结构，我们选取了教育与社会关联紧密的职业培训机构发展情况、职业机构培训人数来进行分析。

2011 年，全国共有职业培训机构个数为 19 287 个，培训人数 1253.77 万人，其中就业人数为 1052.32 万人。2005 年上述数据分别为 3289 个、804.37 万人和 557.77 万人，七年间分别增长了 5.86 倍、1.56 倍和 1.89 倍。但职业培训机构在全国的分布并不均衡，主要以人口大省江苏、山东、河南、广东和四川为主，上述各省在 2011 年的职业培训机构数均超过了 1000 个，但按每百万人拥有的比例来看，上述省份显然较少，分别仅为每百万人拥有职业培训机构 14.89 个、12.75 个、12.54 个、13.42 个和 18.26 个，远低于天津（25.46 个）、上海（19.47 个）等发达地区。

此外，从各地区公共就业服务求职登记和成功介绍工作情况来看，就登记求职人数而言，2011 年全国为 5125.3 万人，其中工作介绍成功人数为 2366.78 万人，占登记人数的 46.18%。而黄河流域九省区总体来看登记人口为 1082.22 万人，求职成功人数为 563.99 万人，占比为 52.11%，高于全国平均水平。以占人口比重来看，全国登记求职的人数比例 2011 年为每万人 380 人，而黄河流域九省区总体为每万人 266 人，低于全国平均水平。但青海、宁夏和陕西三省区均高于全国平均水平，每万人分别为 965 人、672 人和 389 人。人口大省河南、四川均排名靠后，分别为 141 人和 158 人。

第三节　黄河流域的教育与经济增长

一、研究假设

人力资本通过不同途径对区域经济增长影响，了解这些途径能更好地认识人力资本对区域经济增长的作用机制。人力资本对区域经济作用功能是通过这些机制实现的。在通过对人力资本投资实现区域经济增长时，应该清除影响人力资本对区域经济作用机制的障碍，建立保护这种机制的措施，保证人力资本不同作用机制推动区域经济增长的顺利实现。

1. 人力资本提高劳动生产率

人力资本对区域经济的作用首先体现在能提高区域经济劳动人口的劳动生产率，人力资本存量较高的劳动力，拥有更加优秀的劳动能力，具有更高的劳动生产率。提高劳动生产率不应该局限在发明和使用新的劳动设备上，提高劳动者的素质也是一个重要的方向。两者不应该分离，而是应该相统一、相适应。新的复杂技术含量的劳动设备需要有较高知识与技能的劳动力操作，拥有较高知识和技能的劳动力也需要通过使用新的复杂技术含量的劳动设备来劳动，二者的不匹配会造成不必要的浪费。受教育水平、知识技能掌握程度的影响，不同人力资本存量人的劳动生产率不同，受教育水平和知识技能掌握程度较高的人，在劳动过程中，比较容易改善自己的劳动方式，能够使用复杂程度更高的劳动工具来提高劳动生产率。人力资本投资对劳动生产率的这种影响是显而易见的，舒尔茨（1960）的研究证明了这点。人力资本提高区域经济劳动生产率有以下途径：第一，区域经济中较高的人力资本存量意味着劳动人口得到了更多的医疗保健投资，劳动人口的总体健康水平较高，显然拥有较高健康水平的劳动力在相同情况下劳动生产率更高；第二，区域经济中较高的人力资本存量意味着劳动人口接受了更多的教育，高的教育水平有利于提高劳动生产率；第三，区域经济中较高的人力资本存量意味着劳动人口掌握了更多的知识和技能，知识和技能的应用是提高劳动生产率的重要原因；最后，拥有较高人力资本存量的劳动力易于组织管理，这也能提高劳动生产率。人力资本对劳动生产率的作用可能不会同时通过所有的途径实现，但是，人力资本会通过至少一个途径对区域经济劳动生产率的提高产生作用。如果一个区域拥有更高的劳动生产率，则说明这个区域在相同情况下，能创造更多的商品和劳务。通过人力资本投资而实现劳动生产率的提高能推动区域经济的增长，促进区域经济的发展。

2. 人力资本提高劳动者素质促进就业

首先，人力资本投资能够提升区域经济劳动者整体素质，提高区域经济整体就业率。劳动者整体素质的提升意味着他们有更强的劳动能力和技能，更能适应不同岗位的需求。中国人口基数大，劳动力数量多，从这方面来说中国经济发展缺的并不是人，而是人才。而人力资本投资恰恰是培养人才的途径，依靠加大区域人力资本投资能够培养更多的人才来适应不同层次产业对劳动力的需求。其次，人力资本投资能够改变区域经济的就业结构。区域经济产业结构的调整，需要调整劳动力结构与之相适应，而劳动力结构的转变可以通过人力资本投资实现。区域经济产业升级，对高端人才的需求越来越强烈。可以加大正规教育、在职培训等形式的人力资本的投资来培养高端人才。

3. 人力资本影响区域收入状况

人力资本影响区域经济的收入状况，进而通过影响区域经济收入状况影响区域经济。人力资本对区域经济收入状况的影响分为两个方面。首先，人力资本影响区域经济收入水平。舒尔茨（1960）和贝克尔很早就对人力资本对收入的影响进行了研究，他们认为，总体而言，人力资本与收入具有强烈的正相关关系，拥有较高人力资本的人拥有较高的收入。他们认为拥有较高人力资本的人拥有更多的劳动技能和更强的劳动能力，这些有助于他们取得更高的收入。冯继红（2008）认为通过技术培训等人力资本投资方式对农村劳动力进行投资，会显著提高农村劳动力的收入水平。周亚虹等（2010）测算了农村教育度对农村家庭收入的回报率，认为农村教育是提高农村家庭收入的重要途径，农村教育的回报率为 27%左右。人力资本存量较高的人显然有更大的可能获得较高的收入，人力资本与收入之间存在紧密的相关关系，人力资本投资能提高收入水平。与此同时，收入的增加进一步刺激了消费，创造消费需求，进而拉动区域经济增长。其次，人力资本影响收入结构。李强（2011）认为通过加大对农村劳动力人力资本的投资，能改善城乡收入差距较大的现象。杨德才（2012）认为人力资本的城乡二元性是造成城乡收入二元性的重要原因，为改善城乡收入差距过大的状况，应该努力加大对农村地区的人力资本的投资。加大对人力资本存量较低的劳动群体的投资能改善不同劳动群体收入差距过大的局面。所以，在改善不同群体收入差距过大时，不能仅仅依靠税收、转移支付等手段，而且要从根本出发，增加低收入群体的人力资本投资以增加他们的收入。

4. 人力资本促进区域技术进步

首先，对技术的掌握程度和应用能力本来就是人力资本的一个重要组成部分，人力资本存量越高意味着对技术的掌握程度越高，人力资本存量的高低能够反映技术应用的程度。其次，技术的发明依赖于人，较高人力资本存量的人有较高的发明新技术的能力。钱晓烨等（2010）证明了人力资本与技术创新的相关性。再次，拥有较高人力资本的劳动力，有较强的学习能力，这种学习能力在劳动过程中转化为对新技能新技术的学习，能够加快技术的普及应用。同时，这种能力也有利于技术的推广和传播。可见，人力资本能通过对技术的发明、应用和传播等方式对区域经济的技术应用产生影响，而且这种影响是正面的、积极的。朱承亮等（2009）认为中国经济主要依靠投资推动，技术贡献率比较低，这种对投资依赖程度较高的增长模式不利于区域经济的进一步健康发展。因此，可以通过对人力资本的投资来促进技术的应用，提高技术对经济增长的贡献率，降低区域经济对投资的依赖程度。

5. 人力资本影响区域经济结构，改变区域经济增长方式

人力资本投资不仅能促进区域经济的增加，而且还能够促进区域经济增长方式的转变。陈运平和胡德龙（2010）通过计量分析证实了人力资本对经济结构的影响是显著的，人力资源结构的转变明显影响经济结构的转变。实现区域经济结构的转变，必须重视人力资本结构的调整。在区域经济发展的过程中，产业结构的调整是逐渐变化的。一方面，人力资本结构的调整适应产业结构的调整。另一方面，人力资本结构的调整影响产业结构的调整。人力资本结构的及时转变有利于实现产业结构的转变和升级。靳卫东（2007）认为人力资本是产业结构转变的基础，人力资本状况影响产业机构转变的方向、速度和结果。例如，随着经济发展，第一产业占整个经济的比重逐渐变小。第一产业的就业人数逐渐变小，第一产业的劳动力转变为第二产业和第三产业的劳动力。劳动力的转变和升级必须依靠人力资本投资，如果没有人力资本结构升级与之相适应，产业升级就难以实现。

二、模型与数据

为了研究黄河流域教育科技发展与区域经济增长之间的关系，根据上述理论研究的结论，并结合黄河流域九省区教育科技发展的结构和性质，提出教育与增长之间的假设，由于教育对全要素生产率提高的作用，我们需要考察教育与劳动和资本投入具备一样的作用，同时又要注意教育对其他要素的影响。

建立如下形式的计量模型：

$$\ln y_{it} = a_t + \gamma_2 \text{train}_{it} + \gamma_3 \text{employ}_{it} + \gamma_4 \text{edu}_{it} + \gamma_5 \text{con}_{it} + \alpha \ln k_{it} + \varepsilon_{it} \tag{4.1}$$

式中，train 为各地区职业培训机构数指标；employ 为职业培训机构培训人员指标；edu 为教育指标，在本书中，我们对教育指标讨论了三种情况，一是各地区平均受教育年限，二是各地区教育经费投入，三是每万人在校大学生情况；con 为控制变量，主要包括政府经济行为、对外开放度和城市化水平；a_t 为 t 时期对各地区的一个共同的随机冲击；ε_{it} 是在时间 t 地区 i 的随机冲击；i 和 t 分别表示时间和地区。

上述各指标说明如下：

1）人均收入（y）。人均收入是本节研究考察的主体，在本节研究中人均收入以各地区国内生产总值来表示，由于得到的是历年的名义值，利用各年 GDP 平减指数得到实际值，并以实际值除以当年全部人口以获得人均收入。

2）各地区资本人均资本存量（k）。人均资本存量仍然使用第三章第三节的方法估算。

3）教育（edu）。教育一般以各地区平均受教育水平来代表，各地区平均受教育年限计算公式为

$$E_t = \frac{\sum_k \omega_k L_k(t)}{L(t)}, k = \text{u,s,j,p,il}$$

式中，k 表示各类教育；u,s,j,p,il 分别表明大专以上、高中、初中、小学和文盲；ω_k 为受教育年限，其中，$\omega_{\text{u}}=16$，$\omega_{\text{s}}=12$，$\omega_{\text{j}}=9$，$\omega_{\text{p}}=6$，$\omega_{\text{il}}=0$；$L_k(t)$ 为 t 年接受过教育的劳动力人口；$L(t)$为劳动力人口总数。

除使用上述指标外，本节研究同时使用各地区每万人在校大学生和人均教育经费来作为教育的替代指标，以研究教育与增长的关系。

4）社会资本指标（social）。教育的社会资本指标研究的是教育与社会的相互作用关系，本节研究中主要选取两个，分别为各地区职业培训机构数的职业培训人数占总人口的比重（train）和公共服务介绍职业人员比重（employ）。

5）控制变量（con）。主要选择两个能够反映地区性质的变量，一是政府经济行为 gov，即政府支出占国内生产总值的比重，一般用这个指标度量政府对经济运行的干预度；二是对外开放度 open，对外开放度涉及一国或一地区对外贸易、吸引外商投资和金融体系的开放度，从而在度量对外开放度时也从这些角度来进行。总体来看，既有强调单一指标来度量对外开放度的，如贸易开放度指标、金融开放度指标或投资开放度指标，运用单一开放度指标的好处是简单易于计算，但在国际金融、投资活动兴起之后不能较好地反映一国对外开放程度，则度量对外开放度应包括贸易开放度、投资开放度和金融开放度诸个方面（周茂荣和张子杰，2009），由于金融开放度在一国之内是一致的，本书主要以贸易开放度和投资

开放度来度量。本书分别选择各地区历年实际使用外商直接投资与 GDP 的比值来度量外资开放度，选择各地区历年进出口总额与 GDP 的比值来度量贸易开放度，分别对其赋予 0.4 和 0.6 的权重进行加权平均得到对外开放度。相关数据以历年人民币对美元汇率将数据进行转换以消除汇率变动的影响。

以上数据主要来自历年《中国统计年鉴》及相关省份的统计年鉴。各数据的描述统计结果如表 4-2 所示。

表 4-2　主要变量的数据描述统计量

变量	变量名	均值	中位数	最大值	最小值	标准差
y	人均收入	1.0791	0.8106	4.5879	0.2231	0.7568
k	人均资本存量	1.9260	1.4883	7.6229	0.4053	1.5053
edu_1	人均教育经费	2.9304	2.9153	3.5313	2.4662	0.2210
edu_2	在校大学生比重	3.3025	3.2935	3.8387	2.9230	0.1839
edu_4	人均受教育年限	7.9716	8.0067	11.0853	5.4744	0.9662
train	职业培训机构培训人数比重	1.8506	1.8065	2.6185	1.2505	0.2589
employ	公共服务职业介绍人数比重	2.5314	2.5121	3.3942	1.7183	0.2900
open	开放度	0.2040	0.0842	1.1031	0.0288	0.2497
gov	政府支出	0.0204	0.0165	0.0799	0.0054	0.0148
urb	城市化水平	0.4000	0.3740	0.8750	0.1608	0.1605

三、计量结果

对式（4.5）进行回归，结果如表 4-3 所示。在方程（1）中我国仅考察了人均资本存量与人均产出的作用，以理解物质资本投入对产出的重要意义，也由此理解我国在当前经济发展阶段所面临的产出高度依赖投入的性质，而这些性质在黄河流域地区并没有本质的差别，显然，人均资本前的系数为正且高度显著，再一次印证了上述结论。在方程（2）到方程（4）中我们依次纳入教育发展相关指标，以考察教育与人均收入之间的关系。可以发现教育发展指标均正向作用于增长，表明教育在增长中的重要性，教育正向促进了人均收入的增长。特别是随着教育发展指标的依次纳入，人均教育经费指标前的系数不论是数值还是显著程度均具有相当的稳定性，说明人均教育经费对人均收入增长的作用是显著正向的，而且是促进收入增长的重要力量。比较而言，每十万人大学生比重这一教育发展指标虽然也是正向，但并不显著，实事是各地区在校大学生未必在当地就业，而且由于在校大学生只是教育储备，其对经济增长的作用应该是在未来起作用，它对经济增长的作用不是直接的。人均受教育年限前的系数虽然为正，也不显著，由于我们统计的只是正规教育体制的结果，并不能反映经济社会发展本身对人们带来的“干中学”或知识溢出作用对人力资本积累的影响，上述结果只能粗略地反映相关变量之间的关系。

表 4-3　社会嵌入、教育发展与区域创新的 OLS 估计结果

解释变量		（1）FE	（2）FE	（3）FE	（4）FE	（5）FE
C		−0.5507 （0.037）***	−1.1200 （0.142）***	−1.3611 （0.3979）***	−1.3581 （0.398）***	−1.7537 （0.407）***
k		0.7885 （0.013）***	0.6815 （0.027）***	0.6509 （0.033）***	0.6507 （0.032）***	0.6190 （0.034）***
教育发展	人均教育经费		0.2102 （0.051）***	0.2339 （0.055）***	0.2083 （0.062）***	0.2442 （0.057）***
	每十万人大学生比重			0.0582 （0.133）	0.0585 （0.132）	0.2053 （0.128）
	人均受教育年限				0.0091 （0.001）	0.0051 （0.009）
教育的社会结构	职业培训人数比重					0.0634 （0.017）***
	职业介绍人数比重					0.0210 （0.028）
控制变量	政府行为	−2.3118 （0.616）***	−2.2367 （0.537）***	−1.1148 （0.583）**	−1.0394 （0.590）**	−0.9244 （0.532）*
	开放度	1.1074 （0.259）***	0.9557 （0.226）***	0.4716 （0.287）	0.4599 （0.288）	0.7090 （0.276）***
调整 R^2		0.9863	09893	0.9976	0.9976	0.9981
Hausman 检验，*P* 值		0.0000	0.0000	0.0002	0.0053	0.0050

注：FE、RE 分别是固定效应和随机效应。括号内的值为标准误差；

***、**、*分别表示通过 1%、5%和 10%水平下的显著性检验

由于本节考察了职业教育机构年培训人数的比重，以及公共服务机构职业介绍成功人数比重作为教育发展的社会资本指标，这一回归结果如方程（5）所示，可见，这两个指标的系数均为正，但职业教育机构培训指标的结果不显著，虽然强调职业培训的作用，但职业培训的作用结果还要考虑两个方面的情况，一是职业培训的就业针对性，二是职业培训的内容。目前有很多社会职业培训机构提供的培训没有实质性的内容，特别是针对农民工的培训往往流于形式，不能在实际经济运行中起到真正的作用。当培训不能带来有效的就业增加时，与经济增长的关系更难关联。比较而言，公共服务提供职业介绍指标则显著为正，即说明了就业与增长的重要关联，也从侧面对上述结果进行了印证。

控制政府行为和对外开放度后，上述分析没有发生变化，表明本部分的研究结论是具有稳定性的。同时发现，政府行为带来的结果不令人满意，即政府干预越多对经济发展收入增长反而不利，这也印证了第四章对政府分析的结论。

第五章 社会嵌入、知识溢出与黄河流域高技术产业创新

第一节 研究背景与文献评论

一、研究背景

高技术产业是指用当代尖端技术生产高技术产品的产业群，其研发投入高、从事研发的科技人员数量多，主要在信息技术、生物工程和新材料领域。高技术产业的发展是我国将自主创新作为国家发展战略的重要体现，加快提升高技术产业，以促进经济增长由传统的以投入为主转向以效率提升的转变，从而将经济增长建立在依靠技术进步、质量提高和管理方式转变上来。由于高技术产业国际化程度高，出口导向明显，曾一度是我国增长速度最快的产业。2011 年，我国规模以上的高技术制造业总产值已经达到 9.2 万亿元，比 2006 年增长一倍，产业规模居世界第二位。虽然在 2008 年全球金融危机中我国的产业也受到一定的影响，而且高技术产业一度成为受金融危机影响最大的产业，但在我国重视科技创新和高技术产业化的大背景下，国家将加快发展高技术产业与实施电子信息等十大产业调整振兴规划作为调整产业结构、稳定经济增长的重要举措，采取了一系列的有力措施，促进了我国高技术产业发展的升级步伐。

从研发投入来看，2006～2011 年，全国研发经费年均增长 24%，2011 年达到 8610 亿元，同时创新基础设施明显改善，在多个高技术领域取得重大成果，并加快转化为现实生产力。在此期间，我国的医药制造业、航天航空器制造业、电子及通信设备制造业、电子计算机及设备制造业和医疗设备制造业等发展迅速，不断扩大产业规划，企业产能扩张速度快，总体呈现出持续快速增长的特征。同时，高技术产业规模化、集聚化发展成效显著，在我国区域经济发展的“珠三角”、“长三角”等地区集中度超过 80%，并且带动了传统产业的高级化和信息化，从而提升了自主创新能力。

与此同时，国家将高技术产业作为优先发展方向，积极运用政策手段支持新兴产业发展，并吸引社会和民间资本向科技创新产业集聚，出台了一系列支持高技术产业发展的政策措施，并两次修订《当前优先发展的高技术产业化重点领域

指南》，在财税、金融、人才、市场准入等方面加大对高技术产业的支持力度，有力地促进了我国的创新体系建设。

黄河流域地处我国中线一带，既包括东部地区的山东省，也包括中部地区的河南、山西、内蒙古，以及西部地区的陕西、甘肃、青海和宁夏。从高技术产业投资的角度来看，2010 年，我国高技术产业投资施工项目数为 10 723 项，投资额为 6944.7 亿元，其中黄河流域九省区分别为 2342 项和 1477.6 亿元，占全国的比重分别为 21.84%和 21.27%。这与黄河流域九省区占全国的人口、GDP 比重和工业增加值比重是极不相称的。由于黄河流域主要是中西部地区，高技术产业发展虽然步入快速上升的通道，但仍然存在发展规模偏小、水平较低的现象，而且完成投资额较少。

高技术产业的发展涉及区域创新体系构建的关键问题，在区域创新中扮演重要角色，本章通过对高技术产业发展的现状与优势分析，讨论黄河流域高技术产业发展与区域创新体系建设的关系，以及区域创新、知识溢出与高技术产业创新问题。

二、文献评论

高技术产业发展很早就引起了学术界的关注，这源于大学研究与创新活动的关系。Anselin 等（1997）研究了美国 43 个州的高技术产业统计资料后发现，大学研究与企业创新存在直接的因果关系，并且具有显著的地理溢出特征，这引导了讨论大学研究与企业创新的研究传统，Fischer 和 Varga（2003）使用大学、企业研发投入及专利作为知识生产过程产出的替代，以研究澳大利亚高技术产业的溢出性特征，也得到了正效应的结论。Cassiman 和 Veugelers（2002）指出大学是生产公共知识的一个重要源泉，大学研发份额对公共创新基础的产业溢出具有重要作用，并采用调查的数据对比利时的制造业进行了实证研究，得到了较高的外部进入溢出对企业与大学合作可能性的正效应的结论。

吴玉鸣（2007）运用我国大陆 28 个省份 1997～2004 年的省域高技术产业的研发投入及产业内合作、大学知识溢出及政府公共研发支持对省域创新绩效的影响、作用机制及贡献进行了实证研究，认为无论是资本还是人力投入均对省域高技术产业的知识增进及创新绩效具有重要贡献，高技术产业的研发投资的两面性——创新能力和吸收能力均对创新绩效具有正面的影响。特别是大学研发知识溢出对省域高技术产业创新绩效作用明显，尽管大学研发对专利和新产品创新的贡献略有不同，但对大学自身和知识密集型产业的促进作用均是非常明显的。

王立平（2005）运用知识生产函数，研究我国大学知识溢出的空间范围和程度，结果表明区域内高等院校对于高技术产业的知识溢出是正向的、显著的，但溢出程度较低；相邻区域之间的高技术创新具有空间依存性，一个区域高技术产业的知识生产不仅增加自身区域的知识存量，而且会溢出到邻近区域，引起邻近区域知识存量的增加。但由于采用的是2003年各地区高技术产业的专利申请数，而大学研发支出数据则来源于2001年，因此对于两年滞后期的确定并没有提出有力的依据。

周明和李宗植（2011）利用我国1998～2006年高技术产业的面板数据，通过改造知识生产函数，构建了综合考虑研发经费和知识存量的知识生产函数，将高技术产业集聚下的知识溢出因素和政府支持力度引入该函数，从产业集聚的视角对区域高技术产业技术创新能力进行了实证分析，结果发现考虑研发经费和知识存量的知识生产函数能够比较准确地揭示高技术产业知识生产的投入产出关系，省域内的产业集聚因素和省际间的知识溢出显著影响区域高技术产业的创新产出。

另外的研究则特别注意到了资源投入与高技术产业发展的联系，如李平等（2011）利用我国1997～2009年的面板数据，综合运用单位根检验、协整分析、误差修正模型等计量方法研究了二者的关系，结果表明高技术产业R&D资源投入与产业发展具有正向的长期均衡关系，而且这一长期均衡关系存在短期的修正效应，即产业研发经费支出及研发人员投入变量与高技术产业发展的长期均衡在短期来看存在波动的情况。

更多的研究则注意到了高技术产业的集聚效应，高技术产业不但由于产业特性而具有创新性，而且空间集聚能够扩张这种创新效应。创新和集群是我国发展高技术产业的两大途径，张秀武和胡日东（2008）通过改进知识生产函数，构建综合考虑R&D经费和知识存量的知识生产函数，引入产业集群内知识溢出和政府支持力度因素，分析了高技术产业区域创新驱动力，结果表明产业集群的知识溢出是促进高技术创新的重要因素。朱秀梅（2008）以知识溢出、企业吸收能力、集群社会资本、企业创新绩效等为基本书要素，构建高技术产业集群创新的微观理论模型，运用长春市软件产业产业集群121家软件企业的调查数据对上述各要素的关系进行了细致的研究。

盖文启等（2004）通过比较美国硅谷地区、英国剑桥工业园、印度班加罗尔地区三个成功的高技术产业集群，在总结其发展经验的基础上提出，高技术产业集群不仅是其发展高技术产业的载体，更重要的是体现了产业乃至地区的国际竞争力。

成力为等（2010）运用基于DEA的Malmquist指数法生产率模型测算中国高技术产业总体、内资和外资部门的创新效率及拆分技术效率和技术进步的变化，结果证实我国内资部门的技术进步增长率较低，而这些与追求数量型引资结果的目标有关。不论是低技术数量扩张还是高技术知识密集型特征的外资均没有对内资部门产生应有的影响，其根本原因在于影响内资部门长期技术进步效率变化的是内资部门的人力资本水平、金融支持水平和行业的出口导向、创新特征，因此提高我国高技术产业自主创新效率的根本途径是强化内资部门的人力资本积累、开发和完善自主创新的内在激励机制。

从政府补贴的方式来促进高技术产业发展是一种重要的思路，但姜宁和黄万（2010）运用我国 2003～2008 年的数据分析的结果显示，政府补贴不一定会促使企业增加 R&D 投入水平，其效应只与政府的补贴率有关，而且政府对企业的 R&D 补贴具有滞后性，且对细分行业的高技术产业创新影响存在显著差异。

第二节 黄河流域高技术产业发展的现状与特征

一、黄河流域九省区高技术产业发展总体情况

2011 年，我国高技术产业共有企业 21 682 个，从业人数 1146.92 万人，总产值为 88 433.9 亿元，主营收入 87 527.2 亿元，利润 5244 亿元，创利税 7813.8 亿元，出口交货值为 40 600 亿元。而在 2000 年，我国高技术产业企业数为 9758 家，从业人员 390 万人，产值为 10 411 亿元，主营收入 10 050 亿元，利润 673 亿元，利税为 1033 亿元，出口交货值为 3396 亿元。十年间，上述各指标分别增长了 2.2 倍、2.92 倍、8.48 倍、8.71 倍、7.79 倍、7.56 倍和 11.96 倍。比较而言，黄河流域九省区上述各项指标均高于全国平均水平（表 5-1），各指标在十年间除从业人员指标外，其余指标均高于全国平均水平，且高于东部地区，显示出黄河流域地区高技术产业获得了高于全国平均的增长。

表 5-1 2000～2011 年各地区高技术产业发展增长倍数

地区	企业数	从业人员	总产值	主营收入	利润	利税	出口
全国	2.20	2.92	8.48	8.71	7.79	7.56	11.96
东部地区	2.30	3.51	8.42	8.53	7.01	7.11	11.47
中部地区	2.17	2.26	9.93	10.75	13.21	10.03	23.41
西部地区	1.61	1.34	7.40	8.26	10.66	8.69	27.76
黄河流域	2.36	2.15	11.03	12.01	14.94	12.26	22.46
山西	0.93	2.92	8.18	10.39	14.21	9.79	46.20
内蒙古	1.78	1.81	15.83	16.09	67.60	35.85	5.94
山东	3.57	3.21	16.75	16.72	22.08	18.31	18.57
河南	2.39	3.41	15.33	16.95	14.04	12.27	43.23

续表

地区	企业数	从业人员	总产值	主营收入	利润	利税	出口
四川	2.62	2.16	9.65	10.73	12.34	11.06	45.73
陕西	1.33	0.95	4.04	4.34	5.28	4.34	4.33
甘肃	0.86	0.54	2.24	4.38	60.62	20.11	2.11
青海	2.60	1.25	9.02	8.98	24.30	8.85	0.62
宁夏	0.88	0.72	6.94	6.08	12.81	8.85	11.73

但在黄河流域九省区内部，其高技术产业发展并不平衡，山西、山东、河南和四川十年来增长较快，而其余省份则增长较慢。例如，由于起步水平低的缘故，虽然甘肃高技术产业利润十年间增长了 60 倍，但其绝对值却很低，仅有 12 亿元。

从高技术企业类型分布来看，2011 年，我国的高技术企业中内资企业 14 075 家，其中，国有企业 322 家，外资企业和港澳台资企业分别为 4434 家和 3173 家。虽然从数量上看内资企业占总数的 64.92%，但不论是从业人员、总产值、主营业务收入还是出口交货值均低于外资企业的平均水平，特别是内资企业出口值仅占 11.29%，而外资企业则占 88.71%，显示出“内资企业向内、外资企业向外”的特征。比较而言，黄河流域九省区高技术产业的内资企业比重更高，达到 83.88%，外资企业仅有 16.12%，但外资企业从业人员比重达到 38.94%，主营业务收入比重为 38.49%，利税为 31.58%，显示出外资企业的经营效率要高于内资企业的水平（表 5-2）。

表 5-2　2011 年高技术企业类型占比比较　　（单位：%）

地区	企业数		主营收入		利税		出口	
	内资	外资	内资	外资	内资	外资	内资	外资
全国	64.92	35.08	37.19	62.81	55.02	44.98	11.29	88.71
东部地区	57.29	42.71	29.86	70.14	48.59	51.41	10.51	89.49
中部地区	87.61	12.39	73.58	26.42	75.83	24.17	28.61	71.39
西部地区	88.63	11.37	67.41	32.59	75.83	24.17	14.81	85.19
黄河流域	83.88	16.12	61.51	38.49	68.42	31.58	14.89	85.11
山西	89.83	10.17	41.27	58.73	47.84	52.16	4.01	95.99
内蒙古	89.80	10.20	58.82	41.18	52.55	47.45	50.22	49.78
山东	74.11	25.89	51.24	48.76	59.70	40.30	15.85	84.15
河南	93.08	6.92	71.07	28.93	82.37	17.63	6.11	93.89

续表

地区	企业数		主营收入		利税		出口	
	内资	外资	内资	外资	内资	外资	内资	外资
四川	89.68	10.32	67.26	32.74	73.97	26.03	10.95	89.05
陕西	88.92	11.08	88.68	11.32	79.79	20.21	77.77	22.23
甘肃	94.92	5.08	97.72	2.28	98.61	1.39	100.00	0.00
青海	92.31	7.69	94.11	5.89	100.99	-0.99	100.00	0.00
宁夏	92.86	7.14	86.50	13.50	76.81	23.19	100.00	0.00

二、黄河流域九省区高技术产业企业规模分布

2011 年，我国高技术产业中大型企业共有 1495 家，占全部高技术产业的比重仅为 6.9%，但其从业人员为 628.35 万人，占高技术产业全部就业人员比重则为 54.79%。比较而言，东部地区高技术大型企业比重较高，为 7.52%，中部地区和西部地区分别为 4.3%和 6.59%，均低于全国平均水平。黄河流域九省区高技术大型企业数占比为 5.38%，低于全国平均水平，但其就业人员比重却达 57.42%，不但高于全国平均水平，而且高于东部地区 55.41%的水平。这表明，就规模而言，黄河流域九省区高技术产业中的大型企业虽然在企业数所占比重方面较低，但其规模总体而言较大。再观察主营收入、利润和利税三个指标发现，黄河流域高技术大型企业占比分别为 57.41%、48.53%和 51.27%，低于全国平均水平，也低于东部地区，这表明黄河流域地区高技术大型企业的盈利能力相对而言是较弱的。

但从高技术小型企业来看，2011 年全国高技术产业小型企业数目比重为 67.33%，就业仅占 16.75%，同时其主营收入、利润和利税分别占 17.47%、21.89%和 21.63%。黄河流域上述各项指标均高于全国平均水平，而且高于东部地区平均水平。这表明就黄河流域九省区而言，小型企业在高技术产业中的地位更为重要（表 5-3）。

表 5-3　2011 年高技术产业规模分布比例　　（单位：%）

地区	企业数目		就业		主营收入		利润		利税	
	大型	小型	大型	小型	大型	小型	大型	小型	大型	小型
全国	6.90	67.33	54.79	16.75	63.92	17.47	53.32	21.89	54.88	21.63
东部地区	7.52	65.57	55.41	15.89	66.97	15.30	56.52	19.77	58.00	19.54
中部地区	4.30	74.85	50.73	22.16	42.86	33.62	42.16	31.58	41.23	32.80

续表

地区	企业数目		就业		主营收入		利润		利税	
	大型	小型	大型	小型	大型	小型	大型	小型	大型	小型
西部地区	6.59	67.59	55.72	15.84	60.88	17.88	44.15	23.29	51.00	20.71
山西	6.78	68.64	75.73	8.13	63.24	15.91	70.25	13.75	64.60	15.24
内蒙古	5.10	75.51	41.21	30.68	39.83	26.86	42.08	22.29	43.87	22.30
山东	4.76	75.43	50.28	23.44	56.31	25.47	53.61	24.18	53.35	25.61
河南	5.12	69.43	59.76	17.05	49.87	26.36	33.62	34.75	38.09	32.80
四川	5.50	70.43	61.18	15.05	65.69	17.17	51.31	20.09	59.05	17.37
陕西	8.31	64.00	60.20	12.42	59.69	16.59	38.25	22.31	41.86	21.87
甘肃	5.08	69.49	31.86	20.00	36.65	36.13	48.81	28.62	47.90	29.82
青海	0.00	76.92	0.00	42.28	0.00	63.78	0.00	39.39	0.00	42.83
宁夏	14.29	64.29	58.52	22.42	59.95	19.64	50.84	18.59	52.66	18.70
黄河流域	5.38	71.84	57.42	17.76	57.41	22.84	48.53	24.63	51.27	24.12

三、黄河流域九省区高技术产业行业领域分布

2011 年，我国高技术产业从企业单位数来看，主要集中于医药制造业和电子及通信设备制造业，分别有 5929 家和 10 220 家，占比分别为 27.33%和 47.14%，而航空航天器制造业和电子计算机及办公设备制造业企业数量最小，分别仅占 1.03%和 6.06%。从产值来看，占比重最高的是电子及通信设备制造业和电子计算机及办公设备制造业，分别占 49.26%和 23.9%，如果再加上医药制造业共占比为 90.05%，这三个行业是我国高技术产业的主要行业（表 5-4）。

表 5-4　2011 年高技术产业行业分布比例　　（单位：%）

行业		企业数	从业人员	总产值	主营收入	利润	利税	出口
医药制造业	全国	27.33	15.57	16.90	16.55	30.62	30.39	2.54
	黄河流域	48.42	31.19	35.70	34.61	51.32	48.79	6.49
航空航天器制造业	全国	1.03	3.05	2.16	2.21	1.98	1.79	0.68
	黄河流域	1.89	8.00	4.54	4.87	3.66	3.10	2.34
电子及通信设备制造业	全国	47.14	55.42	49.26	49.36	41.22	42.96	54.78
	黄河流域	29.02	37.66	32.50	33.72	24.11	26.06	47.78
电子计算机及办公设备制造业	全国	6.06	16.96	23.90	24.18	13.54	13.02	39.11
	黄河流域	2.25	13.88	19.14	18.64	11.32	12.71	41.09
医疗设备及仪器仪表制造业	全国	18.44	8.99	7.78	7.70	12.63	11.84	2.89
	黄河流域	18.42	9.26	8.13	8.16	9.60	9.33	2.30

总体来看，黄河流域九省区的高技术产业行业分布与全国具有一致性，其生产经营的各项指标显示航空航天器制造业和医疗设备制造业发展水平较低，但全国占比相对较高的电子及通信设备制造业在黄河流域地区的比重显著较低，这与我国高技术产业的地区分布不均衡有关。电子及通信设备制造业虽然是我国高技术产业的主体，但主要分布在东部地区，东部地区不论是在企业数量、从业人员、主营收入及利润利税上均占全国的80%以上，而黄河流域仅山东省属于东部地区。

四、黄河流域九省区高技术产业研发活动情况

1. 研发投入

高技术产业与传统制造业的最大不同即是其 R&D 投入强度，技术密集度高是高技术产业的主要特征，也是国际上对高技术产业进行界定的重要标准，技术密集度明显或数倍高于制造平均值的行业才能够被定义为高技术产业。换言之，一个行业在一些国家或某些经济社会发展阶段具有高 R&D 投入强度，从而符合高技术产业的要求，而在另外的国家或经济社会发展阶段就不能称为高技术产业。在美国、德国等发达国家，高技术产业的 R&D 强度一般为制造业平均水平的 3～4 倍，而在我国这一水平一般在 1.6 倍左右。

1995～2011 年，我国高技术产业 R&D 经费投入从 178 474 万元上升到 12 378 065 万元，同期我国国民收入从 60 793.7 亿元增长到 472 881.6 亿元，R&D 经费投入呈逐年上升趋势（图 5-1）。

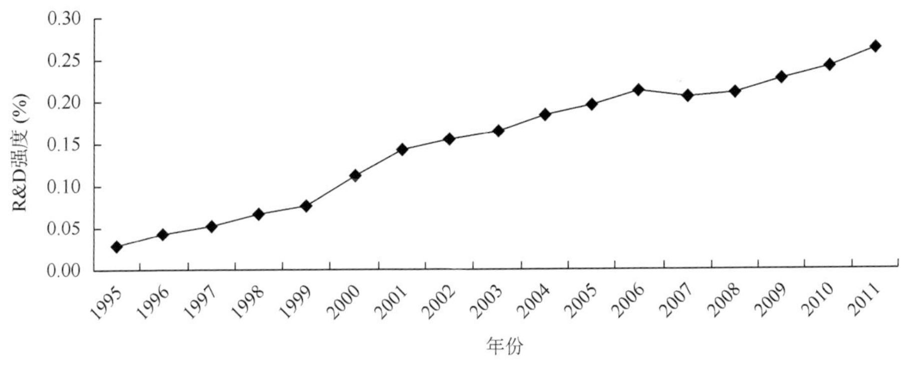

图 5-1　我国高技术产业 R&D 经费投入强度

2011 年，黄河流域九省区高技术产业 R&D 强度为 0.1451%，低于全国 0.2763% 的平均水平。实际上，黄河流域九省区最高的陕西为 0.3752%，排在全国第四位，仅次于广东、北京和江苏。但由于青海、内蒙古、山西、宁夏等省份均排名靠后，

导致黄河流域总体上的研发强度较低(图 5-2)。图 5-2 中的省份排列依据的是 2011 年各省高技术产业 R&D 投入强度高低顺序，同时我们加入了 2001 年的研发投入强度，总体来看，除了广东大幅度上升，上海和新疆大幅度下降外，其他省份的研发强度在 2001～2011 年均有一定程度的增长，但其次序没有太大的变化。黄河流域九省区高技术产业的研发强度总体上处于较低的水平。

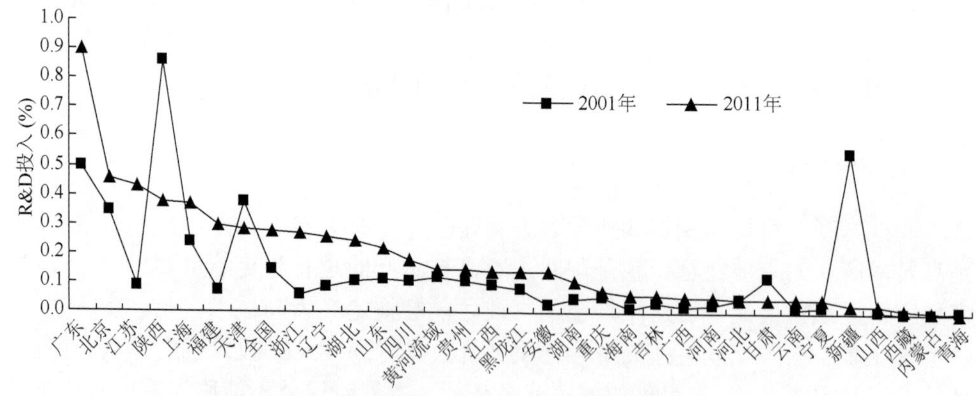

图 5-2 2011 年我国各省高技术产业 R&D 经费投入强度

从行业角度来看，电子及通信设备制造业是我国高技术产业研发投入最多的行业，占全部研发经费投入的 54.86%，特别是东部地区这一比例达到了 59.08%，而黄河流域比例显著低于全国平均水平，只有 34.34%，但其医药制造业和航空航天器制造业的研发经费投入比例均显著高于全国平均水平，特别是山西、内蒙古和甘肃三省的医药制造业，以及陕西的航空航天器制造业研发投入水平非常高。同时，山西、内蒙古、甘肃和青海四省在一些高技术行业没有进行研发投入，这表明在黄河流域九省区，高技术产业在研发投入上存在较为突出的不均衡性（表 5-5）。

表 5-5 2011 年高技术产业研发投入行业分布比例 （单位：%）

地区	医药制造业	航空航天器制造业	电子及通信设备制造业	电子计算机及办公设备制造业	医疗设备及仪器仪表制造业
全国	14.66	10.38	54.86	10.97	9.13
黄河流域	25.41	23.26	34.34	9.82	7.17
东部地区	13.28	5.79	59.08	12.85	9.01
中部地区	26.43	20.39	38.38	3.54	11.27
西部地区	13.88	47.08	31.00	0.48	7.56
山西	79.31	0	6.99	0	13.70

续表

地区	医药制造业	航空航天器制造业	电子及通信设备制造业	电子计算机及办公设备制造业	医疗设备及仪器仪表制造业
内蒙古	90.57	0	7.02	2.41	0
山东	37.22	0.16	37.00	19.64	5.98
河南	43.20	9.26	24.20	1.12	22.22
四川	7.78	30.73	60.51	0.90	0.07
陕西	2.84	72.43	14.20	0.05	10.47
甘肃	55.73	21.33	22.33	0	0.61
青海	58.41	0	41.59	0	0

从研发投入的类型来看，内资企业研发投入仍然是主体，2011 年全国总体研发投入的 66.01%由内资企业做出，外商投资企业仅占 21.07%。黄河流域总体上内资企业和外商投资企业的研发投入比例分别为 85.76%和 12.05%，由此可以看出研发方面更强调内资企业的投入。分省来看，外资投资企业研发投入占比较高的七个省份均为东部地区，山东由于属于东部地区而位列第 7 位。黄河流域的青海、宁夏、甘肃、陕西、四川 5 省的内资企业研发投入均占总投入比重的 98%以上，这表明，内资企业是黄河流域高技术产业研发投入的绝对主体（图 5-3）。

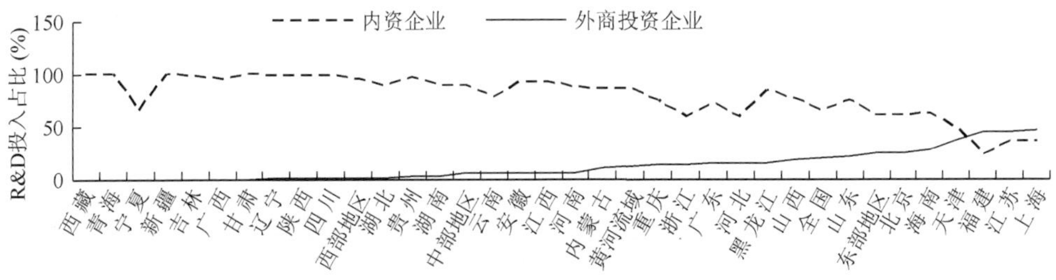

图 5-3　2011 年我国各省高技术产业 R&D 经费投入类型

2. 研发产出

2011 年，全国高技术产业专利申请数为 101 267 件，其中大型企业 54 554 件，占比为 53.87%，表明大型企业在创新产出上仍然占据主体地位。而从分地区情况来看，东部地区大型企业专利申请占全部的 57.67%，但中、西部地区大型企业的专利申请所占比重较低，分别为 34.94%和 26.88%，黄河流域为 50.34%，虽然不及全国及东部的平均水平，但远高于中部和西部地区平均水平。如前所述，黄河流域高技术产业企业规模以小企业为主，大型企业专利申请的高比例表明了大型企业更注重创新的事实。

而从企业类型来看，内资企业仍然是创新产出的主体，2011 年全国内资企业专利申请 67 871 件，占比为 67.02%，外商投资企业仅为 21 448 件，占 21.18%。从地区分布来看，东部地区内资企业专利申请占比稍低于全国平均水平，为 63.04%，但中部和西部地区却显著高于全国平均水平，分别为 89.22%和 91.09%。东、中、西部地区外商投资企业专利申请占比分别为 23.96%、4.57%和 6.30%，这一格局显示东部地区不但是我国吸引外商投资的主要区域，而且也是外资科技活动的主要区域。分省区来看，上海、海南、福建、北京、广东和江苏高技术行业专利申请中外资企业所占比重均超过 20%，而黄河流域九省市除山东省为 18.34%外，其余省份最高的四川为 3.51%，而内蒙古、甘肃和宁夏三省（区）没有外资企业专利申请。

与之相应的是国有企业及国有控股企业专利申请方面，全国为 25 941 件，占 25.62%，东部地区为 22.61%，黄河流域为 45.60%。分省来看，陕西、四川、山东和河南均高于全国平均水平，均在 30%以上。

分行业来看，电子及通信制造业专利申请最多，全国占到 59.58%，其次是医疗设备及仪器仪表制造业和医药制造业，分别为 14.81%和 10.98%。比较而言，上述三个行业的专利申请在黄河流域九省区同样也位居前列，但黄河流域总体上各行业的专利申请数差别要小于全国平均水平（表 5-6）。

表 5-6　2011 年高技术产业专利申请比例　（单位：%）

地区	大型企业	国有企业	内资企业	外商投资企业	医药制造业	航空航天器制造业	电子及通信设备制造业	电子计算机及办公设备制造业	医疗设备及仪器仪表制造业
全国	53.87	25.62	67.02	21.18	10.98	2.66	59.58	11.97	14.81
黄河流域	50.34	45.60	86.16	11.11	19.86	7.54	47.61	9.23	15.77
东部地区	57.67	22.61	63.04	23.96	7.79	1.19	63.33	13.61	14.08
中部地区	34.94	35.67	89.22	4.57	30.83	10.18	35.18	3.55	20.26
西部地区	26.88	55.61	91.09	6.30	26.62	12.73	43.08	0.81	16.76

第三节　黄河流域知识溢出与高技术产业创新

一、模型与变量

根据 Romer（1990）的研究，运用知识生产函数来表达技术进步与经济增长

之间的关系，有

$$\dot{A}=\delta H_{A,t}^{\lambda}A_t^{\phi} \tag{5.1}$$

式中，$\dot{A}$ 为技术进步增长率；H_A^{λ} 为研发活动；A_t^{ϕ} 为可利用的知识存量。在 Romer 的模型中，$\lambda=\phi=1$，表明创新增长率是研发部门投入的函数，当 λ 和 ϕ 小于1时，存在长期创新不可持续情形。可以认为，$\phi>1$ 的情形实际上表明当前研发活动具有较丰厚的前期研发基础，从而导致创新的高效率，如果出现 $\phi<1$ 的情形则是因为前期研发的过度消耗导致创新的低效率。

从黄河流域九省区来看，由于历史的传统作用，受大河流域文化和社会传统的影响，整个区域经济社会发展存在某些一致性特征。但由于我国区域经济发展的梯度性质，九省区分属东、中、西部三大地带，从而在改革开放以来的 30 余年中，受国家开发开放政策影响显著，为此，我们在实际研究中使用如下计量模型：

$$\ln(Y_{ijt})=\alpha_{ijt}+\beta_1\ln(\mathrm{RD}_{ijt})+\beta_2\mathrm{social}_{ijt}+\beta_3\mathrm{con}_{ijt}+\varepsilon_{ijt} \tag{5.2}$$

式中，Y_{ijt} 为创新产出；RD 为研发投入；social 为社会资本变量；con 为控制变量；i、j 和 t 分别代表省份、高技术行业和年份；ε_{ijt} 为随机扰动项。

各变量的含义如下：

1）创新产出（Y）。创新产出在文献中通常用专利申请数表示，这也是国际上通行的做法。但使用专利申请数表示创新产出也存在一些问题，因为对于专利而言，其经济意义在于能够产生商业价值，如果包含了没有商业化价值的专利，使用专利往往会过高估计创新产出的真实价值。从另一个角度来看，高技术产业由于其所在产业的性质及产品的市场运行性质的缘故，一些企业为了能够及时推出新产品或对商业技术进行保密而不进行专利申请，从而使用专利作为创新产出又会导致低估创新产出的真实价值。因此使用新产品销售额作为创新产出变量更能够反映市场认可的真实绩效（魏守华等，2009）。本书在研究中分别使用专利申请和新产品销售作为黄河流域高技术产业的创新产出指标，以能够更全面地理解高技术产业创新状况。

2）研发投入（R&D）。研发投入一般用 R&D 经费来表示，但人员投入也是研发投入的重要方面，本书同时使用 R&D 经费（RD）和研发人员两个指标作为解释变量来研究创新产出的绩效。

3）社会资本变量（social）。社会资本从一般意义上讨论的是经济行为主体所占有的社会网络资源，并由此获取利益的能力。对于高技术产业创新而言，我们拟从三个方面来理解其与其他市场经济行为主体的关联性质，出口比例（EXP），即出口交货值与总产值的比重，反映高技术产业与国外的联系；技术引进经费支出比重（so_1），消化吸收经费支出比重（so_2）和高技术行业内部经费支出政府资金比重（so_3），以理解企业和政府的关系。目前来看，高技术行业外部经费支出主要是企业与高校、科研机构之间的关系，多数是企业与高校或科研机构通过项目合作的形式进行技术开发和新产品研制的资金流向，从而可以理解企业与其他相关科研部门的社会资本性质。

4）控制变量（con）。控制变量主要有两个，一是政府经济参与（gov），用政府支出占 GDP 的比重来表示，以理解不同地区政府对经济的干预程度。二是对外开放度（open），用各地区吸引外资占 GDP 的比重来表示。

以上数据分别来自《中国统计年鉴》、《新中国六十年统计资料汇编》、《中国高技术统计年鉴》及各省份历年统计年鉴。

二、数据描述

图 5-4 显示了 1997 年以来黄河流域九省区高技术产业申请专利情况，由图可见，山东、四川、河南和陕西四省高技术产业专利申请在 1997～2011 年呈现稳定上升趋势，其他省份虽然总体上也呈现上升趋势，但在时间轴上表现不够平滑，具有一定的波动性质。

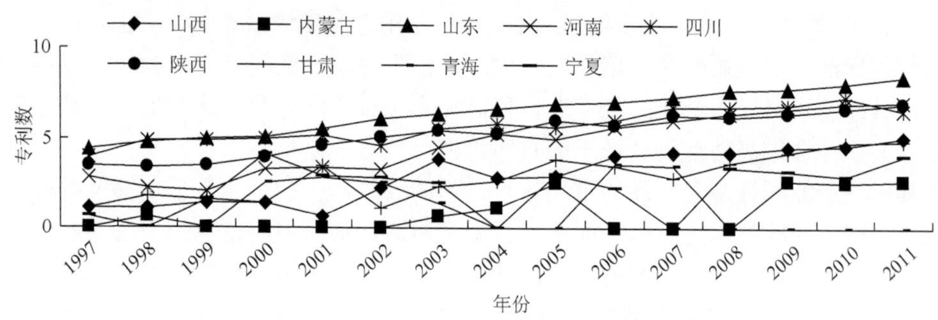

图 5-4　黄河流域九省区高技术产业申请专利情况

而从科技创新投入的角度来看，由于我们分别选择了 R&D 经费投入、R&D 人员全时当量和 R&D 人员三个指标来作为科技投入的替代变量，从而可能从较为全面的角度来理解投入的性质及其对产出的作用价值。图 5-5 是黄河流域九省区 1997～2011 年 R&D 经费投入情况，总体而言，各省高技术产业创新投入在过去十多年间均呈现增长趋势，但山东、陕西、四川等省份投入水平较高，且增长幅度较大，而宁夏、青海、甘肃等省投入水平较低，而且在 1997 年以来从时间序列来看其增长也不够显著。

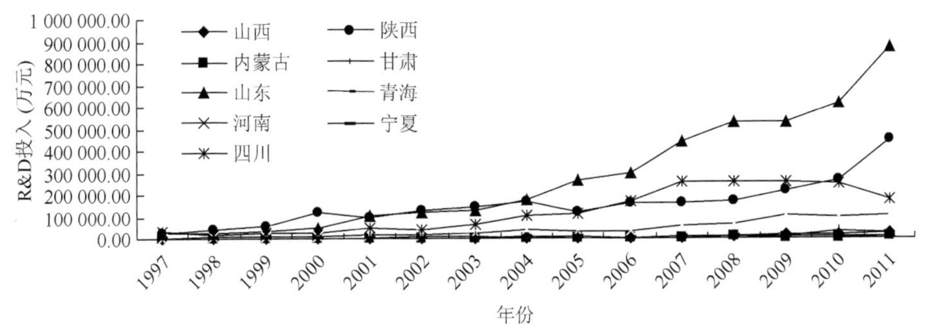

图 5-5　黄河流域九省区高技术产业 R&D 经费投入情况

表 5-7 是计量研究涉及的变量的数据描述统计量，可以看到，除专利外，其他各变量的中位数与均值相对较为接近，体现了各地区相关指标分布较为均匀的性质。由于一些省区一些年份缺失，本书未进行处理，因此出现最小值为零的情形。

表 5-7　主要变量的数据描述统计量

变量	变量名	均值	中位数	最大值	最小值	标准差
PAT	专利	0.29	0.13	2.17	0.03	0.38
NEW	新产品销售收入	0.13	0.12	0.35	0.05	0.05
RD	R&D 经费投入	4.89	4.77	10.51	0.00	1.95
L_1	R&D 人员全时当量	10.55	10.61	15.33	3.99	1.86
L_2	科技人员	7.56	7.90	12.03	1.39	1.89
so_1	技术引进经费	8.42	8.47	12.86	1.61	2.15
so_2	技术消化吸收经费	6.69	6.81	10.40	0.00	1.72
so_3	R&D 经费来自政府	8.28	8.33	11.91	2.30	1.57
open	开放度	13.23	13.11	18.09	4.04	2.08
gov	政府经济参与度	8.89	9.02	12.11	4.65	1.13

三、计量分析

以黄河流域九省区高技术产业专利申请数的对数为被解释变量，研究高技术产业社会嵌入、知识溢出与创新的关系。由于不同结构的社会资本可能存在相互作用，在实证研究中我们分别把高技术产业的社会资本指标逐个纳入模型，以考察它们对高技术产业创新的作用机理，回归结果如表 5-8 所示。

表 5-8 高新技术产业创新决定因素的 OLS 估计结果（专利）

解释变量		（1）	（2）	（3）	（4）	（5）
C		−5.457 （0.323）***	−6.065 （0.323）***	−6.476 （0.359）***	−6.597 （0.346）***	−5.604 （0.459）***
RD		0.941 （0.030）***	0.846 （0.042）***	0.912 （0.035）***	0.860 （0.039）***	0.807 （0.040）***
L_1		0.072 （0.038）**	0.099 （0.036）***	0.104 （0.040）**	0.091 （0.039）**	
L_2						0.114 （0.066）*
社会结构	R&D 经费来源政府		0.046 （0.045）			
技术结构	技术引进			−0.003 （0.024）		
	技术消化吸收				0.118 （0.029）***	
控制变量	政府行为		6.541 （0.955）***	7.527 （1.057）***	6.752 （1.124）***	6.856 （1.138）***
	开放度		0.314 （0.189）*	0.279 （0.204）	0.273 （0.198）	0.517 （0.201）**
R^2		0.7391	0.7730	0.7841	0.7878	0.7411
DW		0.9899	1.0117	1.0957	1.1534	0.9386

注：括号内的值为标准误差

***、**、*分别表示通过 1%、5%和 10%水平下的显著性检验

表5-8中的第一个方程是仅考察高技术产业专利申请与R&D经费投入及人力投入的作用，不论是经费投入还是人力投入均呈正向，且高度显著，这一结果也与理论研究相符，表明高技术产业的创新产出依然高度依赖投入的性质。

方程（2）、方程（3）和方程（4）中依次纳入高技术产业的社会资本指标，观察这些指标的回归系数可见，高技术产业 R&D 经费来源于政府的比重对高技术产业创新产出具有重要的推动作用，然而这一指标的系数虽然为正，但并不显著。比较而言，高技术产业技术消化吸收经费指标不但为正，而且高度显著，一方面表明这一经费的投入对创新产业的重要性，同时也体现出即使是高技术产业，对我国而言仍然是引进技术为主，从而带来消化吸收经费越多创新产出越高的结果。而技术引进经费指标呈负，但不显著，技术引进是我国工业发展中提升技术水平的主要途径，但多数引进技术由于与本地情况并不完全符合，从而导致引进的技术往往很难形成促进本土企业创新的主要力量。

在研究中我们控制了两个重要的变量，一个是政府经济参与程度，即政府支出占 GDP 的比重，以讨论不同地区政府作用的结果，从回归结果来看政府作用对

高技术产业的专利申请是具有正向作用的。另一个控制变量是开放度，由于我们采用的开放度指标为吸引外商直接投资占 GDP 的比重，不但能够度量一个地区的对外开放水平，而且可以衡量外资知识溢出对内资企业创新的作用。表 5-8 显示，开放对黄河流域高技术产业创新产出具有正向的促进作用。

在一些研究中，认为高技术产业的创新产出使用专利申请来衡量存在一定的偏差，因为高技术产业的产品往往具有很强的时间性，其生命周期相对较短，通过申请专利再进行生产会导致产品生产的周期增长，影响其推向市场的时间。而且高技术产业企业为了保护商业机密，也倾向于不申请专利而直接进行生产的方法来避免商业机密的扩散。因此使用新产品销售收入作为衡量高技术产业创新产出具有更实际的价值。以高技术产业新产品销售收入的对数作为被解释变量，重新进行回归，结果如表 5-9 所示。比较表 5-9 与表 5-8 可以发现，相关变量前的系数没有显著的变化，但总体而言显著性均有不同程度的提高，表明本书理论部分的结论是正确的。特别是，不论是高技术产业的社会结构还是技术结构社会资本，均显著地正向促进了高技术产业的创新产出，得到了更为满意的结果。

表 5-9 高新技术产业创新决定因素的 OLS 估计结果（新产品）

解释变量		（1）	（2）	（3）	（4）	（5）
C		3.436 （0.339）***	3.137 （0.338）***	2.824 （0.361）***	3.419 （0.325）***	2.432 （0.494）***
RD		0.890 （0.035）***	0.850 （0.042）***	0.882 （0.036）***	0.867 （0.037）***	0.792 （0.039）***
L_1		0.045 （0.043）	0.045 （0.042）	0.071 （0.042）*	0.031 （0.040）	
L_2						0.239 （0.067）***
社会结构	R&D 经费来源政府		0.078 （0.043）*			
技术结构	技术引进			0.048 （0.023）*		
	技术消化吸收				0.066 （0.026）**	
控制变量	政府行为	−1.786 （1.066）*	−0.875 （1.041）	−0.469 （1.062）	−1.476 （1.100）	0.286 （1.201）
	开放度	0.411 （0.214）*	0.318 （0.206）	0.242 （0.205）	0.271 （0.190）	0.483 （0.211）**
R^2		0.7113	0.7377	0.7337	0.7606	0.7116
DW		1.2349	1.2553	1.1516	1.1026	1.3105

注：括号内的值为标准误差

***、**、*分别表示通过 1%、5%和 10%水平下的显著性检验

第六章 社会嵌入、人口流动与黄河流域经济社会转型

第一节 研究背景与文献评论

一、研究背景

黄河流域是我国主要的农业生产区域，这一区域的经济发展水平相对较低，黄河流域涉及青海、四川、甘肃、宁夏、内蒙古、陕西、山西、河南和山东9省区，人口1.07亿人，占全国的8.6%，其中城镇人口25.6万人，占全国的6.8%，城市化率为23.45%，低于全国30%的水平。黄河流域工业产值和农业产值分别占全国的5.3%和6.1%，比例相差不大，说明农业仍然是黄河流域的主要产业，然而黄河流域的农业劳动生产率处于较低水平，黄河流域人均耕地1.77亩[①]，高于全国人均1.15亩的水平，人均产量352kg，低于全国400kg的平均水平。黄河流域的人均指标也低于全国平均水平，人均工业产量仅有全国平均水平的61.1%，人均农业量则为全国平均的70.5%（杨进，2000）。农业劳动生产率低、收入水平较低，这些因素形成对农民外出流动务工的主要推力。而发展速度较快、收入水平较高、第二产业发展迅猛的东南沿海地区则对其产生了较大的吸引力，从而导致大部分农民工选择跨省外出流动，据国家统计局农调队的调查，跨省流动是农民工流动的主要形式，2004年中西部地区农民工流动就业占全国农民工的比例为67%，而东部地区则吸引了全国外出务工人员的70%。特别是，东部地区的农民工97%仍在本地就业，而向东部外出流动比例最大的是中部地区，占65%。其中河南、四川两省2002年占全国跨省农民工流动量的18.4%。据调查，获取较高收入是农民工外出流动的出发点，同时也是其最终目的。从农民工外出流动的诉求来看，发展并没有真正进入农民工的视野，获取收入以解决眼前的大额支出成为外出务工的主要动力。

经济势差是推动农村剩余劳动力转移的根本因素，在西方的人口流动理论中，刘易斯和托达罗的人口流动模型认为是城乡收入差距形成了促进发展中国家农村劳动力流动的机制，由于农业劳动生产率低下，收入水平低，从而对劳

① 1亩≈666.7m^2。

动力产生巨大的推力，而城市的较高收入水平则产生了对劳动力的巨大吸引力，两种力量的共同作用产生合力，共同推动了劳动力由低收入的农业向高收入的工业流动。但对于黄河流域而言，由于这一区域长期形成的传统农耕经济体系有其制度的结构刚性，从而人口流动受社会因素影响深刻。特别是人口流动又作用于经济社会结构的变迁过程，进而形成区域创新体系结构的变动。本章以人口流动为视角，研究黄河流域在社会因素作用下的人口流动及其对经济社会结构变动的影响。

二、人口流动与社会转型研究综述

1. 人口流动与城乡二元结构转换

根据经典人口流动理论，劳动力从农村农业向城市工业的流动利于促进城乡二元结构的转换，观察我国改革开放以来的实践，农村人口流动经历了长期的过程，但这一过程并没有实现二元结构消除的目标，城乡收入差距并没有随改革的深入而缩小，反而呈现扩大的趋势（郭兴方，2004），这反映了我国农村人口流动的速度及规模都较低，达不到促进我国二元结构调整的要求（李恒，2006）。林毅夫（2003）认为大规模转移农村劳动力需要整个国民经济结构的大调整，同时又促进了这种调整的推行，对我国而言则需要对农业产业结构和就业结构进行大调整，从而提供足够的非农就业机会；但提高农民收入的主要渠道仍然是农村剩余劳动力外出务工，这几乎已经成为学术界一致的认识，它不但提供了提高农民收入的渠道，而且是促进农民增收的有效方式，同时也是带动其他收入增长的主要力量（李恒，2006）。阎占定（2004）则从全面建设小康社会的背景下论证了增加农民收入的重要性，但针对为什么促进农民收入快速增长的农村人口流动并没有最终促进二元结构转换，仍然存在多种解释。

一种解释认为这与农民收入分化有关。如胡苏云和王振（2004）等通过调查指出农民外出务工与农民家庭收入之间的关系在不同地区有不同的表现，经济发达地区农户外出务工和非农业经营相得益彰，从而促进农户收入的提高，而经济落后地区农村劳动力外出务工只是对农户非农业经营欠缺的一种替代，对提高家庭收入优势不明显。

另一种解释则认为这是城乡劳动力市场分割造成的。蔡昉等（2003）认为我国人口流动与城乡差距扩大的同时存在反映了我国工业发展排斥就业的倾向，城市劳动力市场对农民就业歧视及农业和农村发展不足是主要的因素。李湘萍和郝克明（2006）则认为是劳动力市场户籍分割导致的人力资本投资差异最终抑制了农民工的收入增长。

更多的学者则认为这是由农村工业化成效不突出所致。我国工业化快速扩张的同时，吸收就业增长明显滞后（简泽，2007）。对于传统农区的结构转换研究而言，多数学者强调应该发展适应自身的工业化模式，如程怀儒（2006）提出应该在传统农区发展“近农”型农村工业，以利于人口流动和农村工业化的相互促进，刘东勋（2007）认为应该构建传统农区开放型的市场化导向工业化模式，通过劳动力向外部的转移来促进市场意识的导入和工业化发展所需资源的聚集，喻新安（2007）则基于新型工业化的理念讨论了传统农区走新型工业化道路的必然性与具体思路，为突破传统低生产率的加工业提供有益思路。

从某种意义上来说，经典人口流动理论在我国的应用仍然存在不一致性，从而导致应用这些理论难以从根本上解释我国人口流动与二元结构转换之间的关系（许经勇，2007）。2004 年的“民工荒”即是对这一问题的集中体现，在刘易斯工资不变假定下，传统农业会给工业化提供“无限供给”的劳动力，然而在存在农业劳动力剩余的情况下出现的民工短缺暴露了我国转型经济中的特殊性，并非是因为人口流动不能推进工业化和二元结构的转换，而是需要优化产业结构，提升产业在区域间转移的速度和规模，在工业化优先兼顾农民利益的原则下统筹工业化进程（黄泰岩，2005）。这需要建立适应传统农区工业化的新型理论，耿明斋（2007）即对此进行了系统的研究，指出传统农区的工业化应该起始于农业，依托于农业并最终服务于农业，而伴随这一进程的正是农村劳动力的跨部门转移。

2. 人口流动与农村社会分层

所有社会都存在一定的社会分层体系，社会分层是根据获得社会需求物品的方式来决定人们在社会位置中的群体等级或类属的一种持久模式，它导致了不同层级对于社会资源占有的不同，从而涉及社会的平等、公平和公正问题。在现代社会中，大量农村剩余劳动力从农业转移出来进入城市工业就业，并逐步形成一个具有共同利益要求和社会地位的阶层群体，形成连接城市和农村的农民工阶层，对传统农区的经济社会转型带来深刻的影响。

从人口流动作用于社会分层的原因方面来看，李强（2004）认为这源于户籍制度本身的一些特征，主要在于三点：一是户籍制度作为中国大陆社会分层体系最重要的内容，对于城乡人口迁居进行严格的控制。二是户籍制度对于不同群体的人所进行的等级划分，其最大特点是强调等级，强调秩序，而且是建立在法律、法规基础上的等级秩序。三是户籍制度是通过一系列相关制度的整合来达到城乡分割的目的，这些制度的长期作用最终导致两个群体具有系统性的差别，而这些差别却不会简单地由于户籍制度的松动而消除。

更多学者基于调查对农村社会分层进行研究，并进行了详细的划分，如林晓鸣（1990）依据社会分工与生产资料的占有状况把农业人口区分为 5 个不同的阶层；陆学艺（2002）则根据农民所从事的职业类型、使用生产资料的方式和对所使用生产资料的权力把农村社会分为 10 个阶层；潘会玲（1996）则依据职业分化和阶层演变的调查将农村划分为 7 个阶层，等等，在这些划分中，虽然不同文献对农村阶层的划分所依据的标准不同、研究的地域不同、划分的结构和层次也不尽相同，但由于人口流动所产生的农民工阶层作为一个独立阶层的存在却具有共同性，它不但是农村阶层划分中具有重要地位和意义的阶层，而且成为农村阶层划分的重要作用力量。李燕燕（2007）指出农村人口流动对于传统农区的社会转型意义在于，它推动了农民由所谓的传统农民向职业农民转变，当农民成为一种职业而非社会身份时，传统农区的经济社会结构才有可能得以成功转型。

人口流动推动的社会分层对传统农区的发展带来了诸多影响，这有两方面的表现：一是农民分化和社会分层产生了一个新的农民工阶层，其对市场观念的理解和在经营土地以外获取收入的扩张，最终导致了农民行为的变化（马夫，2007）。二是强化了城乡二元结构性质。农民工由于没有城市户籍，从而不能参与以城市户籍为核心的城市社会分层体系，虽然他们长期在城市工作，为城市的建设和社会的发展贡献了很大的力量，但他们仍然是城市中最不正规的、最低层的群体。许欣欣（2000）1999 年 7～8 月在全国 63 个城市对 2599 名 16 岁以上的城市居民进行的关于中国城市居民职业声望的调查发现，“建筑业民工”的得分声望是最低的，甚至低于农民的声望。然而李培林和李炜（2007）的调查却显示具有较低社会地位的农民工具有比较积极的社会态度，表明影响农民工态度和行为的因素更在于自身的纵向利益比较，从而更显著地遵循历史决定逻辑，而不是经济决定逻辑。显然保障农民工的权利并非简单的制度问题，而在于社会意识本身的改变（王玉兰，2004）。

3. 人口流动与农业发展

经验表明，农业现代化是社会转型的前提和动力，但在农村人口流动对农业发展的效果问题上却存在两种截然相反的观点，即“积极影响”和“消极影响”的二元论，持积极影响的观点包括为农业发展提供资金、促进耕地资源合理配置等（武国定等，2006）。而持消极影响的理由则主要在于青壮劳动力流出导致的农业生产率降低、土地撂荒等（龚维斌，1998）。张卫平（2003）指出对于欠发达地区的农村发展而言，青壮劳动力流出对农业的影响是系统性的，这会导致务农人员的老龄化，并引发多种社会问题。但白南生等（2000）认为，简单地将人口流动对农业发展的影响归结为积极影响或消极影响是不全面的，因为农业生产会受到资金投入和劳动投入的双重影响，因此需要考虑外出务工与农业生产资金投入的替代关系，在资金短缺的地区，追加资金对农业生产的边际收益大于劳动的边际收益，则外出务工带回的现金对农业生产的正面影响要大于由于农业人口流动带来的负面影响，如果是资金充裕的地区，则农业人口流动带来的负面影响要大于务工带回的现金的正面影响。即农业人口流动对农业生产带来的影响并不是必然带来农业生产率的下降，而是要具体问题具体分析，特别要注意劳动与资金之间的替代关系。

由于这方面的文献多是建立在土地规模收益不变的假设前提下来分析的，因此不论是简单的二元论，还是折衷观点都存在一定的不足，龚维斌（1998）通过对安徽省无为县的实地调查研究认为，劳动力外出就业给农业生产带来了复杂的影响，因为劳动力外出就业一方面是人地矛盾的反映，另一方面也反映了农业的比较利益低下的这一事实，换言之，农业劳动力外出流动并非是影响农业生产的唯一力量，农业生产要素的配置过程更多的受制于土地制度和农村农业政策，劳动力外出流动所带来的影响只是对内在制度问题的一个反映。实际上，由于我国农产品生产和消费领域里存在严重的信息不对称，导致农产品市场调节失灵，农业结构失调，资源配置效率低下，农业劳动力的流动并不能在资源配置方面得以充分体现，也导致政府在制定相关政策时存在困难（冯少雅，2003）。

另外一个重要的着眼点是人口流动对农业技术进步的影响，由于农业技术的供给来源于城市科研部门，因此，多数文献更注意农业技术进步与人口流动之间的相关关系，而没有深入地讨论二者相互促进的内在机制。如曾广奎和徐贻军（2005）认为我国农村劳动力的制度性富余在农业技术进步的条件下会产生技术性剩余的情形，而技术性剩余将成为今后富余劳动力产生和转移的重要原因。实际上，农业技术的进步需要土地经营方式发生转变，包括土地集中和生产的集约化，由于技术所具有的典型非竞争性和部分非排他性的特点，农业生产技术的进步导致农产品市场供求关系发生变动，使其由原来的供不应求向供过于求转换，进而导致农业生产对劳动力的供求关系也发生变化，这又反过来推动技术进步的向前发展。从这个意义上而言，人口流动的强弱及其在时间序列上的波动性也会导致农业技术进步的效果发生波动，这要求深入分析并把握我国农业科技进步的障碍因素（孙联辉，2003），并创造适宜农业技术进步的制度环境，李杰和杜乃涛（2005）认为，加快农村经济制度的创新和完善，不但利于农业劳动力有序转移，而且利于农村劳动力与农业技术进步之间的相互推动，而这需要政府进行多方面的政策改革。

4. 人口流动与非正式制度的作用

许多学者高度关注非正式制度在人口流动中的作用，认为非正式制度在农村劳动力外出流动、职业搜寻和生活方式等各方面带来深远的影响，并将影响政府相关政策的有效性。这一方面的研究多集中在社会学领域，他们运用社会资本（即社会关系网络）为工具来进行研究，认为经济活动并非随机的线性过程，而是根植于复杂的、包括各个层面的、各种类型和内容的社会关系网络之中的复杂过程，社会资本是一种存在于民众个人之间交往关系中的经济资源，是一种社会网络及由这种社会网络产生的相互信任与互惠模式，这在农村人口流动中的作用尤显突出。

农村社会的非正式制度起到了促进农村人口流动的正向作用，胡必亮（2004）研究了“关系”在农村人口转移中的作用，发现农民在当代社会变迁与转型过程中主要是利用“关系”这样的非正式制度来实施转移与迁移的，在中国农村现代化的过程中，像“关系”这样的传统因素往往起到作为功能性社会资源的重要作用，有利于促进农村现代化的发展。李恒（2006）也通过对河南省的实地调查证实了“关系”在促进农村人口流动方面存在的重要作用和独特价值，然而城市社会的非正式制度却阻碍了农村劳动力的转移。由于农村劳动力文化素质和生活习惯与城市文化之间存在距离，而城市文化的“傲慢”与城市公共管理的“偏见”又对农民工产生了排斥作用，使农民工很难真正融入城市社会（贺宇，2007）。

人口流动对非正式制度建设也具有反作用，这一促进机制是通过促进正式制度与非正式制度之间的对接实现的。涂永珍（2003）研究传统农区非农经济发展在推动法律运行问题时发现，人口流动对于非法律约束如家庭经营制、拟家族关系泛化、村庄单位文化及人际关系等均起重要的推动作用，而且促进了法律文化与传统文化的互动整合。事实证明，这一非正式制度与正式制度之间的相互作用最终会促进政府工作效率的提高，并成为欠发达地区工业经济发展的动力源泉（宋丙涛，2007）。

5. 外出劳动力回流与人力资本积累

外出劳动力向流出地的回流是与劳动力外出转移相伴随的，对回流行为的研究越来越受到学术界的关注，白南生和何宇鹏（2002）通过详细的实地调查，对我国农村劳动力回流的原因、过程、后果及其对输出地社会经济影响进行了深入的分析，并对现阶段的回流现象做出了符合实际情况的解释，认为在城市化的各种体制障碍一时难以消除的背景下，农村劳动力候鸟式的流动是中国逐步实现城市化的独特方式，而且将持续一定的时期。目前来看，学术界基本上对外出劳动力回流对流出地的影响均认为是积极的，对这一主题上的研究主要在于以下几个方面。

第一，讨论影响外出劳动力回流的因素。对外出劳动力回流的数量估计多是基于调查得出的，如白南生和何宇鹏（2002）通过对安徽和四川二省农村外出劳动力回流调查估计回流劳动力占农业劳动力总数的 6.3%，占外出或曾外出劳动力的 28.5%，占仍外出劳动力的 39.9%，但他们不认为回乡农民与未曾外出农民有差异。而王西玉等（2003）则估计回流劳动力占曾经外出打工人数的17%，而且这部分回流劳动力中有 51.5%已经转变职业从事非种植业的其他行业，从而表明农民工利用打工获得的人力资本和资金、信息及社会关系等发展非农产业，开创新的就业岗位。

第二，外出劳动力回流的机制。潘晨光和娄伟（2003）将外出劳动力向流动地的回流称为“智力回流”，因为外出务工人员在务工地学习并掌握了相关知识和技能，这些积累的知识会由于劳动力的回流为传统农区经济发展所获得，从而促进传统农区的经济发展和社会转型。彭文慧（2007）进一步将其概括为三个方面：以外出务工人员为载体的知识技术回流、以外出务工人员为载体的市场意识回流、以外出务工人员为载体的人力资本回流，并指出基于智力回流的工业模型是一种间接的工业化道路，其最终达到的目的是实现农村劳动力的就地转移。

第三，外出劳动力回流的效应。劳动力回流对传统农区带来的效应是多方面的，包括推进农业现代化和产业化进程、利于发挥区域比较优势、推进工业化进程以促进产业结构升级和推进传统农区市场化进程等（彭文慧，2007）。这些效应的发挥是通过两个方面来起作用的，一是带动了传统农区非农产业的发展，为农村剩余人口流动提供了新的渠道和机会；二是带动了农业特别是贫困地区的经济社会发展，回流劳动力提高了农村劳动力的素质（王西玉等，2003）。

第四，促进外出劳动力回流的政策。多数文献强调了建立政府主导的政策体系以促进外出劳动力的回流，建议的政策核心主要在于四个方面，一是转变政府工作职能和行为方式，给予回流人员以人文关怀，提供回乡创业的制度环境和市场环境。二是提供职业教育培训，提高农民的技能和文化素质，以增强他们对智力回流的消化吸收能力，从而适应由于回流劳动力带来的传统农区结构变化和农业生产现代化的进程（陈琪，2005）。三是推进行业企业协会以地区专业协会的发展，为外出人员回乡创业和发展提供咨询，掌握并处理市场信息等（彭文慧，2007）。四是培育农民的市场意识和竞争意识，以适应社会主义市场经济的发展，并将传统农区的农业生产及非农产业发展和外部的城市工业联结起来。

第二节　黄河流域人口流动的历史与现状

一、黄河流域人口流动的状况

中国历史上曾有过三次大规模的人口迁移，即走西口、闯关东和下南洋。其中两次都与黄河沿岸的农民有关，“走西口”是清代以来成千上万的山西、陕西农民由于人地矛盾不堪生活重负而向“口外”[①]谋求生存的一次大规模的农业人口大迁移；“闯关东”则是两个世纪前黄河下游山东农民由于地少人稠和自然灾害频发而不得不向关东流动以求谋生的一次人口大规模流动。值得注意的是，历史上这两次大规模的人口迁移的原因和结果具有一致性，即人口流动的原因一样，都是因为人地矛盾难以在区域内解决从而寻找外部生存空间；人口流动结果一样，“走西口”对流出地山西和陕西带来了深远的影响，同时也促进了流入地如归化城土默特、鄂尔多斯和察哈尔等地发生了前所未有的变化，促进了农耕与游牧文化的交融，促进了“口外”的蒙古地区从传统单一的游牧社会演变为旗县双立、农牧并举的多元化社会（珠飒和佟双喜，2007），而“闯关东”不但影响了山东乡土观念的变化，体现一种筚路蓝缕的创业精神，也对流入地东北的开发和促进东北地区生产力的变革产生了巨大影响。

改革开放以来，我国面临一次规模更大的人口流动，这便是改革开放以来的农村剩余劳动力流动。与历史上的人口流动不同的是，历史上不论是“走西口”还是“闯关东”实际上只实现了农民的地域转移，并没有实现就业转换，仍然从事农业生产，而这一次人口流动的核心是农民由农业向非农业的转移，就业转换伴随着国家结构转换的进程。党的十一届三中全会以后，由于农村实行土地家庭联产承包责任制，极大地解放和发展了农业生产力，从而导致农业劳动力出现剩余，加之乡镇企业异军突起，从而掀起农村剩余人口流动的高潮。据调查，1989年农村外出务工人数从改革初期的不足200万人迅速增加到3000万人，到邓小平“南方谈话”后的1993年又迅速增加到6200多万人，其中在本省务工的农民工约4000万人，约占总数的65%，而跨省流动的约为2200万人，约占总数的35%。近年来，我国的农民工以每年约600～800万人的速度增长，2004年农民工总数约为1亿人[②]。黄河流域是改革开放以来我国农民工的主要流出地，2004年，中部地区外出农民工4728万人，占全国农民总量的40%，河南、四川两省农村外出务工劳动力均超过1000万人，在全国各省中居于前列，占本省农民工数量的60%以上。目前，河南省农村人口流动人数约有1843万人，其中跨省转移有1043万人，占56.6%。

“农民工”一词最早出现在1984年中国社会科学院《社会学通讯》中（国务院研究室课题组，2006），随后这一称谓逐渐被广泛使用。国务院研究室在《中国

① 西口即杀虎口，早在明代开始，人们将长城沿线的关隘称为“口”，习惯上经常把河北张家口称为“东口”，而杀虎口位于张家口以西，所以被称为“西口”。

② 国家统计局在全国31个省（区、市）对6.8万个农村住户和7100多个行政村抽样调查，推算出当年外出就业的农民工约为1.18亿人，占农村劳动力的23.8%。农业部根据对1万个农户的跟踪调查，推算出外出农民工约为1亿人，占农村劳动力的21%。劳动和社会保障部根据对全国地级以上城市流入农民工的统计，推算出农民工约为9000万人。

农民工调研报告》中定义狭义的农民工为跨地区外出进城务工人员，而广义的农民工则既包括跨地区外出进城务工人员，也包括在县域第二、第三产业就业的农村劳动力。根据《国务院关于解决农民工问题的若干意见》的描述，农民工是指"户籍在农村，主要从事非农产业，有的在农闲季节外出务工、亦工亦农，流动性强，有的长期在城市就业，已成为产业工人的重要组成部分"，显然，对农民工的理解要强调两个方面的意义，一是产业和地域间的转移，即农民工体现了农民由农业向非农产业、由农村地域向非农地域的转移，二是农民工并没有完全脱离农业农村，仍与农业农村存在各方面的密切联系。全国而言，由于农民工主要由内陆地区向沿海地区转移，而这一转移所引发的经济、社会问题更引人注目，这导致研究农民工的文献多着眼于跨区域转移农民工问题。但对于黄河流域农区而言，由于这一区域农村人口占据了较大比重，在全国的经济格局中经济发展水平较低，既是东南沿海相对发达区域劳动力的主要来源地，同时又有大量农村劳动力在本地的城市和乡镇企业从事非农产业。因此，对于黄河流域农区农村劳动力的研究既要注重对本地人口流动中的问题，同时又要注重由于农村劳动力流出农业对区域经济社会发展所带来的影响。

二、黄河流域农村人口流动的结构

务工结构体现了农村劳动力联系农村与城市及联系农业与工业的本质特征，非农产业较高的报酬和城市优越的环境将知识水平较高的青壮年农民吸引出农业。同时，务工结构也反映了农民外出务工人员所联系起的流入流出地的经济关系与发展趋势，特别是，当流入流出地之间存在较大差异时，这些矛盾和不适应性质会在农村人口流动问题上集中体现。

1. 黄河流域农村人口流动的知识结构

2011 年，河南农村劳动力中，初中学历占到 63.7%，初中文化程度人数最多，而这一数据在过去近十年中没有发生显著的变动。据统计，2004 年全国农民工中 16～30 岁的占 61%，初中文化的占 66%，说明农民工是年龄较轻、受教育水平较高的群体。在作者 2005 年对河南省外出务工人员的调查当中，异地务工的农民工平均年龄 30 岁，其中具有初中文化程度的占 59%，小学文化程度的占 22.5%[①]；本地务工的农民工平均年龄为 32 岁，具有初中文化程度的占 36%。而全省初中以上文化程度的比例仅为 42.6%，显然农民工的受教育程度不但远高于农民的受教

① 作者的调查中，异地务工包括外省和本省县级以上城市，而本地务工则指在本地即本村和本镇乡镇企业务工。

育程度，而且高于全社会初中文化程度的比例①。一方面，整体上看农民工具有较高文化程度，但和城市工人比较工资较低②，说明在用工制度、体制方面仍然存在对农民工诸多不公平的情况；另一方面，较高受教育程度的青壮劳动力的流出，必然对流出地的农业生产带来负面影响。

2. 黄河流域农民工的就业结构

制造业和建筑业是农民工就业的主要行业，据劳动和社会保障部2005年快速调查显示，农民工在这两个行业的分布分别占27%和26%。而2008年，河南省农村劳动力转移就业仍然以制造业、建筑业和其他服务业为主，其中制造业和建筑业占到农村劳动力转移就业的55.25%（李浩，2011）。高度集中于制造业和建设业的现象与我国劳动密集型制造业的高速发展密切相关，1978年至今，中国工业总产值增加了32倍，年平均增长速度为15%，超出GDP增长速度近一倍，制造业增速尤其迅猛，已经成为工业的主体，制造业在工业总产值比重达到88%，特别是，出口结构也倾向于加工贸易领先，这些都强化了劳动投入在经济发展中的作用。但这一务工模式目前来看也已经在悄悄发生变化，第一代农民工在传统的二元经济结构中，由于经历了较为严格的城乡隔离时期，而且对农村经营的收入低下有更切实的感受，因此，在转移就业中偏向于选择城市非正规部门，所从事的大多是高体力消耗和技术含量较低的行业。而新生代农民工则不然，由于他们掌握的知识和技能已经大为提高，而且生活的时代也促使他们更关注转移就业中的生活水平和生活质量，因此，他们更倾向于在更轻松和更有技术含量的行业中就业。

3. 黄河流域农民工的收入结构

工资性收入在农民收入中的比重呈逐年上升趋势，这体现了农民外出务工获取务工收入对于农民增收的贡献。就河南省和山东省而言，农民外出务工已经成为农民收入增长的主要部分，而且是农民增收中增长最快的部分，以四口之家一个务工人员计算的人均收入为例，一人外出务工收入与家庭经营农业收入基本持平。但在调查中也发现一些问题，突出的是跨省外出流动农民工的收入要比省内务工的农民工收入高20%左右，这体现了东部沿海地区与中部黄河流域的

① 全国第五次人口普查初中文化程度人口占全部人口的比例为34%。国务院研究室调查的数据是全国农民工中初中文化程度占66%。见国务院研究室课题组. 2006. 中国农民工调研报告. 北京：中国言实出版社：4。

② 2004年城市工人年平均工资约为15 000元，高于农民工工资水平近一倍。城市工人工资的大致估算参见姚先国. 2004. 中国劳资关系的城乡户籍差异. 经济研究，(7)；农民工工资见. 两会特别关注：解决农民工问题，不能再等了，工人日报，2006年3月6日。另据劳动和社会保障部课题组，关于民工短缺的调查报告，珠三角地区外来农民工的月工资水平大致为600元，大致相同。

经济势差。

4. 黄河流域农民工的社会结构

农民工外出务工缺乏必要的组织性，胡必亮（2004）通过对山西省一个村的调查发现，农民工主要是通过婚姻、乡里熟人这样的“关系”来进行劳动力转移和外出流动的，认为“关系”起到了功能性社会资源的重要作用。作者在 2005 年针对河南省的一项调查中，也发现了这种地缘关系在农民工外出流动中的作用，在对 732 户外出务工人员的问卷调查中，农民对外出务工原因回答“跟别人一起去”的占 78 例，就是“关系”的一个表现。此外，通过对问卷进行整理，某村的 20 份问卷中，20 户农民家庭全部有外出务工人员，而且全部在天津的同一个建筑工地务工；而另外一个村中有 6 户共 9 人同在珠海一家电子产品工厂做工（李恒，2006）。这和我国当前农民工跨地域流动的非组织化整体趋势一致，农民工外出务工主要依托亲缘、地缘关系为基础建立起来的社会信息网络，说明农民工的社会结构仍然以非正式制度为主。但近距离流动的农民工更多的选择在本村或本乡镇的乡镇企业中务工，他们大多相互熟识，务工人员之间、务工人员与管理人员之间仍然以农村典型的地缘、亲缘为关系纽带。

第三节　黄河流域农村人口流动与社会分层

所有社会都存在一定的社会分层体系，社会分层是根据获得社会需求物品的方式来决定人们在社会位置中的群体等级或类属的一种持久模式，它是社会群体之间的层化现象。社会分层导致了不同层级对于社会资源占有的不同，从而涉及社会的平等、公平和公正问题。在现代社会中，由于职业是影响社会分层的最重要因素，因此，大量农村剩余劳动力从农业转移出来进入城市工业就业，并逐步形成一个具有共同利益要求和社会地位的阶层群体，这一群体的形成具有特殊的意义，因为农民外出务工，一头连着城市和发达地区，一头连着农村和落后地区，农民工阶层的形成对于农村社会分层和城市分层均具有深刻的影响，并将影响我国的二元结构进程。

一、户籍分层与农民工的社会地位

中国的社会分层差异是具有历史的，费正清在《美国与中国》一书中说：“自古以来就有两个中国：一是农村中为数极多从事农业的农民社会……另一方面是城市和市镇的比较流动的上层，那里住着地主、文人、商人和官吏——有产者和有权势者的家庭”（费正清，2000）。这一分层差异为中国 20 世纪 50 年代中后期建立的户籍制度所强化，从而导致农民工的社会地位，以及农民工出现所引发的社会分层都与户籍制度密切相关。

我国的户籍制度对于农民工在社会分层中的地位具有非常重要的影响，这源于户籍制度本身如下所述的一些特征。

一是户籍制度是中国大陆社会分层体系最重要的内容，其基本特征之一就是对于城乡人口迁居进行非常严格的控制（李强，2004），而且我国户籍制度制定之初的一个重要功能也就在于对占总人口绝大多数的农村人口进行“社会屏蔽”，不让他们分享城市的社会资源。在 20 世纪 50 年代，由于工业化所带来的农村人口向城市的大规模迁移，政府担心城市在食品供应、交通、住房、服务等方面难以承受这方面的压力，从而确定了以严格户籍管理为手段的限制迁移制度，虽然户籍制度目前已经极度淡化，但它在各方面所造成的影响和城乡分离的效应依然存在。

二是户籍制度的本质是对于不同群体的人进行等级划分。这一体制的最大特点是强调等级，强调秩序，而且是建立在法律、法规基础上的等级秩序，由于跨越以户籍制度为基准的社会群体身份极其困难，从而使农村人口突破先天限制的后天努力变得没有价值，从而也挫伤了人们的活力和积极性。

三是户籍制度是通过一系列相关制度的整合来达到城乡分割的目的的。户籍管理是通过结合粮油供应制度、教育制度、社会保障制度、就业制度、医疗制度、住房制度、婚姻制度等一系列制度的有机结合、相互联系来最终将城市和乡村两个群体分割开来的，这些制度的长期作用最终导致两个群体具有系统性的差别，而这些差别却不会简单地由于户籍制度的松动而消除。

正是如此，虽然改革开放后大量的农民涌入城市务工，但由于他们的户口仍然在农村，不可能真正融入城市群体之间，而且，他们的社会声望在城市是最低的，从而成为城市中一个特殊的阶层。同时，虽然他们户口在农村，但长期在城市务工，也与在农村务农的群体之间发生了距离变动，也成为农村一个特殊的阶层。农民工出现所导致的农村社会分层与城市社会分层和由此产生的社会问题，对我国的改革开放进程和社会现代化进程都带来了深远的影响。

二、黄河流域农民工与农村社会分层

改革开放以来，中国农村社会结构发生了很大变化，而这一变化的主要推动力量即是大量农民从农业劳动转移出来从事非农产业从而形成的具有不同利益要求和不同社会地位的阶层群体所致。

黄河流域是我国农耕经济体系的发源地，从西汉开始由于人们对于黄河中游草原的大规模开垦和人口的快速增长对粮食的需求，导致这一地区不断发展并最终形成了单一的农耕经济格局。而农耕经济的重要特征便是其封闭性、地缘亲缘维系以及二元社会结构特征，由于家庭是农耕经济体系中的主要生产生活单元，因此，农民群体的分层就以家族伦理为基准，因为人们的生产和生活都依赖于土地，而土地则归家庭所有。虽然在新中国建立后人们对于土地所有权发生了变化，但小农经济、封闭性和家族伦理仍然决定了农村社会的人与人的关系。

农村劳动力由农业向非农业流动导致了农民分化和社会分层，从而改变了以前按人伦关系来确定阶层的标准。李强（2004）认为这一进程的主要推动力量来源于农村劳动力的流动。孟天运和尉建文（2003）通过对山东一个村庄的案例研究发现，虽然农业劳动者阶层仍然是农民的主体，占 43%，而农民工阶层已经占据了显著的位置，占总人数的 32%；马夫（2007）对宁夏固原的研究得到大致相似的结论，农业劳动者阶层占总人数的 67%，而个体劳动者和乡村企业工人占 13.7%。市场社会所强调的市场合约与市场交易对农民的思维带来深远的影响，这一方面体现了农民在经营土地以外获取收入的扩张，另一方面也体现了农民市场意识的转变。

三、农民工与城市社会分层

农民工进入城市以后，虽然长期在城市务工，但他们仍然很难真正成为城市的一员，很难和市民群体融为一体，这一原因即使不能简单地归结为户籍，但显然本质上也是源于以户籍制度为核心的城乡隔离长期潜移默化所形成的结果。因为户籍一方面的功能在于阻止农民进城，另一方面的功能在于用“非所有权”的形式来维持经济秩序，例如，城市市民在户籍管理的基础上以参加工作时间、级别、工作单位性质及家庭出身等来进行筛选的体制，并以此对城市市民群体进行社会分层。特别是，这一种在改革开放前作为城市社会分层的核心体制并没有在当前削弱，在某种意义上仍然成为划分城市群体的重要标准。显然，农民工由于没有城市户籍，从而不能参与以城市户籍为核心的城市社会分层体系，虽然他们长期在城市工作，为城市的建设和社会的发展贡献了很大的力量，但他们仍然是城市中最不正规的、最低层的群体。李强（2004）的社会声望调查表明，注入城市的农民在城市社会分层体系中处于十分低下的地位，在全部 100 种职业的排位中，排在最后 10 位的职业大都是由农民工来担任。而许欣欣（2000）1999 年 7～8 月在全国 63 个城市对 2599 名 16 岁以上的城市居民进行的关于中国城市居民职业声望的调查发现，“建筑业民工”的得分声望是最低的，甚至低于农民的声望。

黄河流域的城市社会分层中，农民工同样处于社会最低的位置，而且，这一位置的获得与农民工自身的努力程度没有关系，而是与长期的户籍制度所形成的“身份”有关。以郑州市为例，为改善农民工由于户籍身份而在就业、子女教育、医保及生活方面受歧视的问题，郑州进行了大动作的户籍改革，包括放宽进城落户政策，从2003年起取消“农业户口”、“暂住户口”、“小城镇户口”、“非农业户口”等户口性质，全面实行“一元制”的户籍管理制度，统称为“郑州居民户口”，特别是，对外地来郑州务工的农民工，签订劳动合同、参加社会保险后即可将户口迁入，这些政策刺激了农民大量城市落户，导致城市人口激增并引发系列的社会问题，而不得不在2004年叫停。而进入城市的农民工阶层仍然很难享受到与城市市民一样的社会地位，曾有人大代表提出对农民工超生子女入学进行限制的提议就引发了广泛的争议，说到底仍然是身份导致的社会地位问题。

四、社会分层的影响和挑战

严格地说，在我国长期二元分割的特殊体制下，农民和城市市民处在两个截然不同的分层体系下，二者之间并无交叉，这既是二元结构的突出表现，同时又对二元结构进行了强化。农民工的出现，使得农民和城市市民在社会分层上出现了交叉，即农民工既是农民社会分层中的重要阶层，同时又在城市社会分层中占有一席之地，两种不同社会分层代表的社会地位和经济利益在同一群体上的体现对经济社会的发展带来了诸多影响和挑战。

第一，农民工在城市社会分层中的位置反映了他们的收入与城市职业具有差距，表现出同工不同酬的不公平现象。由于农民工不具有城市户籍，因此，他们不得不接受较低的工资，而且不能够享受和城市职业同等的社会福利待遇，包括医疗保险和养老保险等，因为根据相关规定，社会保障与身份户籍相关，而农民工不具有城市身份，而且具有较大的流动性。

第二，农民工在城市社会分层中的位置导致他们权益缺失，从而影响社会稳定和劳动就业的稳定性。虽然《劳动法》、《劳动监察条例》、《工会法》等法律对于农民工作为企业职工的工资标准、劳动安全、工伤医疗保险、劳动时间、休假权利和民主权利都有明确的规定，但涉及农民工的权益问题却在实事上得不到保障。据新华网北京2006年12月29日电，四川籍农民工谢友远、谢洪生父子因结算工钱在陕西省宝鸡市遭多人殴打，儿子死亡、父亲重伤。这是2006年以来安徽、山东、山西、天津等地相继发生农民工因讨薪被包工头打死打伤后的又一起恶性事件。为解决拖欠农民工工资问题，中央和各地近年来相继出台了一系列政策措施，然而“清欠行动”进行了3年，农民工维权成本为何还如此昂贵？显然与农民工的身份地位相关。

第三，农民工在城市和乡村两个体系中的不同地位对消除城乡二元结构带来影响。作为农村人口群体中受教育程度较高、年轻力壮的一个群体，农民工从农业中的流动使得农业生产的劳动生产率下降，对农业发展产生了不利效应。同时，农民工作为城市劳动者中不可缺少的一个群体，他们为城市建设和国家经济发展贡献了很大力量，却处于城市社会分层中的底层，这一格局的形成是传统户籍分割造成的，而且难以通过农民工自身的努力而得到改变，从而导致城市二元结构难以消除。

第四节　黄河流域农耕经济体系的制度结构

一、黄河流域农耕经济体系的历史形成与特征

1. 黄河流域农耕经济体系的历史形成

黄河流域作为传统农耕经济体系的典型区域是自西汉开始的，在西汉以前，黄河流域是以农牧业并重的，以黄淮平原为例，当时黄淮平原上有数十公里以上的河流数十条，湖泊 190 多个，在十一世纪以前河流大部分都可以通航，这些河流既可通航，又可灌溉，东汉时期黄淮平原水稻的种植面积大于今天，水环境良好，水资源丰富（邹逸麟，2005）。西汉开始，社会经济获得了高度发展，黄河中下游成为全国经济重心，一方面源于千年建都的政治经济需要，再加上秦汉时期的移民政策，长期的开发使黄河流域的农业生产制度发生了重大的变化，即由农牧业并重转变为单一的农耕经济。

随着开发力度的迅速增加，黄河中下游地区因为政治经济发达而成为封建王朝的支撑点，黄河下游平原的原始森林、湿地逐渐被砍伐殆尽，连河湖滩地也都辟为耕地，但是由于人口增长过快，粮食生产仍然紧张，家庭养殖难以为继，而缺乏畜力已导致生产力难以提高，从而导致农耕经济成为黄河中下游地区唯一的生产方式，在这种农耕经济思想指导下，不断无序地开垦一切可耕地，并且大兴水利以维持农业的生产，使得现今陕西、关中、河南、山东和河北的黄河沿岸平原地带成为当时全国最发达的农业区，随着生产活动的扩展，促使黄河中游地带垦殖农业不断并最终形成了单一的农耕经济格局。

2. 黄河流域农耕经济体系的特征

1）自给自足的小农经济。农耕经济是一种自给自足的经济体系，农民以单一的农业生产为唯一的生存之源，其基本的经营方式是以家庭为单位，共同利用以土地和水利为主要内容的稀缺自然资源，以自然方式自己生产自己消费。由于农

民生产生活所依赖的土地资源不可流动，因此，农民世世代代被土地所束缚，并维持一种长久且稳定的家庭人口与物质简单再生产过程（周运清，1995）。这种自给自足的小农经济具有两个基本特征：一是农业的总产出规模依赖于消费这些农产品的人口总量，因此任何时代人们都仅仅生产接近需求总量的农产品；二是农产品不可出现短缺，否则将导致社会动乱（殷晓清，2003）。这直接导致两个后果，即农耕经济体系的农业生产率难以提高，长期维持在生存水平上，同时在农耕经济体系下的农产品的商品化进程受到制约。

2）自我封闭的农耕文化。低效而自给自足的农耕经济与自我封闭的农耕文化是紧密相联的，由于农耕经济强调了农民生产生活与其所依赖的土地之间的关系，精耕细作成为农耕经济体系中最被关注的方面，所谓精耕细作绝非一般意义上的“铧式犁翻耕模式”，根据《中国农业百科全书》“农业历史卷”的定义：“用以概括历史悠久的中国农业，在耕作栽培方面的优良传统，如轮作、复种、间作套种、三宜耕作、耕耨结合，加强管理等。”可见精耕细作其内涵博大精深，充满着科学道理。从中国的农耕历史上看，夏、商、西周、春秋是精耕细作的萌芽期，黄河流域的沟洫农业是其主要标志。和漂移不定的游牧经济相比，农耕经济最大的不同就是由流动走向定居，农民成为农耕经济的主体，“以农立国”成为中国乡土社会的特征，并积淀为相应的文化传统和民族性格，农民囿于所居农地一隅，满足于自给自足和平安康乐的“小农意识”，充满一种走向于安于现状的“中庸”精神（韦森，2004）。在历史沉积的作用下，由于地理条件所限，黄河农耕文化很难与外界沟通，从而形成自我封闭、自我完善的超稳定体系。

3）地缘与亲缘关系维系。农耕经济体系中行为个体之间关系的维持不是依靠层级性的正式制度，而是依赖地缘和亲缘关系。在历史上的中国，实行的是地主所有制，因为土地可以自由买卖，则获得土地并建立以土地为根基的人与人之间的关系就成为农耕经济体系中的重要特征。加之家庭是农耕经济体系中的最基本单位，家长就成为这一体系中的权威，而家庭与其他家庭之间的关系也由地缘和亲缘关系来确定和维系。

4）二元社会结构。农耕经济体系中的社会结构具有典型的“二元”结构特征。据史料记载，中国古代社会结构以“国—野”来划分，“国人”由官、军、商、匠构成，居住在城市里，而“野人”则是农民，居住在农村。这两个阶层在制度上存在泾渭分明的差别，国人的地位远高于野人，按《周礼》和春秋时期齐国管仲实行的政策理解，国中行“乡”制，野中行“遂”制。国人有军垦之制，野人有授田之制，在《周礼》的理想国中，“乡”内居民由国家供养，同时承担保卫国家的任务，“遂”内的农民从国家分得土地，承担向国家缴纳田赋的义务。社会学的研究也表明，在农耕经济体系居于主导的时代，存在一个“乡土中国”，它与其上一层的体系是格格不入的，这一分别以城乡为中心的二元社会结构的一个重要作用是，其上层维护国家的运行，而其下层则维护了农户生计（费孝通，1998）。

二、黄河流域农耕经济的现今表现

黄河流域的农耕经济体系自形成之后在随后的两千多年历史上的较长时期内持续存在，表现出稳定性的特征，这一方面源于农耕经济体系中的农耕文化自身具有的自我封闭特征和稳定性特征，另一方面则源于历史上自然环境对人类经济社会活动的制约，因为黄河流域受到太平洋、青藏高原和西北沙漠的包围，在其长期的发展中较少受到外来文化的影响。

但这种稳定性也不是一成不变的，政权的更迭和民族的交融对黄河沿岸的农耕经济也带来了一定的影响。以陕北为例，陕北有着深厚的农耕文化传统，交通封闭与文化封闭延缓了其现代工业发展的步伐，从而其农耕文明显现出原生态的特征，但由于这里地处农耕民族与游牧民族的交界地带，历史上出现多次有组织的移民与大量的少数民族内迁，使陕北文化成为不同类型文化整合的结晶，其文化的多元化特征已经得到了学者们的普遍认同，而且，其纯粹的农耕经济已经过渡到由农业向农业与畜牧业双生共生转变的局面，但即使如此，农耕文明仍然是陕北文化的本质特征（刘翠萍，2006）。再以山东为例，发源于鲁国故地并在齐鲁大地传播的齐鲁文化其本质也是一种农耕文化，其精神内涵强调的是重农抑商、循规蹈矩、质朴实在和吃苦耐劳（韦森，2004）。虽然现代浓重的商业气息对这一体系有所触动，但其内在的农耕文化性质仍未改变。

黄河沿岸的农耕经济体系在当前仍然体现出其鲜明而稳定的特征，这些特征虽然在新文化和新的生活方式的冲击下呈现多样化的表现，但并没有动摇其根本，包括：①不论是农牧并重或是商业气息的导入，均没有从根本上改变自给自足小农经济占据主导地位的局面，这种模式一直延续至今；②以宗族或家庭为基本单位聚族而居，这既是黄河流域传统而盛行的居住方式，同时也体现了农耕经济体系中以亲缘地缘来维系关系，并确立依赖于土地的家长制社会传统，特别是这一区域人们所信守的儒家道德伦理规范，生男传后、男尊女卑的传统都体现了这种文化的影响；③对土地的依赖性，土地是农耕生产活动的基础，没有土地也就没有耕作，而恋乡恋土的情结仍然是黄河流域当前农耕经济体系中的核心内容。

三、黄河流域农耕经济体系中的制度及其自我实施规则

通过以上分析很容易得到如下结论，传统农耕经济体系稳定的根源在于人们对于土地的态度，这包括国家对于人们占有土地的制度安排和这一安排在长期演化中人们由此形成的行为惯例的相互作用，同时这一制度具有自增强的机制，不

但维系了农耕经济体系的长期存在，而且导致其效率维持在生存水平上。

1. 农耕经济体系中的制度

在黄河流域的农耕经济体系中，涉及两个方面的制度约束体系，一个是农民经营土地获取收入的经济体系，另一个是农民所处的社会体系，在这两个体系中都既存在正式的制度，也存在非正式的制度。正式的制度如国家对于以法律形式确定的土地制度、赋税制度、商业发展规划等，非正式的制度即是农耕文化所强调的人们对于土地的精耕细作、亲缘和地缘维系的人与人的关系及人们对于土地的依赖情结等，土地居于这两种制度的核心位置。人们对土地的评价的关键在于收入，即如果只有经营土地才能获取维系生存所需的产出，而不能从其他领域获取，则人们对土地的依赖是生存型的。如果人们能够从其他领域获取多于经营土地的收入，则土地就变得无足轻重。更进一步说，如果农业之外存在一个市场化的体系，则农民可以从外部获取收入，反之则不能。而这又取决于要素市场的发育情况，按本杰明的农村劳动要素可分性（separability）假说，如果农村地区的劳动力市场和土地市场得到充分的发育，那么农户就可以自由地交换土地和劳动力，无须仅依靠家庭劳动力来满足农业对劳动力的需求，而通过农村劳动力市场或土地市场来调节劳动力和土地的供求平衡，则农户的生产和消费决策是可分的，相反，如果农村的要素市场不完善，农户就只能依靠家庭内部的要素禀赋来配置资源，并进行生产和生活的决策，从而出现不可分的情形（蔡昉等，2003）。

观察两千年来黄河流域农耕经济中的土地制度，小农经济一直是农耕经济体系的主要形式，土地并没有得到有效的集中以实现规模经营。如果将这一考察的时期具体到两个阶段，一个是历史上封建社会，另一个是改革开放以来的这一段时期。在封建社会土地主要实行的是地主所有制，由于土地所有权属于个人，因此土地可以自由买卖，则土地这一资源的分配会最终为最有效率的使用者来获得。同时，小农经济也长期在生存水平上保持其生产效率，如上文分析的结论，农产品的产量依人口数量而定，既不会出现短缺，也不会出现足以支持工业发生的剩余。而在当前的家庭联产承包责任制下，土地归集体所有，农民只具有可预期的稳定的承包使用权，则农民为了维系与土地的依赖关系，很少进行土地的转让和租赁，20 世纪 90 年代的一个调查显示，农村土地进入租赁市场的比例仅为 3%左右，在非农业比较发达的地区也不过 7%～8%（蔡昉等，2003）。不同的所有制结构导致同样的农耕制度结构，我国改革开放以来的农业生产仍然是小农经济体系，农业产出与人口呈显著的函数关系，一项来自中国科学院的研究表明，1986～1995 年中国耕地资源数量由于农业产业结构调整而下降，农业生产技术的进步带来的仅仅是人均耕作规模的缩小，而不是人均经济总量的增加（陈百明和李世顺，1998）。

2. 不可分性与农耕制度的自我实施规则

显然，农村劳动力生产决策与消费决策的不可分性成为促进农耕制度稳定性和自我实施的主要原因，如果农村劳动力市场发育得好，则家庭构成就不会成为农业生产决策中的重要因素，家庭的特征就不会影响农户对于劳动的需求，这就导致人口数量与人均耕地之间的函数关系不再存在，反之，这一关系就存在。实事上，正是对土地的依赖性质决定了黄河流域农民家庭结构的长期稳定性，进而决定了农耕体系的内在稳定性。可以认为，正是在历史上的封建地主土地所有制下，以及在当前的家庭联产承包责任制下，农村劳动力市场的发育状况和土地经营制度的情况共同决定了农耕经济体系的自我实施性质。

历史上看，小农家庭经济是中国农耕社会中基本的生产组织模式，也是几乎历朝的政府努力恢复和推行的经济基础。由于农户经济具有社会稳定机制，因此中国历代王朝都把国家财政建立在小农经济之上，只要通过皇权分配给农户一定数量的土地，乡村农户就可以在安排好自身生计的基础上源源不断地提供“岁入”。中国的传统农业没有采取雇佣制形式，而是自上而下分成的租佃制。经济学家已经证明，在分成租佃制下，国家收益最大化的条件是地主土地经营规模最小化（张五常，2000），古代历朝政府显然已经从实践中意识到了这一点，因此国家通过各种手段制止土地耕作权的集中，通过制度和政策手段将土地切成小块，责任到户。对土地的所有权一旦确定，在劳动力市场不完善的情况下就会产生农耕经济的内在稳定性，如德姆塞茨指出的那样，私有产权的首要功能在于驱使经济参与人实现“外部性进一步的内在化”。假如稀缺资源被置于公共领域，人们会倾向于竞争性地使用它，以增进私人利益，这样资源的可得性便会降至社会理想的水平以下。私人所有权通过排除非所有者的使用，从而促使所有者对资源使用的成本和收益进行理性计算（Demsetz，1967）。特别是，由于任何产权制度都隐含解决个人或家庭因使用资源而产生利益纠纷的一种稳定方式，如果产权的初始确定由国家来规定，而且国家也被认为是产权实施的最终源泉，但政府不会直接监督每一笔产权的交易过程，既无必要，也不可能，则这一制度安排必然存在某种自我的稳定因素，它不需要依赖于第三方的强制性实施，从而自我运行。

在传统农耕文化的封闭体系中，农业生产体系与其外部的体系之间基本上处于隔绝状态，城市手工业和商业极不发达，农村劳动力与外部的市场也处于完全隔绝的状态，农村劳动力没有可以用以调节劳动需求的劳动力市场，则家庭结构决定了农户既是劳动力的供给者，同时也是劳动力的需求者，农耕文化中的家长制与亲缘纽带决定了农业生产领域的运行，如果年轻的劳动力不依惯例进行农业生产，则会在社会系统中失去家长的信任进而失去分享土地收益的机会，这种自动实施的规则导致人们更进一步地依赖土地。

在家庭联产承包责任制下，虽然农民不具有土地所有权，但享有法律规定的长期排它的经营权，经营权在其存续期内会给承包人带来经营土地的收益，这一制度初始所形成的责任到户的土地分割状况也可能因为土地承包人的转租而集中，然而对现实的观察和已有研究均发现，在实行家庭联产承包责任制的三十年来，农民很少将土地进行转让或租赁，从而维持与土地的依赖关系，导致农业生产在当前仍然表现为小农经济，具有典型的农耕经济体系的特征。

和历史上不同的是，当前改革开放的中国的市场化进程已经相当深入，非农产业和城市化水平很高，农民除经营土地获取收入这一手段外，还存在其他手段，如进城务工来获取高于经营土地的收入，为什么人们仍然不愿意放弃土地，保持土地分散经营的这种局面呢？深入考察的结果仍然是由于农耕经济内在制度的自我维持机制在发挥作用，包括：①劳动力市场的二元性，改革开放以来中国农村改革进展顺利，但劳动力市场发育滞后，农户无法通过农村劳动力市场调节劳动的供求关系，从而导致不可分性依然存在，农户对土地的经营仍然与其消费决策相关，从而不愿意放弃土地；②以家庭为本的亲缘地缘关系仍然是农村社会关系的主体，人们对土地经营的努力程度和态度决定别人对他的评价，在外部市场关系中获取的利益不足以使其迁移出农村之前，就不存在打破原有制度的动力；③经验研究证明，农民外出务工主要是为获取解决临时性重大支出的手段（李恒，2006），参与转移的农村劳动力并不是农村具有最高人力资本的群体，而是以初中学历为主，对于受教育程度较高的人群而言，转移到城市会降低他们的社会地位，这表明社会关系网络对于农民的重要性，也进一步说明了当前的农村仍然具有相当程度的封闭性和稳定性（蔡昉等，2003）。

第五节　人口流动与黄河流域农耕经济体系的变迁

一、历史上的人口流动与农耕经济体系的变革

黄河流域在历史上曾经发生过两次重要的农村人口流动，即“走西口”和“闯关东”，这两次农村人口流动对黄河流域的农耕经济体系带来了较大的影响。

1. 农牧交融与单一农耕向农牧业并重过渡

黄河流域的农耕经济虽然具有地理上的封闭性，但与外界的交流却从来没有停止过，除了上面列举的“走西口”和“闯关东”外，陕、山、晋、察、鲁等地

接近关外、口外的区域与外界保持着密切的往来，并导致区域内的农耕经济体系发生着不同程度的变化。最典型的如陕北，由于其地处农耕民族与游牧民族的交界地带，民族迁徙一直没有停止过，这既包括陕北农民向口外的迁徙，也包括口外牧民向陕北的迁徙。如公元前 121 年匈奴浑邪王杀休屠王率领数万人来降，汉即安置他们在陇西、北地、上郡、朔方、云中五郡的塞外，东汉初年亦有大量少数民族内行，以及以后的唐、元代均有少数民族内迁，这导致这一区域的单一农业向农业与农牧业并重发展。值得注意的是，虽然放牧民族的内迁使陕北的单一农业经济发生了变化，但没有从根本上改变农耕经济体系的内涵，因为封建土地所有制和农村劳动力的严重分割局面没有受到破坏，农耕经济体系仍然居于主导地位。

2. 人口流动与商业文化的兴起

黄河流域人口流动的另一个重要结果是商业文化的兴起，晋商文化具有代表性，如山西祁县是晋商文化的发祥地之一，老包头东河区是晋商文化走向成熟的标志之一，祁县和老包头有着千丝万缕的血缘和亲缘关系，历史上，祁县和包头曾有过两次大的人口流动和经济交往，几百年前，以乔贵发为代表的一代祁县人，随着“走西口”的人流走到包头，开辟商路，促进了地区间的贸易往来和经济联系，也促进了原来以单一农业生产为主体的农耕经济体系发生变迁过程（路丽华和史俊杰，2007）。

显然，在历史时期由于农业不但在农村而且在整个国民经济体系中均居于主体地位，农村劳动力的流动没有突破农业生产的边界，黄河流域的农耕经济体系虽然发生了由单一农业向农牧业并重的过渡及商业文化的兴起，由于工业尚未真正发展起来，劳动力的流动没有伴随经济结构的变动，从而农耕经济体系仍然具有原生态，并没有从根本上发生变化，黄河流域农耕经济体系的制度结构及其自我实施规则仍然起决定性的作用。

二、当代农村人口流动与黄河流域农耕经济变迁

改革开放以来，黄河流域农村劳动力从农业向非农产业的转移，也引发了农耕经济体系发生多方面的变动，主要体现在以下几点。

第一，农村劳动力向非农产业的转移促进了农村产业结构的升级，打破了以农业特别是以种植业为主的农耕经济产业格局。黄河流域虽然一直是我国粮食的主产区，但随着农村劳动力向非农产业的持续转移，农村产业结构已经发生了巨大的变化。以宁夏为例，农业是宁夏农村经济中的主导性产业，在 1995 年以前，农业在农村经济中的比重一直在 50%以上，而工业产值的份额较低，随着劳动力

在农村三次产业中投入的变化，特别是对第二、第三产业投入的快速增长，导致农业产值份额快速下降，到 2003 年降到历史最低点 36.59%，而农村工业产值份额则上升到 37.61%（刘双萍，2006）。

第二，农村劳动力向非农产业的转移促进以业缘关系为基础的次级关系开始成为农民社会关系的重要方面，动摇了农耕经济亲缘和地缘的关系基础。传统农耕经济由于农民依赖于土地，则亲缘和地缘关系居于人们社会关系的基础地位，农村劳动力向非农业产业的转移建立起了人们以业缘为基础的新型社会关系。特别是大部分农村剩余劳动力的转移存在城乡之间的钟摆性、区域之间的候鸟性和产业之间的兼业性特征，这些导致亲缘、地缘和业缘的交织，土地虽然仍然是维系农民社会关系的最强力量，但其地位显然在下降。

第三，社会组织力量开始显现，家族势力对农民行为的支配弱化。农村劳动力向非农产业及城镇地域的流动，农村工业及小城镇的发展出现了一些新的社会组织形式，如工业组织、城镇管理体系及居民自治组织等的支配力量越来越强，导致家族势力的弱化。其内在的原因在于，土地所有权（包括土地的长期承租权）不再是人们赖以生存的唯一依托，因此，建立在土地所有权基础上的家族势力将由新的生存依托资源基础上的组织形式所替代。

第四，农村劳动力流动导致农民分化和社会分层，按市场社会标准划分农民阶层，从而改变了以前按人伦关系来确定阶层的标准。李强（2004）认为这一进程的主要推动力量来源于农村劳动力的流动。孟天运和尉建文（2003）通过对山东一个村庄的案例研究发现，虽然农业劳动者阶层仍然是以农民为主体，占 43%，但是农民工阶层已经占据了显著的位置，占总人数的 32%；马夫（2007）对宁夏固原的研究得到大致相似的结论，农业劳动者阶层占总人数的 67%，而个体劳动者和乡村企业工人占 13.7%。市场社会所强调的市场合约与市场交易对农民的思维带来深远的影响，这一方面体现了农民在经营土地以外获取收入的扩张，也体现了农民市场意识的转变。

第五，城乡分割与城乡融合并存。农村劳动力流动促进城乡融合趋势的进一步发展，和沿海发达区域相比，黄河流域的城市化水平仍较低，以 1997 年数据为例，黄河流域城镇人口 2506 万人，占全国的 6.8%，城市化率为 23.45%，低于全国城市化率的 30%。由于城市化严重滞后于工业化，因此，农村劳动力的城乡转移受到限制，即农村劳动力流动促进了工业化和城市化，同时又受制于后者的发展水平。这表现为城乡融合与城乡分割的并存，一方面来看，农村劳动力流动促进了城乡交流的扩大和深化，另一方面来看，导致城乡分割的户籍、人事、城乡管理体制仍然存在，对农村劳动力职业选择形成了阻碍。

总体而言，当前农村劳动力的流动对传统农耕经济的封闭性质形成了冲击，使其发生了由单一农业向农业多元生产、农业为主向非农业产业发展、社会关系的亲缘纽带向业缘纽带、城乡隔离向城乡融合等方面的结构变迁，但这些变迁在各方面的表现均不够彻底，表现出渐进性和稳定性，深入分析发现，这仍然是由于要素市场发育不够，农民生产和消费决策的不可分性造成的，这有两点突出表现。

一是中国渐进的改革进程中旧有体制仍然具有强的制约作用。户籍制度、人事制度、就业制度等城乡分割制度的存在导致劳动力市场存在二元特征，农民无法利用农村劳动力市场来调节劳动的供求。农民对于农业的劳动投入仍然受其家庭消费决策的影响，换言之，典型农民家庭结构对于农村劳动力市场的结构状态仍然起重要制约作用，由于城乡分割所导致的城乡劳动力市场分割使得城市高度市场化的劳动力市场对农业生产和农民家庭决策的影响很小。

二是根深蒂固的儒家文化禁锢了农民市场意识的开拓，对土地的依赖情结和家庭联产承包责任制的结合导致土地流转进程受到阻碍。如前文所述，在农村劳动力流动进入高峰时期时，农民家庭承包土地的流转过程仍不够发达，很少有农民在外出务工时将土地转租他人，很多地区甚至为了避免耕地撂荒而出现耕地承包人向二次承租人支付费用的情形。由于一些地区制定了将外出务工人员承包耕地收回进行二次承包的政策，一些农民因为担心外出务工失去土地承包权，或上访，或放弃外出务工，这些都体现了农民对于土地的依赖性质，农业生产仍然维持在小农生产状态，土地集约化经营还需要一个相当长的时期。

第七章 黄河流域农村家庭社会资本的结构与绩效——山东、河南、陕西三省调查

第一节 文献回顾与问题提出

在过去的30年中，由于改革开放所带来的农民从农村农业向城市非农产业流动成为我国经济生活中的重要事件，并诞生出农民工这一特殊的阶层①，研究农民工问题不但能够较好地折射出我国经济社会改革的状态、结果和效率（陆学艺，2001；李培林和李炜，2010；王绍光，2008），而且易于观察农业农村发展和农民收入增长的性质（胡雪萍，2004），但几乎所有涉及农民工流动因素考察的文献均强调了“关系”的作用（胡必亮，2004；李恒，2006），即亲缘、地缘和血缘维系的非正式制度体系，这表明中国农村家庭社会资本结构的稳定性及其对农村转移人口的影响，由于农村转移人口在我国经济发展与转型中的重要作用，其中暗含了农村家庭社会资本对经济转型的深远影响。

在引入社会资本概念之前，人们就已经注意到了非正式制度在农村经济生活中的决定性作用，由于家庭是农村的基本生产生活单位，“中国的家是一个事业组织”（费孝通，1985），则农村经济生活的性质和结构就由家庭的性质和结构来决定，而家庭与外界的关联更多的强调地缘、血缘或亲缘的维系，中国的农村社会是一个建立在农耕经济体系上的自足系统，在这个自足的封闭系统中，家庭观念、父权、保守与求稳是其价值信念的核心，从而使其在中国农村比在城市发挥更大的作用（宋志平，2005）。虽然正式制度和非正式制度共同决定了经济绩效，但本质而言，能够达到预期绩效的正式制度创新和变迁均是能够有效地与非正式制度形成某种沟通和理解，其禀赋与其作用下的正式制度相一致，这表明，正式制度只有在符合人们业已遵守的非正式制度中的相关规范和认知时，才能促进经济增长和社会进步（李怀，2004）。这也为诺斯所认同，他在1993年获诺贝尔经济学奖发表演说时说：“离开了非正式规则，正式政治经济规则……也不再是取得良好的经济实绩的充分条件。”（卢现祥，1996）显然，即使没有用法律或规则限定下来，那些真正制约人们行为的结构在经济社会中的作用是重要的。

① “农民工”一词最早出现在1984年中国社会科学院《社会学通迅》中，随后被广泛使用。概念核心为“户籍在农村，主要从事非农产业，……已成为产业工人的重要组成部分”。见国务院研究室. 2006. 中国农民工调研报告. 北京：中国言实出版社：4。

社会资本即是这样一类非正式制度。这一概念最早源于社会经济学的研究，Robert Putman（1993）从社会组织的角度定义社会资本，把社会资本定义为能够促进成员相互利益的合作和协调、提高社会效率的网络、规范和信任。并且用社会资本理论来解释区域经济差异问题，揭示了意大利南北之间人均收入上的差距是与其社会结构的差异相对应的。和传统经济以价格机制为核心，把人的社会行为全部表现为以市场价格为中介的人与人的互动不同，社会经济学强调了人与人的直接互动，其核心在于社会网络、社会准则和信任（陆铭和李爽，2008）。在农村社会中，社会准则和社会信任的力量是强大的，它几乎构成了个人生产生活的决定因素。在意大利公共精神发达的地区，社会信任几乎是伦理道德的核心，它维持了经济发展的动力和政府的绩效（Putnam，2001）。这些都体现了社会资本的作用，但一个重要的问题是，由于社会资本强调了其社会网络、准则及信任的性质，如何测量社会资本并进行准确的计量研究是困难的。边燕杰（2004）、边燕杰和王文彬（2012）在测量城市居民社会资本时强调了社会资本的网络特征，并以城市居民春节拜年涉及的社会关系的性质来度量社会资本，显然他们更多关注的是交往者的社会地位及其社会关系。而他在对企业社会资本界定及调查设计时仍然强调了企业领导人的社会地位及其社会关系的广泛性（边燕杰和丘海雄，2000），但显然过于强调网络本身而没有注意到与生产经营活动相关的社会网络是不够的，应该强调其“效用性”和“生产性”（刘林平，2006），而这些在我国的农村社会占有重要的地位。

在大量的实证研究文献中，人们为了对社会资本进行研究，提出了诸多具体的测量指标，也尝试了一些数量化的方法。如 Bryant 等（2002）对加拿大和 Harper 等（2003）对英国所进行的社会资本调查与衡量不但提供了研究社会资本与区域发展的极其宝贵的数据库，而且提供了同类研究的数量化方法。Grootaert 等（1998）也介绍了一种可行的方法，可以把关于团体的数量和特征的信息结合成一个总体的数字指标。同时，世界银行也针对发展中国家进行社会资本研究的数量化方法，设计了一套包括六大方面的体系庞大、条目精细的调查提纲，以后诸多研究均在其基础上根据实际需要修正来进行，取得了较好的结果。

2011 年夏，本书团队利用大学生暑期社会实践的机会，使用世界银行设计的社会资本指标体系，对黄河沿岸的山东、河南、陕西三省农村地区家庭社会资本进行了调查，以期考察在改革开放 30 余年后农村社会资本的结构及其经济绩效。

第二节　问卷调查与数据处理

一、问卷设计、调查设计与方法

对农村家庭社会资本调查的指标体系设计主要包括两大部分，第一部分是农村家庭的基本情况，涉及农村家庭户主及构成信息、家庭收入及消费、家庭农业生产经营活动、家庭非农业经营情况等。第二部分是农村家庭社会资本情况，以世界银行设计的社会资本指标体系，共分为群体和网络、信任和团结、集体行动与合作、信息与交流、社会凝集力与包容、权力与政治行动六个大类，其下又划分为 27 个小类。考虑到我国农村的具体情况及相关文献研究的指标设计，又增加了教育作为农村家庭社会资本的指标，用以理解农民利用社会网络及与外部联系获取资源的能力。

此次调查主要在山东、河南和陕西三省，选择上述三个省份的原因有三个：一是这三个省份处于黄河沿岸地区，是农耕经济体系核心区域，这一区域农村的社会结构和社会传统较为深厚，并且具有一定的定性，研究这一区域的社会资本结构具有典型性。二是这三个省份又处于各自典型的地域文化作用之中，山东是具有典型意义的齐鲁文化影响区，河南则是中原文化，陕西为秦地传统文化①，有助于从省级层面上理解不同文化下的社会资本差异。三是山东、河南和陕西分属我国东、中、西部地区，由于国家开发开放战略在大区域上的次序性差异，必然会在农村家庭社会资本层面上有所反映。

调查采取入户调查的方法，由调查者向受访家庭主要成员详细介绍调查目的及数据使用范围，以消除被调查者的顾虑。同时，为避免对一些社会资本指标在被调查者之间存在理解上的差异，问卷由调查者向被调查者询问填写的方法进行，以尽可能免除误差。此次调查在三省一共获得有效问卷 461 份，其中山东 142 户、河南 217 户、陕西 102 户，共分布在 64 个市（县），样本分布如表 7-1 所示。

表 7-1 农村家庭社会资本调查家庭分布

省（市县数）	市（县）（调查家庭数）
山东（14）	天桥（17）、邹平（9）、枣庄（8）、新泰（12）、诸城（8）、平度（9）、广饶（10）、郯城（10）、蒙阴（10）、华挢（8）、章丘（15）、即墨（7）、临沭（8）、临朐（11）
河南（44）	新密（9）、栾川（1）、济源（5）、扶沟（9）、夏邑（8）、杞县（8）、浉河（4）、社旗（4）、临颖（7）、内黄（6）、商丘（7）、固始（15）、西平（8）、虞城（8）、睢县（4）、南阳（7）、香山（4）、沈丘（4）、泌阳（4）、开封（4+4）、淅川（4）、潢川（4）、太康（1）、沁阳（4）、项城（4）、登封（1）、内乡（3）、鹿邑（4）、濮阳（8）、辉县（6）、嵩县（4）、滑县（4）、上蔡（2）、遂平（4）、民权（3）、永城（4）、鄢陵（4）、许昌（5）、新郑（4）、镇平（4）、柘城（4）、睢阳（1）、襄城（1）、汤阴（4）
陕西（10）	宝鸡（10）、长安（10）、高陵（20）、汉中（12）、户县（8）、泾阳（10）、蓝田（10）、洛南（2）、商明（10）、子洲（10）

① 虽然传统的农耕文化及其变迁特别强调了陕西一带与关外游牧文化的交融，但陕西的文化严格来说还是与中原文化息息相关。

二、样本家庭基本情况描述

由于在家庭基本情况部分设计了户主政治面貌、文化程度，从而易于理解以户主为核心的社会资本性质，在一些重要的文献里，政治面貌被作为社会资本的重要指标来使用，并且获得了很好的经济解释（杨瑞龙等，2010；胡荣，2006）。本次调查461户中户主为党员的有45户，占比为9.76%，有4人为民主党派，占样本比重为0.86%。户主年龄最小的为25岁，最大的87岁，平均年龄46.38岁。其中37户户主为女性，占样本比重为8.4%。从户主文化程度来看，小学文化124人，初中文化224人，高中文化89人，大专及以上13人，占样本的比重分别为26.89%、48.59%、19.31%和2.82%。而2010年全国6岁及以上农村居民中小学、初中、高中和大专以上受教育人口比重分别为28.75%、41.70%、15.02%和9.53%，样本中户主更集中于初中和高中学历层次，这也表明样本选择具有典型性和代表性。

从家庭规模来看，成员数最少为1人，最多为10人，平均4.38人，其中，3口家庭、4口家庭、5口家庭和6口家庭居多，分别为69户、212户、94户和60户，占样本的比重分别为14.96%、45.99%、20.39%和13.01%。这一次调查的四口家庭和五口家庭比重远高于2010年第六次全国人口普查四人户和五人户21.03%和12.69%的比重。

我们在问卷中对家庭生产经营活动设定了种植业、养殖业、家庭手工业、工业、家庭副业、外出务工和其他共7个可多选的选项，统计结果表明，单选种植业的有58户，399户选择包含种植业，分别占12.58%和73.54%；单选务工的有22户，选择包含务工的334户，分别占4.77%和72.45%；单选养殖业和工业（即工业业主）均为3户；单选家庭副业的为12户；单选其他的为17户，其中7户填写医生、8户填写跑运输、2户未填写。表明在我国农村家庭，从事农业生产和外出务工仍然是主要择业渠道，也是获取收入的主要来源。

对待土地的态度及土地流转情况体现了农耕经济体系的变动，通过设定土地流转、弃耕和对土地收益的评价三个选项来考察，进行土地流转的农户有33户，占比为7.16%，勾选弃耕的有14户，占比为3.03%[①]；认为种地收益太低不划算的有75户，认为种地收益低但仍然会种地的有141户，以上两项合计占46.85%，而认为各地收益较高的仅有12户，占比仅为2.6%。显然，农村家庭总体上对土地怀有生存和情感上的依赖性。

① 弃耕和生产经营活动选项并不必然重合或一致，对受访者解释弃耕的含义是“耕地没有转包给别人，但有过一季度撂荒就算”。

第三节　总体描述：农村家庭社会资本的结构和性质

一、群体和网络

群体和网络一共有 6 个问题，即包括“村委会在内你认为哪些组织是有用的？你们在同一组织中的人们哪一个方面最相似？你们在哪些方面是相同的？你们与其他村庄或地区有无联系？当你有困难时有多少能帮助你的朋友？你需要一大笔钱时你能从何种渠道得到？”

我们特别关注村委和家族的作用，并设计了两个指标来调查这一问题。一个是观察农民对组织的作用的认识，在所有样本中，有 396 户选择了“村委”，其中有 150 户将村委的重要性排在第一位，分别占 85.9%和 32.54%，而选择“家族”的有 401 户，有 208 户将“家族”的重要性排在第一位，分别占 86.98%和 45.12%，均高于村委。相反，选择农民互助会及教会的分别有 55 户和 5 户，占比分别仅为 11.93%和 1.08%。另一个指标则是询问农民参加了什么组织，除村委和家族外，加入农民互助会和教会的分别为 93 户和 11 户，占比分别为 21.17%和 2.38%，表明农民互助会已经日益成为农村家庭参与的重要组织。

在农民对于加入组织的身份认同方面，我们设计了 5 个选项，分别是宗教、性别、文化背景、种族和社会地位，选择文化背景、种族和社会地位的分别为 243 户、212 户和 264 户，占比为 52.71%、45.98%和 57.27%。而对于农民对加入组织的影响因素上，在职业、文化程度和性格三个选项中，得分分别为 277、267 和 48，占比分别为 60.08%、57.91%和 10.41%。可见，不论是身份认同还是实际而言，文化背景、文化程度均是决定农民组织化的重要因素。

组织的对外联系方面，选择偶尔有联系的为 322 个，经常联系的为 120 个，合并占比为 95.88%，表明以村庄为单位的农村地域联系是较为密切的，这其实也印证了农村社会往来的传统。

对农民在困难时能够寻求帮助的朋友数量问题提供了填空项，结果显示，全部样本中填写具体数字的为 261 个，数值从 1 到 30 不等，其余 200 个则填写“不多”、“不少”、“很多”、“有一些”、“有几个”及“十几个”等。在统计结果时划分 1 到 10 为较少，10 到 20 为一般，20 以上为较多。通过将“不多”、“有一些”、“有几个”归于较少，“十几个”归于一般，“很多”归于较多，三类结果分别为 332 个、54 个和 75 个，占比分别为 72.09%、11.6%和 16.28%。由于我们在调查时限定了朋友为“像家人一样但不是家人的人”，从结果可见，即使是民风淳朴的农村，人与人之间的感情也是“较少朋友”的情形，这与农民工在城市（汪前元和周勇，2012）或城市社区邻里关系是一致的（封丹等，2011）。

但在对待金钱问题上，我们设定了第六个问题是“如果你突然需要一大笔钱，而这笔钱可能是你的亲属付不起的，你可能获得借款吗？”在给定的5个选项中，有353个选择“一定有”，有102个选择“可能有”，6个选择“不一定有”，没有人选择“可能没有”和“一定没有”。这一结果表明相互帮扶在农村居民之间是非常重要的，而且具有长期的传统，它对于农村社会结构的稳定及农民消费平滑而言都是重要的（郭云南等，2012）。

二、信任和团结

信任一般被认为是测度社会资本最重要的指标，一些文献甚至仅以信任作为社会资本的替代变量（高虹和陆铭，2010）。在信任与团结类别中设计了4个具体题目，分别是“你认为大多数人都是可以信任的吗？你觉得大部分同村人都愿意帮助你吗？你信任政府官员吗？如果要建一个对你没有什么用但对村庄其他人有利的项目，你愿意花费时间和金钱吗？”问卷数据表明，在农村，人与人之间的信任水平是较高的。

在全部461个样本中有354个回答说他们“认为身边的大多数人都是值得信任的”，其比重高达76.79%，回答说他们“不太在意人际关系”的有102个，占22.12%，仅有5个回答说他“认为周边的人是不值得信任的”，占比为1.08%。同时，有341户认为大部分同村人都愿意帮助自己，有93户认为人们不太愿意帮自己，其余27户则不能确定，占比分别为73.97%、20.17%和5.86%。为了对此问题进行补充，在问卷中设计了一个补充问题是：“你认为你周边的人在提防你并可能在利用你吗？”有149户选择了“是”，有108户选择了“不是”，其余选择“不能确定”，占比分别为32.32%、23.42%和44.25%。印证了村民之间的信任的性质，即能够确定信任，而不能够确定不信任。

但对政府官员信任的问题的回答结果引人深思，我们设计了四级政府官员：中央政府官员、地方政府官员、村委官员和村民组长，以及“很信任”、“无所谓”、“较信任”和“不信任”四个选项，统计结果如表7-2所示，显然，村民对中央官员的信任度最高，很信任和较信任两项相加达到80.7%的比重，对中央官员的不信任仅有5%，而对地方官员、村委官员和村民组长的信任度严重偏低。

表7-2　村民对不同级别官员的信任度调查　　（单位：%）

	地方官员	中央官员	村官员	村民组长
很信任	15.2	52.3	10.4	12.8
无所谓	26.7	13.9	26.0	24.7
较信任	33.2	28.4	35.8	38.4
不信任	24.7	5.0	27.3	23.4

对村庄公共项目的态度也体现了一定的社会责任，对于对自己没有利益关系的公共项目，问卷中有 347 户（占 75.27%）愿意花费时间和 220 户（占 47.72%）愿意花费金钱参与这些项目的建设。

三、集体行动和合作

联产承包责任制实行之后，由于分产到户，村民的生产活动开始以家庭为单位进行，虽然由于农民生产的周期性使得村民们会在同一时间甚至同一地块上劳作，但他们的生产活动显然不是有组织的，更非集体行为。为了调查村民对于集体行为方面的情况，我们设计了两个问题，其一是“过去一年，你和家人参与过对社会发展有利的活动吗？”出乎意料的是，有 337 户（占比 73.1%）选择了“确定有”，而其中在填写“参加次数”中填写 3 次以上的有 136 户（占 40.36%）。但从这些活动的内容填写看来，主要是农村的婚丧嫁娶活动，填写生产活动、公共项目建设活动的较少。第二个问题则是针对村庄公共项目建设的意愿性判断，即“如果村庄存在诸如供水、修路等问题时，村庄里的人一起合作来做这件事的可能性有多大？”结果选择“很有可能”的为 215 户，选择“有可能”的为 173 户，两者合计占比重为 84.16%，基本结论是农村家庭在集体行动与合作方面具有较为坚实的基础。

四、信息和交流

此方面主要关注使用电话进行信息交流来考察村民生产生活中的对外联系，从总体数量上而言，在填写问卷的前一个月内，填写 10 次以下或“不多”、“很少”的为 115 户，而填写 10 到 49 或“较多”的为 232 户，填写 50 次以上及“很多”的 114 户，分别占 24.95%、50.33%和 24.73%。为了进一步考察村民对外信息交流的内容和性质，问卷中对打电话的目的设计了 4 个选项，分别为工作、亲人联系、生活需要、消费。结果显示，单选“工作”的仅 29 户，选择包含“工作”的为 167 户，占比为 36.22%，而单选“亲人联系”的为 143 户，选择包含“亲人联系”的为 343 户，占比分别达到 31.02%和 74.40%，这表明就信息获取及信息内容而言，传统亲缘关系仍然占据主导地位，但基于业缘的联系也已经有了较大进展。

在我国经济结构转型期，民众与政府之间的信息交流及其交流渠道也是非常重要的，为此，我们设计了对村民了解政府行为的信息渠道问题，并且设计了 14 个选项来考察这一问题。由于要求受访者只能从 14 个备选答案中选择三个，这样我们能够在后续数据处理中进行赋值处理。结果显示，选择通过“亲戚、朋友或邻居”和“电视”的分别有346户和372户，占比非常高，分别为75.05%和80.68%，其他的如“村庄公告栏”、“村庄领导”、“国家报纸”、“广播”也有105户、107户、105户、109户选择，而通过“团体组织或协会”、“企业”、“非政府组织”的仅有4户、1户和6户选择，通过调查结果不难发现，与村民生活相关的传统渠道是村民获取政府信息的主渠道，现代社会所强调的非政府团体组织等的作用仍显薄弱。

五、社会凝集力和包容力

本部分共设计了七个问题，其中前五个问题其实是对同一个问题的递进考察。即“在你所在的村庄里的人们在财富、收入、社会地位、文化背景、种族、社会等级、宗教、政治信仰及年龄、性别方面存在不同，你觉得这些方面的差异有多大？这些差异会不会引起问题？如果引起问题主要是由于哪些差别？引起的这些问题会不会有暴力？过去一个月与你吃饭喝酒的人在哪些方面不同？”显然，上述对于理解传统社会结构中人们对差异性的认识是非常重要的。

在全部461个样本中，认为村庄里的人们存在很大差异的有123户，占26.68%，认为有差异的为204户，占44.25%，以上两项合计为70.93%，而认为具有很小差异的仅为27户，占比为5.85%。同时有324户认为这些差异会引起问题，占比为70.28%。值得注意的是，认为具有很小差异的27户中，有12户认为差异会引起问题，这其实是表明了人们对于变动的一种担忧。

在可能引起问题的原因方面，我们设计了可多选的答案，统计表明，人们认为财富差异、社会地位和教育差异是最容易引起问题的，分别有286户、234户和227户选择，占比分别为62.04%、50.76%和49.24%，其次是拥有的土地数量、种族和年龄差异，分别有157户、140户和107户选择，分别占34.06%、30.36%和23.21%，而男女差异、政治身份等并没有受到重视。让人担忧的是，有290户即62.9%的人们认为这些问题的存在最终会引发暴力冲突，换言之，在农村，当出现问题时仍然要以冲突而非谈判的方式来解决。

有301户在过去一个月中有与他人吃饭喝酒的经历，为了考察他们背景的异同，我们在问卷中设计了四种不同背景来考察人与人之间的包容及社会凝集力，即你一般与和你在哪些方面一致的人吃饭喝酒，结果相同的文化背景和种族、相同的经济地位、相同的社会地位和相同的宗教信仰分别有202户、121户、189户和268户选择，占比分别为67.11%、40.2%、62.79%和89.04%。

本部分的后两个问题分别是“当你一个人在家时你会感到安全吗？你认为幸

福吗？”对于安全感的调查结果为，回答“很安全”的为 224 户，回答“适中”的为 219 户，分别占 48.59%、47.50%，而回答“有点不安全”和“很不安全”的仅分别为 20 户和 8 户，分别占 4.34%和 1.74%。安全感是对我们理解村民社会信任的重要方面，而在多数文献里，社会信任即被等同于社会资本，当在一个信任度高的社会里工作时，这种社会能够促进交往，也能够有效地降低交易成本，从而利于经济效率的增进，上述数据也表明农村目前来看仍然是一个“熟人社会”（袁振龙，2007）。而对于幸福问题的回答则设计了“很幸福”、“一般”、“还可以”、“没感觉”、“很不幸福”五个选项，选择户数分别为 152 户、185 户、73 户、40 户和 11 户，如果简单认为前两项为幸福，而后两项为不幸福，则二者之比为 6.6∶1，村民总体上还是幸福的。

六、权力和政治行动

权力既包括村民对行使权力和参与政治的意识，也考察实际的情况。在一个民主程度较高的社会里，社会资本要显著优于那些民主程度较低的社会，而且社会资本对经济绩效的作用也要好一些。

这里有四个简单的问题。“你觉得你有能力来改变你的生活吗？”有 14 户回答“完全不可能”，而有 53 户则回答“完全有能力”，回答“大部分情况下不能”和“大部分情况下能”的分别为 214 户和 175 户，虽然总体上来看肯定和怀疑态度的基本两分，但近一半人不相信自己有能力改变自己这一比例是显著过高了。

“在过去一年里你们是否参与请求政府做一些对村庄有益的事情？”回答“从来没有”的为 134 户，占 29.07%，而回答“很多次”的仅为 22 户，占 4.77%。这一问题参与的低比例与上一问题的相互印证，表明农民的逆来顺受和安贫乐道性格。

再一个问题是“你参加过选举吗？”回答“是”的为 328 户，占比 71.15%，而随之而来的问题，“你对选举的态度是什么？”回答“积极”、“无所谓”和“反感”的分别为 212 户、203 户和 46 户，两相比较可见，至少有一部分参加过选举的村民对选举是不了解的。实际上，在回答参加过选举的 328 户样本中，仍有高达 298 户村民认为选举没有什么用，这表明至少对于村民而言，他们尚未完全理解民主行为的含义及其结果。

第四节　差异性：区域差异和家庭差异

问卷中有九个问题是五点量表方法来设计的，基本涵盖了农村家庭在家庭、村庄、社会、政府等各个层面的信任及农民对自己在其社会资本网络中的自我评价。这九个问题的设计及其意义如表 7-3 所示。根据五点量表的定义通过对各具体选项给予赋值，并计算出每份问卷在各个选项上的得分。这样，我们就找到了区域比较的可能。如前所述，本次调查所涉及的三个省份：山东、河南和陕西省分属我国东、中、西三大经济地带，我国在改革开放以来的区域开发开放战略的时序性差异必然会在上述各省中有所反映。同时，山东、河南和陕西三省虽然均处于黄河沿岸地区，受传统农耕文化影响深厚，但三省的地域文化仍然存在差异，进而体现为农村社会资本的差异。为此，本章根据区域、收入等指标把样本进行了分组，以考察不同性质群体的社会资本的差异。

表 7-3　社会资本问题设计及其数据统计描述

变量	问题设计	均值	标准差
家族信任	如果你突然需要一大笔钱，而且这笔钱对你的家属或亲戚而言也很难承担，你向他们获得借款的可能有多大？	6.86	2.777
社会信任	如果你有困难，你所在的村庄或附近地区的人是否愿意帮助你？	6.03	2.652
政府信任	你对县、省政府有多大的信任度？	5.76	3.064
地方信任	你对村委及村民小组干部有多大信任度？	8.19	3.067
公共认同	如果你的村子出现需要修路、修桥等涉及公共事务的问题，你们能否一起合作来处理这件事情？	7.77	2.552
社会认同	你生活的这个地区的人们之间的差异大吗？（包括财富、收入、社会地位、文化背景、种族、社会等级、教育、宗教信仰等）	6.41	3.091
安全感	通常情况下，比如你一个人在家时你感觉安全吗？	7.68	2.731
幸福感	一般情况下，你认为自己幸福吗？	6.62	3.222
能力认同	你觉得你是否有能力做出一些决定来改变你现在的生活？	4.69	2.824

一、区域差异的作用

为了观察由于区域差异带来的社会资本差异情况，我们以省为单位进行了分析，结果如表 7-4 所示。总体来看，各地区对家族信任、地方信任、公共认同得分均较高，其实体现了我国农村地区亲缘和乡情的传统文化仍然起主导作用。而对于三省份而言，多数指标显示了处于中部地区的河南的农村社会资本低于处于东部地区的山东和处于西部地区的陕西，显然在家族信任方面山东和陕西均高于河南省，陕西农村家庭对于政府和地方的信任程度均高于山东和河南，而山东则在家族信任、社会认同和幸福感方面高于河南和陕西。公共认同方面三省差别不大，山东和陕西略高于河南省。

表 7-4 农村家庭社会资本的区域比较结果

变量	三省农村社会资本的均值（N=461）			均值差/Sig.
	山东（1）	河南（2）	陕西（3）	
家族信任	7.80	6.07	7.24	（1）–（2）=1.73***/0.00； （1）–（3）=0.56*/0.07； （2）–（3）=–1.16***/001
政府信任	6.75	4.40	7.26	（1）–（2）=2.34***/0.00； （2）–（3）=–2.86***/0.00
地方信任	6.60	8.81	9.11	（1）–（2）=2.21***/0.00； （1）–（3）=–2.51***/0.00
公共认同	8.02	7.47	8.05	（1）–（2）=0.55*/0.04； （2）–（3）=–0.58*/0.06
社会认同	7.14	6.30	5.62	（1）–（2）=0.83**0.01； （1）–（3）=1.52***/0.00； （2）–（3）=0.68*/0.06
幸福感	7.01	6.56	6.23	（1）–（3）=0.78*/0.06；
能力认同	4.67	4.88	4.29	（2）–（3）=0.58*/0.08

注：凡两两均值检验不显著的，其值不在表中列出

二、收入差异的作用

按家庭总收入的均值划分两类家庭，分析不同收入水平家庭社会资本的差异。如表 7-5 所示，高收入家庭具有更高的社会信任和政府信任，而且具有较高的公共认同和社会认同，并且比低收入组更有幸福感，但在地方信任方面低收入组要稍高一些。总体而言，越高收入的家庭其社会资本水平也越高。

表 7-5 收入差异的比较结果

变量	全部家庭（N=461）			高收入组（N_1=196）		低收入组（N_2=255）	
	均值	标准差	F 值	均值	标准差	均值	标准差
社会信任	6.86	2.77	42.83***	6.50	218	5.68	2.91
政府信任	5.76	3.06	3.08*	5.93	2.92	5.65	3.20
地方信任	8.19	3.07	49.97***	7.64	3.32	8.68	2.74
公共认同	7.77	2.55	5.42**	7.80	2.32	7.74	2.74
社会认同	6.41	3.09	10.549***	6.77	2.88	6.11	3.26
幸福感	6.62	3.22	13.17***	7.12	2.97	6.16	3.33

注：表中只列 F 检验差异显著的因素，并且基于均值进行简单解释，下同

三、政治面貌的作用

对农村家庭户主的政治面貌进行分类，中共党员和非党员家庭的社会资本结构也存在一定程度的不同，如表 7-6 所示，户主为中共党员的家庭的社会信任、社会认同和地方信任均要高于户主为非党员的家庭。而且党员家庭的地方信任要显著高于社会信任和社会认同，但非党员家庭的社会认同则要高于其地方信任，实际上也体现出党员家庭更倾向于正式制度而非党员家庭则更倾向于依赖非正式传统。

表 7-6　政治面貌差异的比较结果

变量	全部家庭（N=432）			中共党员（N_1=45）		非党员（N_2=387）	
	均值	标准差	F 值	均值	标准差	均值	标准差
社会信任	6.04	2.16	2.53*	6.47	2.42	5.99	2.64
地方信任	8.14	3.09	2.32*	8.44	2.94	8.10	3.11
社会认同	6.48	3.07	10.59***	7.13	2.38	6.40	3.13

注：剔除 29 个未填写政治面貌的样本

四、户主性别的作用

仍然根据户主的特征考察了家庭结构的作用，区分了户主的性别之后也有一些有趣的发现（表 7-7），户主为男性的家庭在家族信任、社会信任方面要高于女性户主的家庭，而且也具有更多的安全感。但女性户主的家庭则具有更高的地方信任，而且比较而言幸福感要高一些。就分值来看，两类家庭的地方信任值均较高，比较而言社会信任要低很多。

表 7-7　户主性别差异的比较结果

变量	全部家庭（N=441）			男性户主（N_1=407）		女性户主（N_2=34）	
	均值	标准差	F 值	均值	标准差	均值	标准差
家族信任	6.83	2.781	2.55*	6.92	2.750	5.76	2.965
社会信任	5.97	2.677	1.64*	5.99	2.653	5.71	2.980
地方信任	8.14	3.094	16.29***	8.07	3.130	8.97	2.516
安全感	7.64	2.761	2.46*	7.68	2.722	7.15	3.192
幸福感	6.61	3.244	1.42*	6.59	3.267	6.74	2.988

五、家庭结构的作用

以中位数 4 口之家为界，划分为 4 口及以下和 4 口以上的家庭进行分析（表 7-8），结果显示，家庭规模越大其社会资本得分越低，包括家庭信任、社会信任、政府信任和地方信任等方面，4 口以上的家庭其社会资本均显著低于 4 口以下的家庭。同时，在能力认同方面也不如 4 口以下的家庭。唯一例外的是幸福感，4 口以上的家庭的幸福感反而较高。为进一步分析，我们剔除样本数低于 3 户的 1 口以下和 8 口以上家庭，并划分 2～3 口家庭、4 口家庭和 5～7 口家庭三个组进行研究，结果发现，就幸福感而言，仍然是家庭越大其幸福感得分越高。

表 7-8　家庭结构差异的比较结果

变量	全部家庭（N=461）			4 口及以下（N_1=292）		4 口以上（N_2=169）	
	均值	标准差	F 值	均值	标准差	均值	标准差
家族信任	6.86	2.777	6.11^{**}	7.10	2.657	6.45	2.934
社会信任	6.03	2.652	19.76^{***}	6.30	2.463	5.56	2.899
政府信任	5.76	3.064	2.93^{*}	6.04	3.123	5.26	2.902
地方信任	8.19	3.067	6.55^{**}	8.06	3.139	8.43	2.931
幸福感	6.62	3.222	1.16^{*}	6.43	3.214	6.96	3.219
能力认同	4.69	2.824	1.02^{*}	4.79	2.797	4.51	2.868

六、受教育水平的作用

把农村家庭户主的受教育水平按初中以下和初中及以上分组，结果发现(表 7-9)，农村家庭户主受教育水平在初中以下的具有较高的社会信任和政府信任，他们在困难的时候更容易得到亲戚的帮助。而高中以上教育水平的家庭则更倾向于信任村委和村民小组的关系，并且他们与初中以下受教育水平家庭更具有安全感。

表 7-9　受教育水平差异的比较结果

变量	全部家庭（N=452）			初中以下（N_1=350）		高中以上（N_2=102）	
	均值	标准差	F 值	均值	标准差	均值	标准差
社会信任	6.02	2.666	1.31^{*}	6.03	2.648	5.97	2.741
政府信任	5.76	3.061	1.06^{*}	5.90	3.035	5.26	3.115
地方信任	8.19	3.069	18.01^{***}	8.04	3.147	8.70	2.739
安全感	7.65	2.744	1.60^{*}	7.43	2.809	8.40	2.373

第五节　农村家庭社会资本的经济绩效

由于社会资本有其经济功效（边燕杰和丘海雄，2000），这能够从农村家庭的收入水平上体现出来。文献大多使用人均收入作为衡量居民收入的指标，但对于农村家庭而言，用家庭总收入衡量其收入水平来讨论社会资本的作用更符合实际，因为社会资本是一种网络性资源，不论是一个家庭内某一个体还是基于整个家庭的网络资源，它对收入的作用都应该是一种“家庭边际”的贡献。另外，在调查中我们也发现，虽然农村家庭规模存在差异，但家庭主要劳动者的数量较为接近，成员较多的家庭往往具有较多的没有劳动能力的老人或未成年子女，他们对家庭收入的贡献显然不能用“平均”来描述。根据 Narayan and Pritchett（1997）等的思路，建立家庭收入方程如下：

$$\ln I_i = \alpha + \beta_1 \mathrm{SC}_\mathrm{i} + \beta_2 \mathrm{HC}_i + \beta_3 Z_\mathrm{i} + \beta_4 \mathrm{CON}_\mathrm{i} + \varepsilon_i \tag{7.1}$$

式中，I 为家庭收入；SC 为家庭社会资本；HC 为家庭人力资本，在本书中用家庭户主的文化程度来代替；Z 为家庭特征变量，包括家庭规模、户主政治面貌、土地流转情况等；CON 为控制变量；ε 为随机项。

对方程（7.1）进行回归，结果如表 7-10 所示。模型 1 表明，农村家庭的收入不平等现象广泛存在，文化程度、政治面貌、家庭规模、社会资本等因素均对家庭收入产生影响。户主受教育程度越高，家庭收入水平也越高，但户主受教育程度与家庭收入之间的显著程度不高，当前来看，我国的经济结构仍然处于传统向现代转型的初期，投入高度依赖劳动，就农村家庭而言，不论是经营农业收入还是外出务工收入，教育并不是导致差异的主要因素。党员身份强烈影响家庭收入，相比非党员户主家庭而言，其家庭收入要高出近 22%，虽然在本书中没有强调党员身份作为家庭社会资本的度量，显然敏锐的政治意识有助于家庭提高其收入水平。

表 7-10　农村家庭收入的回归结果

解释变量	模型 1	模型 2	模型 3	模型 4	模型 5	模型 6
	全样本	山东	河南	陕西	四口及以上	三口以下
C	8.443 （0.251）***	8.074 （0.528）***	8.097 （0.381）***	9.260 （0.456）***	9.201 （0.221）***	9.249 （0.475）***
文化程度	0.077 （0.080）*	0.209 （0.121）*	0.220 （0.122）*	0.273 （0.153）*	0.102 （0.094）*	0.013 （0.176）*
政治面貌	0.228 （0.111）**	0.227 （0.214）	0.059 （0.171）	0.138 （0.177）	0.248 （0.122）*	0.470 （0.354）

续表

解释变量	模型 1	模型 2	模型 3	模型 4	模型 5	模型 6
	全样本	山东	河南	陕西	四口及以上	三口以下
家庭总人口	0.147 （0.030）***	0.211 （0.044）***	0.111 （0.045）**	0.096 （0.070）		
人均耕地	–0.014 （0.039）	0.222 （0.088）**	–0.007 （0.059）	–0.081 （0.066）	–0.015 （0.047）	–0.133 （0.081）
家族信任	0.057 （0.012）***	0.063 （0.022）***	0.052 （0.017）***	0.094 （0.026）***	0.065 （0.014）***	0.070 （0.034）**
社会信任	0.023 （0.012）**	0.020 （0.020）**	0.009 （0.017）*	0.052 （0.023）**	0.011 （0.013）	0.040 （0.033）
政府信任	–0.026 （0.011）	–0.026 （0.021）	0.007 （0.016）	–0.061 （0.021）***	0.001 （0.012）	0.041 （0.025）**
地方信任	–0.029 （0.011）	–0.054 （0.024）**	0.029 （0.019）	–0.046 （0.016）***	–0.027 （0.012）**	0.013 （0.028）**
公共认同	0.005 （0.013）***	0.009 （0.022）	0.023 （0.018）	–0.033 （0.027）	0.017 （0.014）	–0.047 （0.041）
社会认同	0.016 （0.010）*	0.025 （0.018）	0.017 （0.015）	–0.001 （0.018）	0.011 （0.012）	–0.006 （0.023）
安全感	–0.002 （0.011）	0.030 （0.020）	–0.025 （0.017）	–0.015 （0.022）	–0.014 （0.013）	0.024 （0.032）*
幸福感	0.004 （0.010）***	–0.006 （0.017）	–0.007 （0.015）	0.037 （0.019）*	0.002 （0.011）*	0.009 （0.025）
能力认同	0.008 （0.011）	–0.001 （0.019）	0.020 （0.018）	–0.007 （0.021）	–0.001 （0.013）	0.014 （0.029）**
山东	0.378 （0.087）***					
陕西	0.181 （0.082）**					
模型决定系数 R_2	0.207	0.476	0.153	0.417	0.134	0.247

这里更多关注的是农村家庭社会资本的收入回报，回归结果显示，在 9 类社会资本中，“家族信任”和“社会信任”显著影响家庭收入，而“政府信任”和“地方信任”对农村家庭收入并没有产生正向的影响，这表明在我国农村仍然是一个乡土社会，人们的经济生活和社会活动高度依赖传统的血缘和地缘关系，并对家庭收入产生积极的影响（赵剑治和陆铭，2010）。而“政府信任”和“地方信任”则从一个侧面体现了当前我国农村的传统性质，改革开放以来，家庭联产承包责任制的实施，使得家庭成为生产决策的主要行为主体，当地政府

未能有效地提供农业生产的必要水利等基础设施，也未能有效地在农民生产中提供技术或其他经济信息，农民与政府的关系未能在农村家庭的收入层面有所体现。相比之下，“公共认同”前的系数为正，而且显著，表明当大家对涉及农业生产或生活中的公共事务热心而且愿意参与时，有助于形成集体行为并对当地农民收入带来正向的影响。“安全感”和“幸福感”比较，前者的系数为负，但不显著，后者系数为正且显著，表明对农村家庭而言，幸福不但来源于收入，而且也是促进收入增长的重要源泉。值得注意的是，“能力认同”并不显著，针对我国市场化进程的性质而言，农民作为市场的主体，利用市场机制来实现其收入增长是合乎情理的，农民对自己改变命运的意识普遍不够强烈，表明经济社会的转型仍然是一个长远的过程。

为了考察农村家庭收入的区域差异，在模型 1 中加入地区项，以河南为对比，山东和陕西两个省份回归结果显著，而且山东和陕西两省之间也有较大差异。为了考察这种区域差异与社会资本的关联性质，我们在模型 2 到模型 4 分地区进行了回归，从结果来看，各解释变量前的系数方向和显著程度基本上没有变化，这也从一个侧面表明对农村家庭收入的分析具有稳健性，但从社会资本各变量对收入的作用来看，也有一些差异性。特别是“家族信任”和“社会信任”这两个指标在分省区的回归中均为正值且显著，但山东和陕西两省均明显高于河南省，表明传统文化在东部地区和西部地区已经成为促进收入增长的主要因素，在多数的研究中，认为我国东部地区的市场化发展进程与国家的开放政策有关，但更得益于传统地区文化经商意识（吴小虎和史晋川，2008）。山东的经济发展在齐鲁文化的作用下，其现代商业精神的创造性转化与传统文化的关系亦非常深厚（韦森，2004）。

“家庭总人口”前的系数为正且显著，表明家庭规模显著影响家庭收入，由于被解释变量是家庭总收入的对数，则家庭人口越多总收入也越多似乎只是一种累加而非因果关系，但我们通过两个方面的探讨发现家庭规模与家庭收入并非简单的总和关系，其一是人口越多的家庭其未成年子女也越多，而未成年子女并不带来直接收入，其二是通过以家庭人均收入为被解释变量进行回归也得到同样的结果，即家庭人口越多，人均收入水平也越高，这表明家庭规模与收入之间存在更复杂的关系。为进一步讨论家庭规模与收入关系的细节，把样本家庭分为三口以下和四口及以上两组分别回归（模型 5 和模型 6），结果显出一些有意义的结果，“文化程度”对大家庭的收入有更好的作用，而“政治面貌”则对小家庭的收入增长更重要。社会资本的作用方面，虽然“家族信任”和“社会信任”两个指标的结果差别不大，但另外的指标差异较明显，“政府信任”、“地方信任”、“安全感”和“能力认同”对小家庭的家庭收入作用显著，对大家庭而言，这些指标并没有正向的促进作用，而且不显著。

第六节 结 论

以上分析的结果表明，农村家庭的社会资本存在结构性差异，这种差异既与区域差异有关，也与家庭特征有关。同时，由于社会资本的经济绩效，对家庭收入具有内在的作用。本书基于山东、河南和陕西三个省份的调查数据，研究了我国农村家庭社会资本的结构及其经济绩效，得到如下基本结论。第一，社会资本作为农村社会体系中的重要组成部分，对农村发展和社会转型起到了重要的作用，改革开放以来，虽然市场经济发展所要求的制度和规则在不同的层面发挥其作用，但对于农村社会而言，非正式制度的作用仍然是非常重要的。第二，农村家庭社会资本的来源出现了较大的转变，从以血缘、亲缘、地缘和村民自治结构为主向业缘、农民互助等现代联系方式转变，但仍然以传统文化维系的关系为主。第三，农村社会资本的结构与国家整体经济社会发展战略具有密切的关系，本章选取了处于东、中、西部的三个省份为调研对象，处于中部的河南省农村家庭社会资本低于山东和陕西，而从我国的开发开放的次序来看，并非是按照东、中、西部的梯度推进，而是遵循东部开发开放、西部大开发再到中部地区崛起的次序。第四，农村家庭社会资本也体现了家庭的差异，户主的教育程度和政治面貌影响了社会资本的结构，较低受教育水平、非党员家庭更倾向于传统的联系结构，对亲戚和朋友的信任度较高，而较高受教育水平和党员家庭则对政府和地方更具信任。第五，家庭规模的社会资本差异是显著的，总体来看，越大规模的家庭拥有越多的子女数量，家庭的人均收入水平也较低，他们拥有的社会资本水平要低于相对较小规模的家庭。但大家庭有大于小家庭的幸福感，这暗示了农村家庭对于多子多福社会价值的认同具有根深蒂固的传统。第六，社会资本的经济绩效主要体现在对家庭收入的作用上，总体来看，拥有越高水平社会资本的家庭其收入水平也越高。但由于家庭结构、区域差异等方面的影响，社会资本的作用也有不同。传统的家族信任和社会信任对家庭收入的作用最为显著，而公共认同和能力认同等体现现代市场秩序的社会资本在农村家庭收入中的作用则不够显著。

从农村家庭社会资本的性质来看，既需要强调传统社会文化的作用，也必须考察现代社会中的制度和秩序的影响，虽然传统文化较现代秩序在农村家庭的社会资本中的作用更突出，但从我国经济社会转型的角度来看，需要对后者给予更多关注。在本章研究中，有两个问题值得进一步深入研究，一个是农村家庭的结构和规模问题，在我们的调查中，四口之家占比例较高，这表明一对农村夫妇生育两个及以上子女的情况比较多见，这些家庭一方面拥有较低水平的社会资本，同时又具有较高的幸福感，可能用家庭收入或人均收入来度量农村家庭的幸福或效用是不够的；另外一个问题是人均耕地在农村家庭收入中的作用，由于农业经营是农村家庭收入的重要来源，因此，人均耕地应该对收入具有强的解释力，但本章的结论并没有支持这一点。在调研中也发现，农村家庭多是基于家庭耕地的总体来进行农业生产经营安排的，大多数家庭对农业生产投入的劳动具有均衡性特征，再加上农村家庭收入中工资性收入比例的上升，导致人均耕地这一指标不够显著，这表明对于耕地的劳动投入效率尚需要从家庭层面进行深入研究，但这已经不是本书的讨论范围。

第八章 基于社会嵌入的区域创新政策促进体系

第一节 区域创新政策及其效果

一、区域创新政策

区域创新的核心是构建富有竞争力的区域主体结构和行为方式，这种创新体系的建设显然不能完全由市场来提供，而是需要由政府以政策的形式来促成。所谓区域创新政策，是指政府为了促进地区创新活动发展而采取的一系列政策措施的总和，通过区域创新政策的制定和实施，以达到促进区域创新体系形成的目的，在区域创新和经济社会发展之间建立起有效的联系机制，实现区域整体的资源结构性配置和效率提升（李安方，2009）。

由于区域经济发展不仅是由传统的生产函数决定的，因此，考察可供使用的要素数量和质量及技术水平均不能正确理解现代经济增长的路径，还需要考察区域经济主体之间的关系，以及这种关系所带来的创新生产与创新扩散，特别是对这一过程中的创新是一种综合的评价，具有系统性。

区域创新政策在其实施过程中由于针对性的差异和实施的手段不同而可归于不同类，工具大致可分为以下几种。

1）区域创新的激励政策。创新激励是促进区域创新的最主要的政策手段，由于创新蕴含较大风险，创新成功的概率越小就越对创新不利。由于创新是进行一项前期生产较少或市场上没有的产品或生产手段，它需要的相关配置设施和保障也就越多，因此，在创新过程中给予必要的创新激励以减轻创新主体的成本是重要的。目前来看，创新激励政策主要涉及创新的财税激励政策、创新的金融激励政策、创新的人力资本激励政策、创新的产业激励政策等。从财税激励政策的角度来看，主要是提供创新所需的投入，包括对创新基础设施建设、公共服务进行必要的财税投入，建立科技开发基金，为企业的新技术开发或新产品生产提供必要的财政补贴，对新技术开发需要的产学研项目进行财政投入或税收优惠等。创新财税激励政策的主要导向是针对市场失灵的补充，为新技术开发和产业化提供投入，通过补贴的方式来降低其成本，增加产出。创新的金融激励政策是指为区域创新行为提供优惠信贷，包括建立风险投资基金，提供中长期信贷，为前景好投资大的项目提供支持。创新的人力资本激励政策是为高技术发展提供人力资本支持，这包括两个方面，一是对企业引进相关高技术人才提供支持，包括人才的福利待遇、住房、工作环境等方面，二是进行高技术人才的培养，建立相关的培训体制和机制，提供教育配置设施等。创新的产业激励政策强调产业指向性，高技术产业并非对任何区域都有利，应该根据不同区域的优势、特点和发展方向，有针对性地进行产业扶持和产业倾斜，形成能够发挥地方比较优势的产业结构体系。

2）区域创新的保护政策。区域创新的保护政策是与创新激励政策相配置的政策体系，其目的是发挥市场机制引导企业进行创新，并对其创新的结果进行保护。这首先需要提供良好的区域创新环境，制定和完善相关法律法规和知识产权保护政策。由于创新成果一般需要较大的前期投入和较长期的研发过程，而创新成果由于其标准等方面的创新性而往往难以形成保护的有效机制，一些企业为了对其创新成果进行保护，不进行专利申请，以避免新技术或新成果为其他企业所模仿，一旦出现知识产权纠纷很难保护其利益。而知识产权保护如果不能到位，企业势必不能获得专利投入相应的补偿，这会产生示范效应，抑制创新。此外，在区域创新中，对新技术或新产品的保护要注重对源头创新的保护，一些处于夕阳产业阶段或对环境带来压力的产业不应该进行保护。

3）区域创新的协调政策。区域创新过程中会出现一些利益，也会出现一些社会性的成本，对这些利益的分割和成本的分担往往会由于不平等而影响创新的进一步发展。政策在制定和执行的过程中需要综合考虑各方的利益，以避免由于利益分配差异而出现摩擦和冲突。当区域内的资源具有稀缺性时，如何合理地分配各主体对资源的使用也是政策需要着力考虑的。此外，创新行为需要各主体的配合，如产学研合作，政府要在这一过程中制定有利于促进各方合作的政策，对各方的行为和利益进行有效的协调。

二、区域创新政策的理论依据

区域创新体系的构建及其模式选择需要以区域创新能力为评价，对其检验的根本标准也应该由市场来进行。但由于市场本身存在缺陷，这就需要政府运用政策的手段来进行弥补。这样来看，区域创新政策的理论依据至少包括如下几个方面。

一是市场失灵。市场失灵是政府寻求政策或直接干预的重要理由，这是因为市场价格信号传递存在障碍，或者依据价格调节来配置资源的效率并不是最优的。由于资源要素是自由流动的，当经济中存在可获取的利润时，要素收入会存在不平等，这会导致市场供求关系发生变动，并引起价格的相应变动。要素会对这种不平衡进行纠正，由价格低的领域向价格高的领域流动，从而使不均衡问题得到纠正，在创新资源配置中，如果任由这种市场的机制来进行调节，可能会出现静态利益的获取指向并不能在长时期推进区域创新能力的持续提升，并造成区域产业结构升级困难。如果考虑工资的影响，当工人对工资变动敏感时，工资上升的行业体现出市场的需求上升，会吸引就业的进入，并最终促进行业发展。但这种理想状态的古典情况在现实中不会发生，例如，政府转移支付对工资刚性的影响，失业保险影响了劳动力的流动，虽然工人可以自由地在区域间流动，但由于失业保险及其他政府转移支付对区域性的指向，降低了劳动力的流动性（Armstrong and Taylor，1993）。此外，也要考虑创新的路径锁定，以及创新过程中的心理和社会成本，当面临较高的失败风险时，人们可能会选择保守，创新因而受到限制。这些说明，市场所强调的价格调节在区域创新中存在多种障碍因素，从而导致市场存在缺陷。

二是创新的非均衡性。创新本质也需要利益的推动，当预期的收益在不同领域存在不均衡时，人们会倾向于向易于获得利益且具有较小风险的方向转移，即使市场是有效的，价格能够反映区域创新中的资源要素配置差异并对其进行纠正，但这一纠正的时间和成本也需要考虑。特别是，当创新的非均衡性导致产业发展和资源配置的非均衡形成后，就会对以后的结构带来影响，导致创新的结果影响区域经济社会发展的性质。这会带来诸多问题，如创新利益分配不均衡导致的产业发展非均衡问题，收入分配差异带来的社会问题等。

三是区域创新的累积性导致的经济社会发展结果不平衡性。社会领域内的因素由于其作用机制存在复杂性，具有累积性质，Myrdal（1957）认为市场中各种力量作用的结果，不仅不会缩小地区差距，反而会加大地区差距。这种累积循环在区域创新中也会存在，当区域中的某一个企业或行业创新成果出现时，会导致一个高出平均的利润水平，这会吸引资源要素的聚集，而资源要素的集聚又会促进其向更高水平发展，其他领域或行业由于要素流失而发展停滞，从而形成地区发展中的“马太效应”。这种效应对区域创新和区域经济社会发展总体而言是不利的，而且不能由市场机制进行调节，而需要政府以政策的形式来纠正。

除此之外，在当前我国经济社会转型的过程中，政府在区域创新中具有更重要的作用，这主要体现在三个方面。首先是转型期的资源配置和制度安排尚未完善，存在诸多由于前期计划体制扭曲而引起的问题，区域创新不是某一个主体的单独行为，而应该是区域内的企业、机构和政府等各主体的协调和互动，当资源配置存在制度刚性而难以进行合理配置时，就需要借助政府的政策力量来进行扭转，政府运用其具有权威性的力量来有意识地促进资源向能够实现创新的领域引导，并凭借其与企业、相关机构、学校和科研部门的关系，推进它们进行合作，从而为高效的创新体系的构建提供有利的基础（朱彬，2006）。其次，区域创新高度依赖利益创新的制度环境，而在当前我国的转型背景下，制度变迁的推动力主要来自于政府。制度变迁有强制性制度变迁和诱致性制度变迁两种，强制性制度变迁强调了政府对制度供给的主动性，以及提供制度的方向和目标选择，而诱致性制度变迁则强调了通过给予经济行为主体获取潜在利益的方式，降低现行成本，体现内生变量的影响。显然，在当前的区域创新过程中，需要制度安排的快速推进，而且能够较快地触及制度变迁的核心。而区域创新主体所需要的产权界定与保护，以及新产品开发、生产和销售中的规范管理，都需要政府制定并实施政策以提升其效率。最后，由于区域创新体系创新失败风险及由此带来的投入产出的不确定性，区域创新系统也可能存在缺陷，包括区域创新组织不健全，区域创新网络的路径锁定和创新网络分割等情形（张继良和杨超，2006），这些都会导致知识、资源和人力资本难以在区域创新网络中顺利交换，从而削弱创新的效率，甚至导致创新结果的不确定，由于这一过程存在累积的机制，不能由市场来解决，就需要在政府的政策体系下来纠正。

三、国外区域创新政策及其效果

1. 美国以市场为主导的区域创新政策及其效果

美国是对区域创新给予更多投入和支持的国家之一，而且起步较早，在 20 世纪 90 年代即开始推行区域创新活动，并强调市场在区域创新中的作用。其区域创新的行为主体包括企业、大学和科研机构及各级政府，由于强调了市场的主导作用，因此，依据市场导向对各主体在区域创新中进行角色定位，并根据市场的需求来推进技术进步、新产品研发和市场推广，将技术创新、产品生产、风险投资、中介服务等均通过市场的纽带连接在一起，而政府在其中主要发挥协调和监管的作用。

美国的区域创新政策主要体现在如下三个方面。

第一，制定和完善法律法规，以提供区域创新的良好的制度环境。通过健全和完善法律以规范区域创新主体行为是美国促进区域创新的重要体现，在科技创新方面美国具有较完备的法律体系，如 1980 年出台的《技术创新法》、1986 年的《技术转让法》和 1988 年出台的《技术开发型企业的税收转移法》等，特别是《技术开发型企业的税收转移法》，通过在新泽西州的使用和发展之后，目前已经被加州、麻省等高技术发达的州所采用，并适用于所有技术开发型的企业，成为推动高技术企业获取风险投资、进行企业兼并和联合的重要准则。同时，美国也特别注重对中小企业科技创新的扶持作用，并制定了多部法律法规以推动中小企业创新和发展，如 1953 年颁布的的《小企业法》，1958 年颁布的《中小企业投资法》，对中小企业发展提供了相关的规范文本，同时在联邦政府一级组建小企业管理局，以协调和管理与小企业相关的事务。从保护和促进创新的角度又在 20 世纪 80 年代制定了《小企业创新发展法》、《加强小企业研究发展法》等，为小企业的创新和发展提供必要的经费投入和成果转化支持条例。

第二，建立促进区域创新的投资融资体系。由于企业创新需要巨大的研发投资，而且面临较大的投资风险，因此，建立促进创新的投资体系非常重要。在美国，政府是区域创新的直接投资主体，这主要体现在政府对企业创新的直接拨款和资助，特别是针对 R&D 的投资方面。政府有意识地对高科技企业进行研发补贴，并逐步加大对民营高科技企业技术开发投入的支持，同时运用减免高技术公司税收、提供研发经费等手段来对高技术企业的研发进行刺激。在鼓励风险投资方面，政府也不断加大吸引风险投入进入高技术行业的力度，通过制定高技术产业发展规划、设立科技咨询服务机构、制定优惠税法等方式为高技术企业的投融资提供便利。

第三，以政府采购的方式来对高技术产业发展进行产业引导。美国在政府采购中高度重视保护本国企业，特别是高技术产业的发展。美国法律明确规定，政府采购必须至少购买 50%的国内原材料和产品，在二十世纪五六十年代，美国的航天航空、计算机、半导体等高技术产业的发展，都离不开政府采购的支持，美国通过扩大对高技术产业的采购推动这些产业发展，并提出在 10 万美元以下的政府采购合同中，应该优先考虑中小企业，并建立政府与私人投资进行联合采购的制度，以扩大对中小企业创新的安排。

美国的区域创新政策起到了很好的效果，促进了其区域创新体系的形成。以美国硅谷为例，美国在其高技术产业集群硅谷的发展中通过运用系统化和制度化的区域创新政策，为高新技术的发展提供了良好的环境。如在硅谷的计算机、通讯和生物技术集群中，政策定位于服务者角色，它们与教育机构和工业界长期互动与整合的积极政策，如军用品生机采购政策、国防高新技术转为民用政策、环境政策等，已成为世界各国仿效的模式。区域创新政策的制定与实施的关键是应对高技术行业发展的系统失灵问题，这种市场和系统失灵主要在于企业导向、产业吸引力、服务设施建设问题、信息失灵、培训研发和协作等方面，从而区域创新政策也在这一些方面进行协调。硅谷的区域创新政策主要在于立法保障、优惠政策、中介机构政策、需求政策、国际关系促进政策、培训政策和环境政策七个方面。

2. 欧盟的区域创新政策及其效果

欧洲各国极其重视产业政策，其产业发展和区域创新政策对缩小地区差距、促进欧洲一体化进程起到了重要作用，而其产业政策成功的重要方面即是产业发展与区域创新的结合。自欧共体成立起，欧盟经过不懈的努力与调整已经形成统一的区域产业政策，如欧盟垂直产业政策、欧盟特殊产业或部门的对应政策。欧盟垂直产业政策是在国家水平上激励创新，扶持中小企业和高新企业发展，培养人力资本和提供工业转型调整基金等方面提供政策支持。欧盟在扶持中小企业的发展方面提供了完善的政策环境。这些政策改善了中小企业生存和发展的环境、提供融资方便、促进技术创新、提供信息咨询培训服务等。对于高新技术，欧盟各成员国都有自己的科学技术政策，因为市场失灵和外部经济，各国政府都对科学技术研究进行扶持和资助。另外欧盟作为一个一体化经济体，有共同体层次上的科学技术政策，通过成员国间的科技合作，集中有限资源开展科学研究和技术开发，减少不必要的重复研究，促进科学技术的发展及其在经济社会中的应用。欧盟对高新技术产业的支持主要体现在对科学技术研发的资助上，通过各种金融（援助基金）、技术（研发项目）及政策优惠对高新技术企业进行扶持和培育。这些都有效地促进了欧盟各国在产业层面上的合作，进而促进了区域创新体系的形成与发展。

由于欧盟并不是一个真正意义上的国家，而是一个经济货币一体化组织，其目标是为了加强各国经济的一致性和保证它们的协调发展，欧盟提出了建立创新区域的合作模式，1995 年欧盟发布《创新绿皮书》，并推出了“区域创新及技术转让战略（RITTS）”和“区域创新战略（RIS）”两大区域项目，经过实验和发展，取得了良好的效果，后来在 1996 年和 1999 年欧盟又分别实施了 40 个和 34 个区域创新项目，并建立了“欧洲创新区域网络”，对欧盟整体的区域创新体系的构建起到了重要作用。

由于欧盟只是一个国家间组织，所以欧盟对区域创新的政策主要在于协调，包括设立欧盟基金和创新中心两类。欧盟基金是促进欧盟各国区域创新的重要手段，包括欧洲地区发展基金、欧洲社会基金等，为区域创新提供必要的资金；所谓创新中心主要提供中介服务，1995 年欧盟开始实施创新中介中心项目，其目的是促进各国各地区内部、地区与地区之间的技术转让和促进中小企业参与欧盟科技的总体研究中，它所提供的主要服务包括技术输出、技术引进、寻找研究合作伙伴等。经过上述一系列区域政策的实施，欧盟目前已经实现了区域创新由传统的点轴式模式向网络模式的演变，极大地推进了欧盟区域创新的进程（周元等，2007）。

3. 日本的区域创新政策及其效果

由于本土资源匮乏和市场容量小，日本长期把创新作为其经济发展的重心，通过技术引进和消化吸收，形成具有模仿创新的产业体系。随着产业竞争力的提升和本国科技实力的提高，日本政府开始重视自主创新，并制定了一系列鼓励自主创新的政策和措施，推动了国家区域创新的发展。

日本的区域创新政策主要表现在三个方面。

一是建立健全创新制度。从 20 世纪 60 年代起，日本就把技术立国上升为国家战略，在 1983 年正式颁布了《技术城开发促进法》，针对技术城计划进行明确立法支持，1995 年公布《科学技术基本法》，作为日本科技政策的基本法律，并为促进区域创新中的产业集群发展和地域振兴政策制定了专门的法律、法规和制度。为了保护技术发明的权益，日本政府制定了多部专利保护法律，有力地推动了日本的创新。

二是进行财政支持。为了促进区域创新的发展，日本专门制定技术开发补助金制度，以对中小企业产品开发和技术创新提供支持，并规定了给予中小企业技术开发 50%的资助。同时，日本政策对区域创新提供税收优惠，包括对中小企业技术税制的强化，先后制定《促进基本技术研究税则》、《增加试验研究费税额扣除制度》等以促进企业的试验研究经费合理、持续的增加，以调动企业的科技创新积极性，并为科研人员提供技术转移和经验交流的平台，以支持技术创新和技术扩散。

三是设立区域振兴机构以促进区域创新。为了配合区域创新体系建设，日本的自治省①设立有专门的区域振兴机构，制定了相关的法律，并结合自治研究推出了一系列促进区域创新的政策措施，在这些政策的指导下，对区域发展中的创新咨询、技术开发项目的招标、委托等进行管理和指导，在促进区域创新发展方面发挥了重要作用。

第二节　区域创新体系建设思路转变

一、区域发展与区域创新决定因素的转变

从新古典经济学开始，人们就开始探求经济增长的决定因素，在 20 世纪 60 年代，经济增长理论主要就是新古典增长理论，其重要的特征就是收敛性（巴罗，2004）。新古典经济理论强调了投资、人力资本积累、储蓄等因素对经济增长的决定作用，并且在索罗模型中给出了既定储蓄率下的经济增长稳态水平。由于储蓄率对经济的长期增长率没有影响，因此，各经济体的平衡路径是一致的，从而以

① 自治省是日本原中央省厅之一，负责主管地方自治的事务，代表或协助内阁总理大臣控制和监督地方政府。其主要任务是监督地方自治，负责制定有关地方自治和公职选举方面的制度，并指导地方政府执行；负责中央和地方政府之间的联络事务。2001 年与邮政省、总务厅等合并为总务省。

稳态增长为基础，新古典经济增长理论提出了收敛的理论假设，并进行了较为精巧的模型构建。

新古典增长理论之后，人们发现仅考察投入增长并不能完全理解经济增长的真正内涵，新增长理论开始将目光转向长期增长率所依赖的其他方面，特别是对于技术内生性的强调有别于新古典经济理论的重要方面，也在增长理论方面改变了新古典增长理论由于强调技术外生而给出的增长收敛假设，如果投资的一个重要副产品是知识的产出，由于经济增长总是具有前瞻性的，经济行为主体为了获取最大化的利润，知识积累便会不断增长，当对知识投资的外部溢出效应不断增强进而提高企业的知识资本时，最终会通过全社会企业生产能力来体现，因而会出现报酬递增（Romer and Paul，1986）。知识资本边际报酬递增的最重要结论是，增长不存在新古典增长理论所认为的稳态，换言之，由于报酬递增的作用，当不同发展水平的国家或地区其初始物质资本存量和技术水平不同时，人均收入的差异可能会持续性地存在，收敛不会发生。

新制度经济学认为，由于制度安排的不同会导致人们行为的差异，而这些会影响资本配置的效率并最终对经济增长的效率带来影响，这使得政府行为在此时期受到了广泛的关注，如果政府通过制定合理的税收制度、提供必要的基础设施和公共服务体系，给予经济行为主体最有效的激励，则增长会由此而持续。特别是，发展中国家在其经济发展过程中，经济社会变化较快，经济制度也一直处于演变过程之中，从而其对经济增长的影响更为突出，应该给予更多的关注。

此时，人们已经认识到单纯地考察线性的经济现象并给出解释得出的结论可能是不确切的，由于经济活动是嵌入社会网络之中的，则从更广泛的制度角度和社会文化层面来理解经济生活，并研究社会因素对经济增长的作用机制及其结果是重要的，而且也能够较真实地理解经济增长的真实路径。由于现代经济理论是建立在经济行为人的假设基础上，过于强调经济本身的过程与结果，经济学高度模型化的研究方法将诸多对经济增长具有影响的因素排除在模型之外，从而可能得到和现实不一致甚至相悖的结论。新经济社会学的兴起为此类研究提供了新的视角和方法，特别是，具有相似禀赋和制度结构的国家或地区迥异的经济增长绩效提示人们，社会资本的差异可能是导致增长差异的更为重要的原因。从微观层面上而言，社会资本可能通过信息传递、促进交流和改变行为人偏好等来降低交易成本，并有效地提高经济活动的效率。宏观层面来看，可能通过其具有自主性的治理和合作机制来弥补市场和政府在处理资源配置方面的不足，同时通过影响私人部门和公共部门的效率来影响全要素生产率（杨宇和沈坤荣，2010）。大量涌现的社会资本影响经济增长的实证文献的结论也表明(Putnam，1993；Helliwell and Putnam，2000；Beugelsdijk and Smulders，2004；郭熙保，2003；卢燕平，2007；杨宇和郑垂勇，2008），经济增长的决定因素已经更多的发生了转向，研究社会、文化和网络的作用对于理解经济增长具有更现实的价值。

二、区域发展与区域创新评价的转变

对区域发展与区域创新效果的评价也极大地影响国家经济政策的导向，在经济增长理论二百多年的历史发展过程中，不论是对经济增长投入因素的强调，还是对于技术进步及制度变迁等方面的研究，一个最为重要的核心问题是对国家收入的决定问题的讨论，考察经济增长是强调国民收入单一指标的度量，还是要结合其他方面来考察也经历了一段较长的讨论时期。在人类经济发展的历史上，由于存在一段较长的物质匮乏的时期，从而导致人们过度追求物质财富的增长，经济学从其产生开始就致力于研究物质财富的增长问题，特别是自库兹涅茨等人建立国民收入核算体系以来，联合国和世界银行等国际著名机构和不同类型的国家，都将追求 GDP 或人均 GDP 增长作为主要目标。一方面来看，GDP 作为衡量指标简单易于计算，进行国际间的比较也较容易。但以单一的 GDP 作为增长的唯一评价指标也存在诸多的问题，它不能反映经济的结构，以及经济增长的质量，特别是这一指标不能反映经济增长的动态过程，在国家间进行横向比较或进行国家或地区纵向比较时也会出现一定的偏差，为此，多数机构和学者开始寻求更科学全面的增长评价指标，如联合国社会发展研究所提出的 16 项指标体系、世界银行设计的世界发展指标体系、莫里斯等于 20 世纪 70 年代开创的物质生活质量指标，以及联合国发展计划署（UNDP）在其 1990 年首次发表的《人类发展报告》中提出的人类发展指数（HDI）。

1987 年，以挪威王国首相布伦特兰夫人为首的联合国环境与发展委员会在调研报告《我们共同的未来》中提出“可持续发展”（sustainable development）这一概念，并得到广泛认同。布氏对于可持续发展的定义是：“满足当代人的需要，又不对后代人满足其需要的能力构成危害的发展。它包括两个关键性的概念：（1）人类的基本需求，特别是世界上穷人的需求，应该被置于优先的地位（首先要发展）；（2）环境限度，环境满足现在和未来的各种需要的能力是有限的，如果突破这一限度，必将影响自然界支持当代和后代人生产的能力（发展不能逾越环境限度）。”（Brundtland，1987）。这一概念提出的背景是前期过于追求经济增长而忽视了与这一系统相关的社会、资源和环境问题，可持续发展战略是一种全新的战略，它把人口、环境、资源和经济发展视为一个整体，从全局和长远的角度来考虑增长和发展，从而兼顾经济和社会，这一增长评价和单一的国民收入指标相比显然已经更全面也更科学。

对区域经济增长的评价也经历了从单一增长到全面系统的过程。以我国的区域经济发展战略为例，如前所述，新中国成立以来，我国的区域经济增长战略经历了三个大的阶段，从强调区域均衡发展战略到非均衡发展，再到强调区域经济协调发展，其实质上是对区域经济增长评价的转变。从区域经济政策的国际经验来看，缩小区域经济差距几乎是这一政策中的主基调，如发达国家的英国，从20世纪 30 年代起，持续存在的区域经济差距都成为几乎每届政策制定者关注的重点，经济增长差距的存在和扩大不但对长期存在高失业率的落后地区不利，而且会对快速增长的城市地区带来压力，当城市内对基础建设和公共服务存在超额需求时，经济发达地区的增长成本会大大增加，从而制约这些地区的发展。为了解决经济落后地区工人向发达地区流动而推动区域发展差距的扩大问题，英国政府倾向于长期使用干预区域就业差距的方法来解决，包括引导投资进入高失业区域创造更多就业岗位来吸纳就业；刺激高失业区域内生增长，以经济的高速增长来吸纳就业；通过生态经济方面的基础设施投资来振兴经济。这些政策对英国的区域差距产生了一定的正向促进作用，而且在欧盟内部而言，以政策手段来替代市场的作法也是较为普遍。对我国而言，发达国家的做法值得借鉴，20 世纪 90 年代以来，我国促进区域经济协调发展的诸多战略规划已经发挥了较大的作用，强调区域经济增长的同时，关注区域经济协调发展，在共同强调效率和公平的基础上，根据不同时期的环境和要求，制定相应的政策来实现区域经济增长具有重要意义。

三、区域授权与区域创新

区域创新与区域发展的核心是经济增长、区域创新与经济、社会、文化之间的同步与协调，目前来看，国家在区域发展战略制定和实施过程中已经开始从以区域政策和产业政策进行协调向以制度创新为主的区域授权转变。

所谓区域授权是指，通过强调区域经济增长内生化以培养区域自生能力。按照林毅夫和刘培林（2001）的解释，自生能力是在一个开放、竞争的市场中，一个有着正常管理的企业不需要任何外在扶持、保护就可以生存，并获得市场上可以接受的预期利润率。自生能力作为一个假设的推论是，如果一个企业在实际运作中并未获得预期的正常利润率，则一定是由于缺乏正常管理，其中可能有公司治理方面的问题，可能有激励机制或产权问题，也可能有政府对企业经营的不正当干预因素。由此可将自生能力扩展至区域发展领域，则可以认为区域自生能力在于区域增长可以依赖自身的要素和产业支撑，在开放和竞争的环境中实现持续增长的能力。显然，培养区域自生能力需要宏观政策的支持，其核心是宏观政策区域化的区域授权。如果通过政府公共采购的差别化来实现区域目标，实现区域产业发展和区域就业规模的控制与协调，以及其他政策如贸易政策针对性地促进区域产业发展和区域间产业协调，这些都可以通过以改革管理结构给予区域自主权的方式来实现。具体而言，区域授权不在于强调中央给予何种区域发展优惠政策，而是给予地区创新制度的权限，如在我国区域发展战略与规划中提出的国家综合配套改革实验区即是区域授权的一种管理结构创新方式。实际区域经济、社会、文化的协同发展，由于经济与社会之间存在内在的关联机制，通过给予区域自主发展制度创新的方法来体现这些内在机制的发挥具有重要意义。

区域授权最终有利于促进经济增长与区域创新的内生化，通过技术创新以培育经济增长点，最终实现要素的结构性整合。而这些需要强调经济和社会之间的协同作用，最终形成促进区域创新的社会化基础。首先是技术的创新和传播，如前所述，技术创新的基础是知识生产，在不同的社会文化和社会网络结构内部，知识产生的机制和传播的渠道有所不同，所带来的经济增长绩效也存在差异。在大多数落后地区，由于知识存量不足，从而难以带来真正意义上的技术创新，引进技术进而进行模仿创新就成为重要的方面，一般而言，先进地区的技术创新者能够通过其占优的技术优势来扩大市场份额获得利润最大化，向落后地区转移的多是那些已经标准化的技术，这些技术和知识在合适的社会网络结构中能够快速传播，并通过人员与人员、人员与企业、企业与政府的互动形成生产能力，最终促进经济效率的提高。其次是结构的升级和优化，在不同的结构体制下要素的使用效率不同，产业和产品的竞争力也不同。这种结构既包括产业结构和经济结构，同时也包括社会结构和文化结构。实际上，结构升级本身即是经济增长的源泉，这一机制即来源于结构由低级向高级运动过程中资源要素使用的效率增进。再次是资源要素的结构性整合。这需要组织协调来实现，经济要素和社会要素在其运行中存在协同的性质，这种协同既不同于企业等级森严的科层组织的指令关系，也不同于自由竞争的市场组织的利润关系，而是一种在一体化组织下推进要素之间复杂联结的作用关系，类似于青木昌彦（2001）所指的经济交换域向社会交换域嵌入的过程，经济活动者在本地的社会关系网络中出现，并逐渐形成与社会网络镶嵌的协调机制，随着时间的推移，经济交换域的改变和社会交换域的改变虽然没有改变二者的镶嵌方式，但促进了内部结构的变迁，形成了新的社会资本，并最终促进了经济效率和社会进步。

第三节　基于社会嵌入的区域创新模式及政策构建

一、营建发挥企业创新主体地位的社会资本

企业是创新的主体，在黄河流域区域创新体系中，企业的主体地位也是被强调的。本书的结构表明，虽然企业是创新的主体，但企业创新受其所处的社会结构作用强烈，而且工业企业的劳动生产率提升乏力，难以承担区域创新的重任。

经过三十年的改革开放和快速增长，我国系统的工业体系已经建立起来，但此时我国的工业体系还存在诸多问题，如出口加工贸易型为主的制造业化问题仍然没有得到本质的改观，在承接产业转移的过程中，中西部地区基于比较优势承接发展劳动密集型产业对于工业企业劳动生产率增长的促进有限，在自主创新和自主品牌领域仍然存在较大的差距，劳动生产率仍然较低。构建企业社会资本网络体系，促进企业实现资源要素的整合与高级化，大幅度提高劳动生产率增速是促进工业体系高级化的重要方面。本书的研究也表明，对于企业社会资本建立而言，促进产学研合作网络发展是重要的，特别是，企业和大学的合作更有利于劳动生产率的提高。

创新是产业发展的最根本支撑，企业与高校、企业与政府、企业与科研机构的合作创新是促进科技与经济有效结合，实现科技成果向应用转化的重要途径。目前来看，我国的产学研合作类型主要是成果转让、协作研发、创办实体及建设大学科技园等方式，从合作的成本来看，由于在这一过程中需要企业和大学、政府及科研机构进行沟通、谈判及转让或合作中的程序，导致这一过程中的交易成本会上升，并影响到最终效果的实施（周俭初等，2010）。建立以企业为主体、市场为导向、大学和企业紧密合作的产学研合作体系，对于培育利于工业劳动生产率增长的社会资本具有重要意义。

对于政府而言，构建良好产学研合作网络平台、促进企业和大学深度合作及提供相关环境和经费支持均是重要的。第一，以政策鼓励方式促进企业建立工业技术创新的产学研体系，包括以指导的方式要求企业建立与大学及其他科研机构的沟通渠道，建立系统的技术创新培育体系，以及科研人员比例等。第二，加大政府对社会科学研究产学研合作的资金投入力度，各级政府应将一定比例的财政支出用于建立技术创新基金，以支持产学研合作的创新项目，增强企业自主创新能力，促进企业和大学的合作。第三，建立政府指导、企业主导、大学参与的科技信息合作机构，以搜集人才、科技、成果等信息资源共享库。建设产学研合作交流机制和平台，形成良好的合作传统和氛围。第四，制定产学研合作政策法规体系，建立健全影响企业技术创新和大学与企业合作的科技开发政策，在科技研发经费使用、科技成果转化、科技人员奖励、税收减免、知识产权保护等方面制定详细的政策。第五，鼓励大学建立产学研合作网络。研究表明，大学是知识的主要创新地，科技园区的创新能力与其有没有和相关大学形成良好的合作关系有关，世界上的著名科技园区其产生、发展的过程都围绕着一些著名的大学。

二、培育利于外资企业技术溢出的社会资本

吸引外资以弥补国内储蓄缺口和吸引先进技术既是我国吸引外资政策中的重

点，也在过去 30 余年的改革开放实践中取得了良好的效果。现代经济增长理论指出，与资本相比技术是经济增长更重要的因素，外商直接投资对于东道国的技术进步和经济增长促进作用既得到了理论的支持，也在各国的实践中显示了较好的效果。由于引资政策和出口导向的发展战略，我国已经形成了加工出口贸易型的产业体系，这种效应虽然在东部沿海地区较为明显，但在黄河流域也有鲜明的体现，因此，提高技术水平、促进创新已经成为区域经济增长面临的重大课题。

培育促进外资企业技术溢出的社会资本是促进东道国获得先进技术提高生产效率的重要手段，本书对于外资行为的研究结论发现，结构性的社会资本对于外资的经济增长效果影响更为显著，这表明了黄河流域地区的经济增长仍然依赖于投入增长的性质，依赖于政府提供的制度环境。特别是，外资对社会资本的利用与外资特征紧密相关，并通过外资行为来起作用，这要求在政策制定和实施中必须因势利导，促进外资社会资本的结构优化。首先，产业针对性地吸引外资，利用已有产业环境来培育社会资本，根据区域的禀赋条件和经济发展阶段适时引导外资在不同地区不同时期的产业选择问题，在吸引外资较多的地区，由于外资的推动已经形成了初具规模的制造业体系，具备了进一步吸引技术密集型和资本密集型产业的基础；而外资进入较少的地区尚处在产业的建设阶段，基础比较薄弱，劳动密集型产业应该成为引资中的重点。其次，吸引外资注重对适宜技术的引进。区域经济增长是种动态的过程，是区域经济在更高的水平上实现均衡的一种状态，由于不同国家或地区采用新技术时所面临的障碍不同，则其劳动生产率也有差异，林毅夫和张鹏飞（2006）认为最适宜发展中国家的技术不一定是发达国家最先进的技术，通过应用适宜技术，发展中国家的发展速度可以大于发达国家的经济发展速度并最终赶上发达国家。这启示我们虽然总体上而言吸引技术应该是引资过程中重点考虑的，但应该制定差异化的区域引资政策，从而通过获得真正利于区域经济增长的技术。再次，由于社会资本是通过外资行为来起作用的，因此在培育利于外资技术外溢的社会资本过程中还要关注外资行为问题，目前来看，大多数的外商向发展中国家的直接投资的动因在于获得东道国的区位优势和成本优势，特别是丰富劳动力资源的供给，从而导致很难转移高层次的技术和知识，这需要政府适时引导，转变已有的引资策略，对设立 R&D 中心或其职工中从事研发的人员比例做出明确要求，对外资的本地化水平和产品实现区域进行限定，以扩张社会资本的作用。

三、转变政府职能以形成促进社会资本产生的社会结构

社会资本来源于良好的社会结构，等级制的社会结构不利于社会资本的产生，也不利于生产率的提高，最终制约经济增长。从某种意义上而言，收入水平的差

距不但反映了社会结构在某些方面存在需要改革的问题，而且会引起更多的社会问题，从而导致社会结构向不协调的方向演化，形成恶性循环。

黄河流域地区横跨东、中、西部三大地带，但总体而言以传统区域为主，其经济结构具有一定的稳定性，难以对经济发展中所需的市场环境进行有效的调整，从而对政府的依赖性就较高，这提示我们要注重强调政府对促进社会资本产生的社会结构建设方面的作用。营建良好的社会结构至少包括如下七个方面。

第一，合理的收入分配结构。增加人民收入，消除收入分配不均。一般而言，收入分配与经济发展水平之间存在某种关联，在 Kuznets 和 Simon（1955）的研究中，通过衡量 5 个国家的收入不平等状况，发现发达国家的收入不平等情况要高于欠发达国家。并在后续更大国家样本的研究中继续得到了支持，从而得到“库兹涅茨曲线”假说，即经济发展早期收入不平等程度会上升，在后期会下降，从而呈现一条“倒 U”形曲线。但经济发展与收入分配究竟是谁决定了谁，大量文献表明，虽然经济发展所处阶段会导致收入分配状况出现偏差，但反过来，收入分配状况也会经由储蓄率、社会关系等影响经济增长。一般而言，收入水平越高越容易产生良好的社会结构，也越易于消除由于收入分配不均而出现的社会结构问题。收入分配特别是再分配在经济社会各方面影响深远，这需要政府科学谋划，制定合理的方案并有效地推行。

第二，形成良好的社会组织结构。培育社会组织，强化社会组织的服务功能。目前来看，发达国家的社会组织特别是非政府社会组织发育程度较高，而发展中国家的社会组织发育程度较低，在经济社会中所发挥的作用也存在较大的差别。实际上，社会组织在经济社会发展中发挥着越来越重要的作用，起到传递信息、传播知识和改变人与人之间关系、人与组织的关系、组织与组织的关系的作用。通过政府指导、民间主导、民众参与来建立各级各类社会组织，能够对形成良好的社会资本起到很好的作用。

第三，构建良好的城乡结构。二元结构是我国社会结构偏离中最突出的方面，这在黄河流域地区表现得也很突出，改革开放的一个重要方面即在于打破城乡隔离，促进要素在城乡间的自由流通，实现城乡经济社会一体化新格局。但目前来看，城乡隔离不但没有有效地消除，而且出现了一些新情况和新问题，农村剩余劳动力进城务工难以获得和城市居民同等的待遇和地位，不能得到应有的社会尊重和权利，城乡差异的存在导致社会资本在城乡两类区域也存在差异，影响社会资本对经济增长的效果。

第四，促进合理的社会阶层结构形成。黄河流域地区在我国的经济社会转型中具有典型性和代表性，即由农业农村为主的传统社会向工商业城市为主的现代社会转型时期，这导致一定程度的社会分层出现。特别是，社会分层和社会流动是基于市场社会标准来划分的，它不但体现了人们在社会中的地位差异，也是人们经济活动过程及其结果的具体反映，也改变了以前按人伦关系来确定阶层的标准。但总体来看，农民与市民，以及由于农村剩余劳动力向城市非农业转移出来的农民工阶层依然是当前社会阶层结构中最重要的方面。消除社会偏见、打破阶层间的藩篱，避免由于市场身份而形成社会差异的情形是十分重要的。

第五，纠正就业结构失衡，缓解就业结构矛盾。就业结构是构成社会结构的重要方面，就业结构反映了市场规则下人与人关系的最根本方面。一方面，目前由于我国体制改革的渐进性质，已有体制仍然在我国的就业中起作用，从而形成体制内就业和体制外就业两个市场的并存，这实际上并没有完全按照市场规律来配置资源，从而形成就业结构中的矛盾和冲突。另一方面，随着经济快速增长和经济结构的高级化，产业结构变迁也对就业结构提出了要求，当二者不能适应时也会产生失衡和矛盾。这需要政府制定相关的政策，促进人力资源供给与产业结构变迁相一致，完善统一的就业体制和就业市场，形成良好的人力资源配置体系。

第六，促进区域经济协调发展，形成合理的区域结构。区域二元是我国二元结构中较突出的方面，在国家层面存在，在区域层面也存在。黄河流域区域范围较大，各省区内部结构复杂，禀赋条件和生产结构差异化突出，区域差异在一定程度上存在。当区域差距较大时，容易产生区域矛盾和冲突，也不利于整体经济目标的实现。同时，当区域差异较大时，区域社会资本的结构和性质也不同，并最终影响社会资本的经济绩效发挥。

第七，形成合理的家庭结构。微观结构中的社会资本最为重要的就是家庭社会资本，而这依赖于家庭结构的类型和性质。改革开放以来，我国的家庭结构发生了较大的变化，主要在于：由于计划生育人口政策的实施，一对夫妇只能生育一个孩子，从而导致家庭结构整体而言趋于一致；市场化进程和经济发展对人的家庭观念也带来了较大冲击，从而导致离婚率在改革开放以来发生了较大变动，这也影响了家庭结构的稳定性；经济发展和生活现代性的增加也使得人们的生活方式发生变化，主干家庭和联合家庭不断减少而核心家庭增加，家庭社会资本的结构和性质会因此受到影响。通过政策引导和舆论宣传等途径来改变、重组不合理的家庭结构，建立新的家庭结构以利于父母与子女的交流和沟通，扩大社会资本在代际间的影响。

四、投资教育以扩大人力资本创造中的社会资本

教育在黄河流域区域创新体系中的作用有两点，其一是教育发展与经济发展，黄河流域的教育水平不论是高等教育还是基础教育均处于较低水平，不论是社会层面还是个体层面的社会资本，其形成和发展均不同程度地依赖于知识和教育，

实际上，教育本身对经济而言具有很重要的作用。按照杰拉尔德等（2004）的总结，教育在经济生产过程的作用主要来源于三种观点：第一，假定生产过程中受过教育的工人和未受过教育的工人是完全可替代的生产要素。依据新古典增长理论，经济增长在给定约束条件下主要由要素投入来解释。这一假定是以劳动为单位来度量人在经济增长中的作用的，如果具备不同教育水平的人是完全同质的话，那么就可以认为劳动是同质的，对其在生产过程中的作用就可以用效率来测量。在保持劳动力投入数量不变的情况下，提高劳动力的教育水平相当于效率测量上的劳动投入数量的增加，这种效率的提高反映在单位劳动力上，把劳动力作为生产要素投入到生产中，则生产产量增加，即劳动力的产出与其所受的教育水平呈正相关关系。第二，假定未受过教育的工人和受过教育的工人是不完全替代的生产要素。由于受不同教育的人具有不同的知识和劳动技能，从而接受不同教育的人是不完全替代的，主要体现在受过教育特别是接受过专业知识教育的人能够适应更专业的、更复杂的工作，对于一个国家或地区经济发展的过程而言，受过高等教育的工人的数量增多，为资本密集型和技术密集型产业发展提供了基础，这有利于促进一个国家的生产力水平进入到一个新的阶段。第三，教育有助于欠发达国家吸收国外新技术。这是教育促进欠发达国家经济增长的主要观点，而且已经为理论所证明。对其的解释是，一种产业的生产过程需要技术密集型的工人，是因为需要工人的熟练操作和质量监控，或者说是因为技术在迅速更新，而受过良好教育的工人需要不断地学习新技术。

其二是投资于教育对培育良好的社会资本具有重要的作用，其作用具有长期性和根本性。通过影响制度变迁的路径来生成良好的社会资本，包括四个方面的内容。

第一，教育能够增强人们处理不均衡状态的能力，进而影响潜在利润的发展和制度变迁需求。打破原有的社会结构形成新的利于行为人获取利益的结构，包括市场规模变化、技术更新、交易费用降低等，这些过程均会产生新的利润，从而促进经济增长。值得注意的是，不论是哪种情况出现，教育都在其中起重要作用，因为人是制度变迁过程的主体，受过教育的人的数量增加和个人教育程度的提高均会使人们能够准确地发现并捕捉不均衡状态，并寻找适合的新的制度形态，这依赖于人们通过教育获得的对信息的掌握、处理能力。

第二，教育极大地增加了社会知识存量，提高了社会网络中资源的数量和质量。如果社会中的科学知识不足，政府可能由于能力有限而不能推进社会结构向更高级的方向演进，这需要增加社会知识存量，传播社会知识，教育所带来的知识传播与累积，提供了促进社会资本累积的重要基础。

第三，教育可以改变人们的价值观念、意识形态等，而这些正是人们从社会网络中获取资源的重要方面。社会资本与人类经济生活中的非正式制度有很大交集，非正式制度是人们在长期交往中无意识形成的，具有持久生命力的部分文化遗产，主要由功能信念、伦理规范、风俗习惯、意识形态等因素构成，这些非正式制度的形成和变迁，对于经济社会发展的影响是长期而巨大的。教育所具有的巨大的文化功能，可以传递、传播文化，从而发展文化、升华文化，并直接促进非正式制度的变迁，提供经济发展的制度基础。

第四，教育能够增强人的理性认识，减少培育良好社会资本的阻力，从而加快社会资本积累的速度、扩展社会资本积累的广度。从某种意义上而言，社会资本也会对社会中的利益和权力再分配带来深远的影响，是一个“非帕累托改进”的制度变迁过程，在人类社会发展史上，几乎没有发生过对所有人所有阶层都有利的制度变迁，从而一部分在制度变迁中利益受损的群体会反对制度变迁，阻碍制度变迁的实施。教育能够提高人们的认识水平，使人们充分认识到社会资本所蕴含的长远利益和整体利益，从而扩大社会资本对于经济增长的作用效果。

五、培育利于农村劳动力转移能力提高的社会资本

由于传统城乡二元分割体制的长期影响，城乡差距成为我国经济发展中最为突出的特征之一，提高农民收入、消除城乡差别是促进区域经济协调发展的重要内容。改革开放以前，由于严格的城乡隔离制度，农民很难进入城乡非农产业就业，农民收入高度依赖农业生产，在片面工业化战略背景下，牺牲农业以支持城镇工业化是经济的主题，农民很难通过经营农业致富。改革开放以来，随着城乡隔离制度的逐步改革，农民进入城市非农产业成为过去三十年中国经济中的突出事件。农村剩余劳动力转移不但成为促进我国产业升级和区域经济增长的重要力量，同时也成为促进农民收入增长的核心内容。外出务工成为促进农民增收的主要渠道和促进其他收入增长的源泉（李恒，2006）。但观察我国农村剩余劳动力转移的过程会发现，转移速度变慢、转移非稳定性和非农就业收入呆滞成为当前的主要表现，这些都严重制约了农民收入的增长，从而不利于区域经济增长的进一步深入。其根本原因在于农民掌握的知识和技术普遍较低，而又缺乏有效的就业指导和技术培训体系，农村劳动力转移依赖的社会资本主要基于传统亲缘和地缘关系，则培育有利于农村劳动力转移能力提高的社会资本就成为提升农民收入、促进区域经济增长的关键。

培育促进农村劳动力转移社会资本主要在于宏观社会资本方面，因为就目前而言，受农村传统文化的家庭观念的影响，微观社会资本很难在短时期改变，而且其微观社会资本在农民收入增长方面的作用不太明显。培育农民宏观社会资本主要在于两个方面。

第一，产业针对性的教育培训体系建设。研究结果虽然没有证实经由民办教育机构培训及通过职业中介获取工作的农民工能够获得更高的收入，但农民受教育水平与农民收入的强相关关系表明，教育，特别是产业针对性的教育是提高农村劳动力转移能力的重要方面。之所以出现农民工培训机构和职业介绍机构的效率低下局面，原因在于当前农民工培训体系尚不完善，一些地方流于形式，没有进行实质性的培训内容。由于农民普遍缺乏再培训的意识，基于市场规则的培训方式很难真正吸引农民工加入，因此，应该建立政府主导的农民工教育培训体系和政府主导的农民工职业介绍体系，收集和发布就业信息，建立健全农民工就业的指导体系，形成可供农民工获得培训和就业指导的社会资本。

第二，农民工市民化的社会资本体系建设。农村劳动力转移的另一个重要特征是非稳定性，其关键在于农民身份转变的社会背景和制度背景尚未完全改变，农民由于身份限制从而在就业、住房、医疗、子女教育及其他社会保障体系中均处于不利地位，被排除在城市社会资本体系之外。因此，营建良好的、城乡统一的社会资本，消除对农民的差别化待遇应该成为政策中的重点。

参 考 文 献

巴罗·罗伯特. 2004. 经济增长的决定因素：跨国经验研究. 李剑译. 北京：中国人民大学出版社

白南生，何宇鹏. 2002. 回乡，还是外出？——安徽四川二省农村外出劳动力回流研究. 社会学研究，（3）：64～78

白南生，卢迈. 2000. 中国农村扶贫开发移民：方法和经验. 管理世界，（3）：161～169

边燕杰. 2004. 城市居民社会资本的来源及作用：网络观点与调查发现. 中国社会科学，（3）：136～146

边燕杰，丘海雄. 2000. 企业的社会资本及其功效. 中国社会科学，（2）：87～99

边燕杰，王文彬. 2012. 跨体制社会资本及其收入回报. 中国社会科学，（2）：110～126

蔡昉，都阳，王美艳. 2003. 劳动力流动的政治经济学. 上海：上海三联书店，上海人民出版社

陈百明，李世顺. 1998. 中国耕地数量下降之剖析（1986-1995）. 地理科学进展，（3）：43～50

陈琪. 2005. 我国农村智力回流的引致机制和对策研究. 农村经济，（7）：119～121

陈士俊，关海涛. 2005. 技术创新主体的合理确定及其评价指标分析. 科学管理研究，（2）：23～26

陈运平，胡德龙. 2010. 人力资本结构与经济结构的协整分析. 经济问题，（2）：49～53

成力为，孙玮，王九云. 2010. 引资动机、外资特征与我国高技术产业自主创新效率. 中国软科学，（7）：45～57，164

程怀儒. 2006. 中国农村剩余劳动力转移的有效途径：农村工业化. 河南大学学报（社科版），（5）：108～112

崔万田，曾勇，马喆. 2009. 区域经济发展绩效：一个基于社会资本的分析视角. 教学与研究，（6）：48～55

戴勇，朱桂龙，肖丁丁. 2011. 内部社会资本、知识流动与创新——基于省级技术中心企业的实证研究. 科学学研究，29（7）：1046～1055

丁焕峰. 2006. 学习与区域创新发展. 北京：中国经济出版社：157～158

窦祥胜. 2002. 国际资本流动、增长因素结构变迁与经济增长. 经济理论与经济管理，（3）：16～21

方军雄. 2008. 政府干预、所有权性质与企业并购. 管理世界，（9）：118～123，148

方榕. 2006. 美日德支持中小企业技术自主创新的比较. 科技广场，（10）：23～24

费孝通. 1985. 乡土中国，北京：生活·读书·新知三联书店

费孝通. 1998. 乡土中国. 北京：北京大学出版社

费正清. 2000. 美国与中国. 北京：世界知识出版社

封丹，Werner Breitung，朱竑. 2011. 住宅郊区化背景下门禁社区与周边邻里关系——以广州丽江花园为例. 地理研究，30（1）：61～70

冯继红. 2008. 人力资本在农民增收中的作用分析. 经济经纬，（5）：108～110

冯少雅. 2003. 信息不对称下我国政府农业支持政策的选择. 河南大学学报（社科版），（4）：96～97

冯之浚. 国家创新系统研究纲要. 济南：山东教育出版社 2000 年版：66
盖文启. 2002. 创新网络——区域经济发展新思维. 北京：北京大学出版社：46
盖文启，张辉，吕文栋. 2004. 国际典型高技术产业集群的比较分析与经验启示. 中国软科学，（2）：102～108
高虹，陆铭. 2010. 社会信任对劳动力流动的影响——中国农村整合型社会资本的作用及其地区差异. 中国农村经济，（3）：12～24
高玲玲，黄志斌. 2005. 区域社会资本对区域经济的影响. 华东经济管理，11：105～107
高树兰. 2010. 公共选择视角下行政管理支出刍议. 现代财经，（1）：30～36
耿明斋. 2007. 农业区工业化的一般理论分析. 河南大学学报（社科版），（3）：1～11
龚维斌. 1998. 劳动力外出就业与农村社会变迁. 北京：文物出版社
郭斌. 2006. 规模、R&D 绩效：对我国软件产业的实证研究. 科研管理，27（1）：121～126
郭培章，宋群. 2001. 中外流域综合治理开发案例分析. 北京：中国计划出版社
郭庆旺，贾俊雪. 2009a. 地方政府间策略互动行为、支出竞争与地区经济增长. 管理世界，（10）：17～27
郭庆旺，贾俊雪. 2009b. 公共教育政策、经济增长与人力资本溢价. 经济研究，（10）：22～26
郭庆旺，贾俊雪. 2010. 财政分权、政府组织结构与地方政府支出规模. 经济研究，（11）：59～72
郭熙保. 2003. 社会资本、经济绩效与经济发展. 经济评论，（2）：3～7
郭兴方. 2004. 城乡收入差距的新估计——一种动态解释. 上海经济研究，（12）：22～27
郭云南，姚洋，Jeremy Foltz. 2012. 宗族网络、农村金融与平滑消费：来自中国 11 省 77 村的经验. 中国农村观察，（1）：32～45
郭志仪，逯进. 2006. 教育、人力资本积累与外溢对西北地区经济增长影响的实证分析. 中国人口科学，（2）：72～80
国务院研究室课题组. 2006. 中国农民工调研报告. 北京：中国言实出版社
赫利韦尔 J F，帕特南 R D. 2005. 论意大利的经济增长与社会资本//帕萨 • 达斯古普特. 社会资本——一个多角度的观点. 张慧东等译. 北京：中国人民大学出版社
何翔舟. 2007. 中国行政管理成本问题实证研究. 政治学研究，（2）：77～86
贺菊煌. 1992. 我国资产的估算. 数量经济技术经济研究，（8）：24～27
贺宇. 2007. 刍议我国农村剩余劳动力转移中的“非正式制度”. 南方农村，（7）：19～22
胡必亮. 2004. “关系”与农村人口流动. 农业经济问题，（11）：36～42
胡锦涛. 2006. 坚持走中国特色自主创新道路 为建设创新型国家而努力奋斗. 北京：人民出版社
胡凯. 2007. 区域创新体系中企业主体地位研究. 南昌：南昌大学博士学位论文
胡荣. 2006. 社会资本与中国农村居民的地域性自主参与——影响村民在村级选举中参与的各因素分析. 社会学研究，（2）：61～85
胡荣. 2011. 社会资本、政府绩效与城市居民对政府的信任. 社会学研究，（1）：96～117
胡苏云，王振. 2004. 农村劳动力的外出就业及其对农户的影响——安徽省霍山县与山东省牟平县的比较分析. 中国农村经济，（1）：34～40
胡晓鹏. 2006. 中国学界关于自主创新问题的观点论争与启示. 财经问题研究，（6）：9～15
胡雪萍. 2004. 提高农民收入的一个有效途径：外出务工. 农业经济问题，（8）：63～67
胡智勇，林初昇. 2008. 中国国有企业生产效率的区域差异. 地理学报，63（10）：1073～1084

黄栋，邹珊刚. 2005. 社会资本与创新系统. 经济体制改革，（5）：101～103
黄华民. 2000. 外商直接投资与我国实质经济关系的实证分析 . 南开经济研究，（10）：46～51
黄泰岩. 2005. “民工荒”对二元经济理论的修正. 经济学动态，（6）：15～17
霍春辉，刘立刚，魏永德. 2009. 中国汽车制造企业规模与绩效关系的实证研究. 社会科学辑刊，（1）：99～104
简泽. 2007. 技术创新、资本积累与工业化的增长和就业效果. 经济经纬，（1）：23～26
姜宁，黄万. 2010. 政府补贴对企业 R&D 投入的影响——基于我国高技术产业的实证研究. 科学学与科学技术管理，（7）：28～33
杰拉尔德 • 迈耶，等. 2004. 经济发展的前沿问题. 上海：上海人民出版社
金碚，刘戒骄. 2009. 西方国家应对金融危机的国有化措施分析. 经济研究，（11）：38～46，54
金祥荣，余科筠. 2010. 创新效率、产业特征与区域经济增长. 浙江大学学报，（5）：73～82
靳涛. 2008. 引资竞争、地租扭曲与地方政府行为. 学术月刊，（3）：83～88
靳卫东. 2007. 农民的收入差距与人力资本投资研究. 南开经济研究，（1）：81～92
康南京. 2006. 建立以企业为主体的创新体系提高国家核心竞争力. 中国有色金属，（4）：22～24
科斯，诺斯，等. 1994. 财产权利与制度变迁. 上海：上海三联书店
库兹涅茨. 1991. 现代经济增长. 戴睿，易诚译. 北京：北京经济学院出版社
赖明勇，包群，阳小晓. 2002. 我国外商直接投资吸收能力研究. 南开经济研究，（3）：45～50
李安方. 2009. 社会资本与区域创新. 上海：上海财经大学出版社
李博，李启航. 2012. 经济发展、所有制结构与技术创新效率. 中国科技论坛，（3）：29～35
李发昇. 2011. 一个以劳动力素质为核心的教育与经济增长关系模型——基于巴罗指标和中国 31 年相关数据的经验检验. 南开经济研究，（2）：118～128
李浩. 2011. 河南省农村劳动力转移和就业的趋势、动力机制及其内生化路径. 河南师范大学学报，（11）：97～100
李恒. 2006. 外出务工促进农民增收的实证研究——基于河南省 49 个自然村的调查分析. 农业经济问题，（7）：23～26
李恒. 2008. 基于 FDI 的产业集群研究. 北京：社会科学文献出版社
李恒. 2012. 区域创新能力的空间特征及其对经济增长的作用. 河南大学学报，（4）：73～79
李怀. 2004. 非正式制度探析：乡村社会的视角. 西北民族研究，（2）：125～131
李怀斌. 2008. 经济组织的社会嵌入与社会形塑. 中国工业经济，（7）：16～25
李杰，杜乃涛. 2005. 关于创新农村经济制度的思考. 河南大学学报（社科版），（3）：15～19
李晶. 2012. 区域技术创新系统与区域经济发展的综述. 知识经济，（7）：94
李静萍. 2001. 经济全球化对中国经济增长的贡献分析. 经济理论与经济管理，（8）：5～9
李敏纳. 2010. 黄河流域经济空间分异研究. 北京：中国经济出版社：13
李培林，李炜. 2007. 农民工在中国转型中的经济地位和社会态度. 社会学研究，（3）：1～17
李培林，李炜. 2010.近年来农民工的经济状况和社会态度. 中国社会科学，（1）：119～131
李培林. 1994. 再论“另一只看不见的手”. 社会学研究，（1），24～26
李平，张俊飚，除卫涛，等. 2011. 高技术产业 R&D 资源投入与产业发展关系实证研究——基于中国 1997 年-2009 年. 资源科学，33（11）：2107～2115
李强. 2004. 农民工与中国社会分层. 北京：社会科学文献出版社

李强. 2011. 产业转移、人力资本积累与中部经济增长. 数理统计与管理，30（1）：107～117
李实，丁赛. 2003. 中国城镇教育收益率的长期变动趋势. 中国社会科学，（6）：58～72
李淑，赖明勇. 2008. 新竹科技园产业集聚的制度支持分析. 科技管理研究，（1）：232～234
李伟红，胡宝民. 2005. 区域创新系统中政府投入对经济增长作用的定量研究. 科技进步与对策，（5）：26～28
李湘萍，郝克明. 2006. 中国劳动力市场户籍分割与企业人力资本投资的作用. 经济经纬，（1）：71～74
李燕燕. 2007. 传统农区经济转型原始路径的一般分析. 河南大学学报，（4）：15～20
李竹宁. 2003. 外商直接投资与上海经济增长相关性及其挤入挤出效应研究. 上海应用技术学院学报，（12）：272～275
梁琦. 2004. 产业集群论. 北京：商务印书馆
林晓鸣. 1990. 建国后农民阶级队伍演变及其发展走势分析. 社会主义研究，（1）：38～42
林毅夫. 2003. "三农"问题与我国农村的未来发展. 农业经济问题，（1）：19～24
林毅夫，李志赟. 2004. 政策性负担、道德风险与预算软约束. 经济研究，（2）：17～27
林毅夫，刘明兴，章奇. 2004. 政策性负担与企业的预算软约束：来自中国的实证研究. 管理世界，（8）：81～89，127
林毅夫，刘培林. 2001. 自生能力和国企改革. 经济研究，（9）：60～70
林毅夫，刘培林. 2003. 中国的经济发展战略与地区收入差距. 经济研究，（3）：19～25
林毅夫，张鹏飞. 2006. 适宜技术、技术选择和发展中国家的经济增长.经济学季刊，5（4）：985～1006
刘翠萍. 2006. 陕北农耕文明的特征及成因探析. 延安大学学报（社会科学版），（8）：85～87
刘东勋. 2007. 河南内陆农区市场化导向的开放带动型工业化模式. 河南大学学报（社科版），（4）：8～14
刘林平. 2006. 企业的社会资本：概念反思和测量途径——兼评边燕杰、丘海雄《企业的社会资本及其功效》. 社会学研究，（2）：204～216
刘璐琳. 2008. 社会资本对经济增长的影响机理分析. 兰州学刊，（1）：49～52
刘瑞明，石磊. 2010. 国有企业的双重效率损失与经济增长. 经济研究，（1）：127～137
刘双萍. 2006. 宁夏农村经济结构变动与农村工业化分析. 宁夏学校学报，（6）：125～127
刘伟. 2010. 中国经济增长与宏观调控. 北京工商大学学报，（1）：1～10
刘小玄. 2000. 中国工业企业的所有制结构对效率差异的影响——1995 年全国工业企业普查数据的实证分析. 经济研究，（2）：17～25，78～79
刘小玄. 2003. 中国转轨经济中的产权结构和市场结构——产业绩效水平的决定因素. 经济研究，（1）：21～29
刘友金. 2004. 中小企业集群式创新. 北京：中国经济出版社
卢现祥. 1996. 西方新制度经济学. 北京：中国发展出版社
卢燕平. 2007. 社会资本与我国经济和谐发展. 统计研究，（10）：9～14
陆铭，李爽. 2008. 社会资本、非正式制度与经济发展. 管理世界，（9）：161～165，179
陆学艺. 2001. 农民真苦，农村真穷. 读书，（1）：3～8
陆学艺. 2002. 当代中国社会阶层研究报告. 北京：社会科学文献出版社

路丽华，史俊杰. 2007-10-22. 联展晋商“老照片”共谋经济大发展. 晋中晚报
罗伯特·J·巴罗. 2004. 经济增长的决定因素：跨国经验研究. 李剑译. 北京：中国人民大学出版社
马得勇，王正绪. 2009. 社会资本、民主发展与政治治理——对 69 个国家的比较研究. 开放时代，(5)：70～83
马夫. 2007. 固原市农业社会分层的现状、特征及其对贫富分化的影响. 宁夏社会科学，(2)：62～66
马戎，林南. 2003. 漫谈社会学和社会发展. 社会学研究，(4)：106～113
孟天运，尉建文. 2003. 山东地区农村社会分层的个案研究. 东方论坛，(2)：78～82
牛勇平. 2001. 国际直接投资与我国就业量之间的关系. 经济学动态，(11)：29～32
帕特南·D·罗伯特. 2001. 使民主运转起来. 王列，赖海蓉译. 南昌：江西人民出版社：195
潘晨光，娄伟. 2003. 中国农村智力回流问题研究. 中国人口科学，(5)：60～65
潘会玲. 1996. 改革重塑农民形象. 统计与决策，(2)：28～30
彭文慧. 2007. 外出务工、智力回流与欠发达区域经济发展问题研究. 河南大学学报（社科版），(3)：99～103
钱晓烨，迟巍，黎波. 2010. 人力资本对我国区域创新及经济增长的影响——基于空间计量的实证研究. 数量经济技术经济研究，(4)：107～120
覃成林. 2011. 黄河流域经济空间分异与开发. 北京：科学出版社
青木昌彦. 2001. 比较制度分析. 周黎安译，上海：上海远东出版社
丘海雄，杨玲丽. 2008. 珠三角地方政府在集群创新中的作用. 科技与管理，(5)：16～18
芮鸿程. 2003. 企业网络的治理边界探析. 财经科学，(5)：69～72
桑吉夫·戈伊尔. 2010. 社会关系：网络经济导论. 沈明译. 北京：北京大学出版社
邵挺，李井奎. 2010. 资本市场扭曲 资本收益率与所有制差异. 经济科学，(5)：35～45
邵云飞，范群林，唐小我. 2011. 基于内生增长模型的区域创新能力影响因素研究. 科研管理，32 (9)：28～34
沈坤荣. 1999. 外国直接投资与中国经济增长. 管理世界，(5)：22～33
沈坤荣，付文林. 2005. 中国的财政分权制度与地区经济增长. 管理世界，(1)：31～39
沈坤荣，耿强. 2001. 外国直接投资、技术外溢与内生经济增长——中国数据的计量检验与实证分析. 中国社会科学，(5)：82～93
沈坤荣，马俊. 2000. 中国经济增长的“俱乐部收敛”特征及其成因. 经济研究，(10)：33～39
施建刚，唐代中. 2007. 基于社会资本理论的区域创新网络研究. 科学管理研究，(5)：10～13
世界环境与发展委员会. 1989. 我们共同的未来. 北京：世界知识出版社
世界环境与发展委员会. 1997. 我们共同的未来. 王之佳，等译. 长春：吉林人民出版社
舒尔茨 1990. 5 论人力资本投资. 吴珠华，等译，北京：北京经济学院出版社
舒尔茨. 1994. 制度与人的经济价值的不断提高//科斯等. 财产权利与制度变迁——产权学派与新制度学派论文集. 上海：上海三联书店
司托克司. 1999. 基础科学与基础创新. 周春彦等译. 北京：科学出版社
宋丙涛. 2007. 财政效率、政府作用与欠发达地区工业经济发展. 河南大学学报（社科版），(5)：22～32

宋志平. 2005. 非正式制度与中国农村经济体制改革. 经济管理，(4)：5～7
孙昊哲. 2011. 创新理论视角下企业家在创业中的核心作用. 首都经济贸易大学学报，(6)：119～121
孙联辉. 2003. 影响我国农业科技进步的障碍因素. 河南大学学报（社科版），(3)：77-79
涂永珍. 2003. 农村非农经济发展中的法社会学问题的理性思考——对三个典型村庄非农产业发展的调查研究报告. 河南大学学报（社科版），(5)：98～102
汪前元，周勇. 2012. 企业农民工的任务压力研究——基于泛珠三角的实证分析. 中南财经政法大学学报，(1)：104～109
王成歧，张建华，安辉. 2002. 外商直接投资、地区差异与中国经济增长. 世界经济，(4)：15～23
王缉慈. 2001. 创新的空间——企业集群与区域发展. 北京：北京大学出版社
王磊. 2011. 职业教育对经济增长贡献研究——基于省际面板数据的实证研究. 中央财经大学学报，(8)：80～85
王立平. 2005. 我国高校 R&D 知识溢出的实证研究——以高技术产业为例. 中国软科学，(12)：54～59
王绍光. 2008. 大转型：1980 年代以来中国的双向运动. 中国社会科学，(1)：129～148
王文剑，覃成林. 2008. 地方政府行为与财政分权经济效应的地区性差异. 管理世界，(1)：9～21
王西玉，崔传义，赵阳. 2003. 打工与回乡：就业转变和农业发展——关于部分进城民工回乡创业的研究. 管理世界，(7)：99～109
王霄，胡军. 2005. 社会资本结构与中小企业创新——一项基于结构方程模型的实证研究. 管理世界，(7)：116～125
王小鲁. 2000. 中国经济增长的可持续性与制度变革. 经济研究，(7)：3～15
王新. 1999. 外商直接投资对中国经济增长的贡献. 外国经济与管理，(3)：3～6
王业斌. 2012. 政府投入、所有制结构与技术创新——来自高技术产业的证据. 财政监督，(12)：70～72
王玉兰. 2004. 农民工权利保障困境及对策研究. 河南大学学报（社科版），(3)：31～35
王志刚，龚六堂. 2009. 财政分权和地方政府非税收入：基于省级财政数据. 世界经济文汇，(5)：17～38
王志鹏，李子奈. 2004. 外商直接投资、外溢效应与内生经济增长. 世界经济文汇，(3)：23～33
韦伯. 1997. 工业区位论. 李刚剑，陈志人，张英保译. 北京：商务印书馆
韦森. 2004. 从传统齐鲁农耕文化到现代商业精神的创造性转化. 东岳论丛，(11)：5～12
卫春江，樊新生. 2004. FDI 对中国区域经济增长的影响及差异分析. 信阳师范学院学报（哲社版），24（2)：55～56
魏后凯，贺灿飞，王新. 2002. 中国外商投资区位决策与公共政策. 北京：商务印书馆
魏江. 2003. 产业集群——创新系统与技术学习. 北京：科学出版社
魏守华，江宁，吴贵生. 2009. 内生创新努力、本土技术溢出与长三角高技术产业创新绩效. 中国工业经济，(2)：25～34
吴德进. 2004. 产业集群的组织性质：属性与内涵. 中国工业经济，(7)：14～20
吴克明，孟大虎. 2005. 教育经济功能的新制度经济学分析. 青海师范大学学报（哲学社会科学版），(3)：1～4
吴小虎，史晋川. 2008.义乌小商品市场的传统与变迁的历史制度分析——分工产权与市场. 中

国经济史研究，(3)：132～139

吴玉鸣. 2007. 中国区域研发、知识溢出与创新的空间计量经济学研究. 北京：人民出版社

吴泽九，汤鹏志，秦英. 2011. 不同所有制高新企业自主创新能力评价及实证研究. 企业经济，(9)：104～106

武国定，方齐云，李思杰. 2006. 中国农村劳动力转移的效应分析. 中国农村经济，(4)：63～70

项后军. 2004. 外资企业的迁移及其根植性问题研究——以台资企业为例. 浙江社会科学，(3)：67～71

萧政，沈艳利. 2002. 外国直接投资与经济增长的关系及影响. 经济理论与经济管理，(2)：11～16

谢洪明. 2005. 泛珠三角区域创新体系的建设. 广东科技，(6)：57～59

熊彼特. 1990. 经济发展理论. 何畏，易家详译. 北京：商务印书馆

徐涵蕾. 2007. 区域创新系统中地方政府行为定位与作用机理研究. 哈尔滨：哈尔滨工程大学博士学位论文

徐康宁. 2001. 开放经济中的产业集群与竞争力. 中国工业经济，(11)：45～50

许经勇. 2007. 转型中我国农业劳动力的两种转移模式——从西方经济学的两种要素配置模型引起的思考. 经济经纬，(4)：99～101

许欣欣. 2000. 从职业评价与择业取向看中国社会结构变迁. 社会学研究，(3)：63～85

阎占定. 2004. 论农民增加收入在全面建设小康社会中的意义. 河南大学学报（社科版），(5)：89

杨德才. 2012. 论人力资本二元性对城乡收入差距的影响. 当代经济研究，(10)：69～74

杨建芳，龚六堂，张庆华. 2005. 中国分省人力资本存量估算及其影响，Working Paper

杨建芳，龚六堂，张庆华. 2006. 人力资本形成及其对经济增长的影响——一个包含教育和健康投入的内生增长模型及其检验. 管理世界，(5)：10～24

杨进. 2000. 黄河流域的有关数据. 中国水利，(2)：2

杨俊，李雪松. 2007. 教育不平等、人力资本积累与经济增长：基于中国的实证研究. 数量经济技术经济研究，(2)：37～45

杨鹏鹏，袁治平，王能民. 2008. 社会资本影响区域经济增长的机理：基于“织网”模型的分析. 人文地理，(5)：67～72

杨瑞龙，冯健. 2003. 企业间网络的效应边界：经济组织逻辑的重新审视. 中国工业经济，(11)：5～13

杨瑞龙，王宇峰，刘和旺. 2010. 父亲政治身份、政治关系和子女收入. 经济学季刊，9(3)：871～890

杨宇，沈坤荣. 2010. 社会资本、制度与经济增长——基于中国省级面板数据的实证研究. 制度经济学研究，(6)：34～51

杨宇，郑垂勇. 2008. 社会资本与国民福利的关系. 财经科学，(5)：54～62

姚洋. 1998. 非国有经济成分对我国工业企业技术效率的影响. 经济研究，(12)：29～35

殷德生. 2001. 社会资本与经济发展：一个理论综述 . 南京社会科学，(7)：28～31

殷晓清. 2003. 小农经济与传统农耕社会的有机运行. 江西社会科学，(10)：77～80

于凌云. 2008. 教育投入比与地区经济增长差异. 经济研究，(10)：131～134

喻新安. 2007. 传统农区新型工业化道路的内涵与实证分析——以河南黄淮四市为例. 河南大学学报（社科版），(6)：41～49

袁振龙. 2007. 社会资本与社会安全——关于北京城乡结合部地区增进社会资本促进社会安全的研究. 兰州学刊，（10）：96-99
曾广奎，徐贻军. 2005. 内生农业技术进步条件下我国农村富余劳动力问题模型研究. 湖南社会科学，（5）：86～88
张海洋. 2005. R&D 两面性、外资活动与中国工业生产率增长. 经济研究，（5）：107～117
张纪康. 1999. 直接投资与结构性市场进入壁垒. 国际贸易，（5）：52～54
张继良，杨超. 2006. 台湾产业结构转型对振兴东北经济的启示. 当代经济研究，（7）：38～40
张建华，欧阳轶雯. 2003. 外商直接投资，技术外溢与经济增长——对广东数据的实证分析. 经济学季刊，（4）：647～666
张军. 2002. 资本形成、工业化与经济增长：中国的转轨特征. 经济研究，（6）：3～13
张军，吴桂英，张吉鹏. 2004. 中国省际物质资本存量估算：1952-2000. 经济研究，（10）：35～44
张克中. 2006. 经济转型：社会资本理论视角的新发展. 天津社会科学，（7）：69～73
张克中，郭熙保. 2004. 社会资本与经济发展：理论及展望. 当代财经. 09：5～9
张立芳，李琛琛. 2004. 外商直接投资对大连经济增长的拉动作用 . 辽宁经济，（5）：24
张曙光. 2008. 企业网络和群体空间. 中山大学学报（社会科学版），（1）：127～134
张卫平. 2003. 经济欠发达地区农民老龄化不容忽视的几个社会问题. 河南大学学报（社科版），（4）：89～92
张五常. 2000. 佃农理论——应用于亚洲的农业和台湾的土地改革. 北京：商务印书馆
张秀武，胡日东. 2008. 区域高技术产业创新驱动力分析——基于产业集群的视角. 财经研究，34（4）：37～49
张晏，龚六堂. 2005. 分税制改革、财政分权与中国经济增长. 经济学季刊，5（1）：75～108
张颖熙. 2008. 地方财政支出规模与地方经济增长的关系研究——基于 29 个省份面板数据的研究. 中国经济问题，（2）：26～31
张宇，黄静. 2010. 引资竞争下的外资流入与政府收益. 经济学家，（3）：81～90
赵蓓. 2004. 外资与中国产业集群发展：从嵌入性角度的分析. 福建论坛，（7）：29～32
赵蓓. 2005. 产业群嵌入性和竞争力：计量分析. 厦门大学学报（哲社版），（2）：98～106
赵蓓. 2008. 海西产业集群发展与利用台资：基于嵌入性的分析. 亚太经济，（1）：79～82
赵东辉. 2006. 浅析我国财政支出功能结构对公共财政的偏离——以行政管理费支出为分析视角. 特区经济，（8）：76～77
赵剑治，陆铭. 2010. 关系对农村收入差距的贡献及其地区差异，经济学季刊，9（1）：363～389
赵晋平. 2001. 利用外资对我国经济的影响. 红旗文稿，（4）：12～14
赵忆宁. 2003. 技术引进与自主创新的论争. 瞭望新闻周刊，（27）：14～17
郑胜利，黄茂兴. 2002. 从集聚到集群——祖国大陆吸引台商投资的新取向. 世界经济与政治论坛，（3）：86～89
中国企业家协会课题组. 2006. 提高自主创新能力再造企业竞争优势. 上海企业，（3）：15～18
周俭初，韩卫兵，郁红. 2010. 基于交易费用理论分析的产学研结合模式. 现代管理科学，（8）：64～66
周黎安. 2007. 中国地方官员的晋升锦标赛模式研究. 经济研究，（7）：35～50
周茂荣，张子杰. 2009. 对外开放度测度研究述评. 国际贸易问题，（8）：121～128

周明，李宗植. 2011. 基于产业集聚的高技术产业创新能力研究. 科研管理，（1）：15～21
周淑景. 2000. 外商直接投资与中国经济发展研究. 财经问题研究，（7）：42～45
周亚虹，许玲丽，夏正青. 2010. 从农村职业教育看人力资本对农村家庭的贡献——基于苏北农村家庭微观数据的实证分析. 经济研究，（8）：55～65
周元，王海燕，赵刚. 2007. 中国区域自主创新研究报告（2006～2007）——区域自主创新的理念与实践. 北京：知识产权出版社
周运清. 1995. 中国农耕经济变革与乡土社会结构转型的推进——中国社会结构的原型与演化. 社会科学研究，（5）：85～92
朱柏铭，祝燕君. 2008. 财政支出与经济增长关系研究——基于中国 1978-2005 年数据的验证. 技术经济与管理研究，（3）：59～63
朱彬. 2006. 论地方政府在区域创新系统构建中的地位与作用及其政策抉择. 科技情报开发与经济，（19）：96～98
朱承亮，岳宏志，李婷. 2009. 中国经济增长效率及其影响因素的实证研究：1985-2007 年. 数量经济技术经济研究，（9）：52～63
朱塞皮·索达，亚历山德鲁·阿萨伊. 2004. 密集网络的弊端——从嵌入到负债//安娜·格兰多里主编. 企业网络：组织和产业竞争力. 刘刚等译. 北京：中国人民大学出版社：319～348
朱秀梅. 2008. 高技术产业集群创新路径与机理的实证研究. 中国工业经济，（2）：66～75
朱轶，熊思敏. 2009. 财政分权、FDI 引资竞争与私人投资挤出. 财贸研究，（4）：77～84
珠飒，佟双喜. 2007. “走西口”与晋蒙地区社会变迁. 山西大学学报（社科版），30（2）：19～23
庄德水. 2006. 政府创新：社会资本视角. 公共管理学报，3（2）：34～41
邹逸麟. 2005. 我国水资源变迁的历史回顾——以黄河流域为例. 复旦学报（社科版），（3）：47～56
Aghion P，Howitt P. 1998. Endogenous Growth Theory. Cambridge，Massachusetts：The MIT Press
Ahernam M，Hendryxb M S. 2003. Social capital and trust in providers. Social Science and Medicine，（57）：1196
Aitken J J，Harrison A E. 1999. Do domestic firms benefit from direct foreign investment?evidence from Venezuela. The American Economic Review，89（3）：605～618
Andersson，Forsgren，Holm. 2002. The strategic impact of external network：Subsidiary performance and compentency development in the multinational corporation. Strategic Management Journal. 23（1）：979～996
Annalee S，Jinn-Yuh H. 2001. The silicon valley-hsinchu connection：technical communities and industrial upgrading. Industrial and Corporate Change，10（4）：893～920
AnnaLee S. 1994. Regional Advantage：Culture and Competition in Silicon Valley and Route 128. Cambridge：Harvard University Press
Anselin L，Varga A，Acs Z J. 1997. Local geographic spillovers between university research and high technology innovations. Journal of Urban Economics，42：422～448
Armstrong H，Taylor J. 1993. Regional Economics and Policy. 2nd edition，Harvester Wheatsheaf
Barber T. 2005. High-Tech Innovation in Emerging Markets：The Case of Mexico. Working Paper
Barr A. 2000. Social capital and technical information flows in the Ghanaian manufacturing sector. Oxford Economic Papers，52（3）：539～559

Beugelsdijk S，Smulders S. 2004. Social Capital and Economic Growth. Tilburg University，Department of Economics，mimeo

Birkinshaw J. 2000. Upgrading of industry clusters and foreign investment. International Studies of Management & Organization. Summer White Plains：Summer，30（2）：93-113

Blankenau W P，Simpson N B. 2004. Public education expenditures and growth. Journal of Development Economics，73（2）：583～605

Blomstrom M，Persson H. 1983. Foreign investment and spillover efficiency in an underdev- eloped economy：evidence from the mexican manufacturing industry. World Development，(11)：493～501

Blomström M. 1986. Forign investment and productive efficiency：The case of Mexico. Journal of Industrial Economics，(15)：97～110

Boone A L，Mulherin J H. 2000. Comparing acquisitions and divestitures. Journal of Corporate Finance，6（2）：117～139

Borensztein E，Gregorio J D，Lee J W. 1998. How does foreign direct investment affect economic growth?Journal of Intemational Economics，(45)：115～135

Brundtland G H. 1987. Our Common Future or Brundtland Report. Tokyo：Brundtland Commission.

Bryant Cindy-Ann，Norris D. 2002. Measurement of Social Capital：The Canadian Experience. OECE，http://www.oecd.org/dataoecd/21/48/2381103.pdf

Cantwell J，Piscitello L. 2002. The location of technological activities of MNCs in European regi- ons：The role of spillovers and local competencies. Journal of International Management，8（1）：69～96

Cassiman B，Veugelers R. 2002. R&D cooperation and spillovers：Some empirical evidence from Belgium. American Economic Review，92（4）：1169～1184

Caves R E. 1971. International corporations：The industrial economics of foreign investment. Economica，(38)：1～27

Caves R. 1996. Multinational Enterprises and Economic Analyses，Cambridge：MA Cambridge University Press

Cindy-Ann B，Doug N. 2002. Measurement of Social Capital：The Canadian Experience. OECE，http://www. oecd. org/dataoecd/21/48/2381103. pdf

Citrin J. 1974. Comment：the Political Relevance of Trust in Government. American Political Science Review，68（3）：973～988

Cohen W M，Levinthal D A. 1989. Innovation and learning：The two faces of R&D. Economic Journal，(99)：569～596

Cooke P，Heirdenreich M. 1998. Regional innovation system：the role of governance in a globalized world . UCL Press Limited

Dani R. 1995 . Taking trade policy seriously：Export subsidization as a case in policy effectiveness// Alan V，Deardorff et al.，eds. New Directions in Trade Theory（Ann Arbor：University of Michigan），(1)：350～378

Demsetz H. 1967. Towards a theory of property rights. American Economic Review，(57)：347～359

Dillinger W. 1994. Decentralization and its implications for urban service delivery. Urban Management

Programme Discussing，16～23

Evans P B. 1992. The state as problem and solution：Predation，embedded autonomy，and structual change//Stephan H，Robert R K. eds. The Politics of Economic Adjustment（Princeton，NJ；Princeton，1992）：143～179

Findlay R. 1978. Relative backwardness direct foreign investment and the transfer of technology：A simple dynamic model. Quarterly Journal of Economics，（92）：1～16

Fischer M M，Varge A. 2003. Spatial knowledge spillovers and university research：Evidence from Austria. Annals of Regional Science，37（2）：303～322

Freeman C. 1991. Networks of innovators：A synthesis of research issues. Research Policy，（20）：499～514

Garcia R，Calantone R. 2002. A critical look at technological innovation typology and innovativeness terminology：aliterature review. Journal of Product Innovation Management，19（2）：110～132

Gary G，Tony H W T. 1998. Industrial upgrading through organizational chains：dynamics of rent，learning-by-doing，and mobility in the global economy. Paper presented at the Industrial Upgrading：A Workshop of the SSRC and International Institute for Labour Studies of the International labor Organization. Switzerland：Geneva：2～4

Globerman S. 1979. Foreign direct investment and "pillover" efficency benefits in Canadian manufacturing industuies. Canadian Journal of Eeonamics，（12）：42～56

Granovetter M. 1985. Economic action and social structure：The problem of embeddedness. American Journal of Sociology，91（3）：481～510

Grootaert C，Narayan D，Jones V N，et al. 1998. Measuring Social Capital：an Integrated Questionnaire. World Bank Working paper，NO.18. http://poverty2.forumone.com/files/11998_WP18-Web.pdf

Grossman G M，Helpman E. 1990. Comparative advantage and long-run growth. American Economic Review，（80）：796～815

Haddad M，Harrison A. 1993. Are there positive spillovers from direct foreign investment? evidnce from panel data for Morocco. Journal of Development Economics，（42）：51～74

Hakansson H. 1987. Industrial Technological Development：A Network Approach. London.

Harper R，Kelly M. 2003. Measuring Social Capital in the United Kingdom. National Statistics，：http://www.statistics.gov.uk/socialcapital/downloads/harmonisation_steve_5.pdf

Helfat，Teece. 1987. Vertical integration and risk reduction. Journal of the Law，Economics，and Organization，3（1）：47～67

Helliwell J F，Putnam R. 2000. Economic growth and social capital in Italy. //Dasgupta P，Seragilden I，eds. Social Capita：A Mmltifacetde Perspective. Washington DC：World Bank：253～266

Hertog，Leyter，Limpens，et al. 1999. Approaches to Cluster Analysis and Its Rationale as a Basis of Policy. Literature review for the RISE project

Hess M. 2004. "Spatial" relationships?Towards a conceptualization of embeddedness. Progress in Human Geography，28（2）：165～186

Hetherington M J. 1998. The political relevance of political trust. American Political Science

Review，92（4）：791～808

Holz C A. 2006. New Capital Estimates for China. China Economic Review，（17）：142～185

Howells J. 1990. The location and organization of research and development: New horizons. Research Policy，19：133～146

Humphrey J，Schmitz H. 2000. Governace and upgrading：Linking industrial cluster and global value chains research. IDS Working Paper，No. 12，Institute of Development Studies，University of Sussex

Jaffe A B. 1989. Real effects of academic research. American Economic Review，（79）：57～70

Jin J Z，Heng-fu. 2002. How does fiscal decentralization affect aggregate，national，and subnational government size? Journal of Urban Economics，（52）：270～293

Kaase M. 1999. Interpersonal Trust，Political Trust，and Non-Institutionalised Political Partici-pation in Western Europe. West European Politics，22（3）：1-21

Keele L . 2007. Social capital and the dynamics of trust in government. American Journals of Political Science，51（2）：241～254

Kokko A. 1996. Productivity spillovers from competition between local firms and foreign affiliates. Journal of International Development，（8）：517～530

Krueger A. 1974. The political economy of the rent-seeking society. American Economic Review，（64）：291～294，301～302

Kummerle W. 1999. The drivers of foreign direct investrment research and development：An empirical investigation. Journal of International Business Studies，（30）：1～24

Kyriacou G A. 1991. Level and growth effects of human capital：A cross-country study of the convergence hypothesis. Unpublished paper（New York University，New York，NY）

Lazerson M. 1988. Organizational growth of small firms：an outcome of markets and hierarchies? American Sociological Review，（53）：330～342

Lin J Y，Liu Z Q. 2000. Fiscal decentralization and economic growth in China. Economic Development and Cultural Change，49（1）：1～22

Lucas R E. 1988. On the mechanism of economic development. Journal of Monetary Economics，22：3～42

Markusen A. 1996. Sticky places in slippery space：A typology of industrial districts. Economic Geography，72（3）：293～313

Michael T，Franz T. 2007. Developing biotechnology clusters in Non-high technology regions：The case of Austria. Industry and Innovation，14（1）：47～67

Miller A H. 1974. Political Issues and Trust in Government，1964-1970. American Political Science Review，68（3）：951～972

Murray B L，Eric A. 1997. Movements，bandwagons，and clones：Industry evolution and the entrepreneurial process. Journal of Business Venturing，12：435～457

Myrdal G. 1957. Economic Theory and Under-developed Regions，Duckworth

Narayan D，Pritchett L. 1997. Cents and Sociability-Household Income and Social Capital in Rural Tanzania. Policy Research Working Paper，No. 1796，Washington，DC：World Bank

Pamela P. 2002. Social capital and democracy: An interdependent relationship. American Sociological Review，2（67）：254～277

Park H，Westphal L E. 1986. Industrial strategy and technological change：theory versus reality. Journal of Development Economics，22：87～128

Patel P，Pavitt K. 1991. Large firms in the production of the world's technology：An important case of "non-globalization". Journal of International Business Studies，（22）：1-22-1

Paulo G，Octavil F，Douglas W. 2000. Agglomeration and the location of foreign direct investment in Portugal. Journal of Urban Economics，（47）：115～135

Philip C. 2008. Regional innovation systems：origin of the species. International Journal of Technological Learning，Innovation and Development，1（3）：393～409

Pier P S. 1997. Innovation Systems and Evolutionary Theories，systems of innovation technologies，institutions. Charles Edquist，London and Washington Pinter

Polanyi K. 1968. Primitive，Archaic and Modern Economies：Essays of Karl Polanyi. Boston：Beacon Press

Porter M E. 1990. The Competitive Advantage of Nations. New York：Free Press：127

Powell W W. 1990. Neither market nor hierarchy：Network forms of organization. Research of Organizational Behavior，（12）：295～336

Putnam R D. 1993. Making Democracy Work：Civic Traditions in Modern Italy . Princeton：Princeton University Press

Putnam R I R，Nanett I R. 1993. Making Dmocracy Work：Civic Traditions in Modern Italy. Princeton：University Press

Pyke F，Beccatini G，Sengeberger W. 1990. Industrial Districts and Inter-Firm Cooperation in Italy，Geneva：International Institute for Labour Studies

Romer P M. 1986. Increasing returns and long-run growth. Journal of Political Economy，94（5）：1002～1037

Romer P M. 1990. Endogenous technological change. Journal of Political Economy，（98）：71～102

Rosalyn H，Maryanne K. 2003. Measuring Social Capital in the United Kingdom. National Statistics，http://www. statistics. gov. uk/socialcapital/downloads/ harmonisation_steve_5. pdf

Samantha S，Cristina M F. 2007. Measuring regional knowledge resources：What do knowledge occupations have to offer? Innovation：Management，Policy and Practice，9（3/4）：262～275

Schultz T W. 1961. Investment in Human Capital. The American Economic eview，51（1）：1～17

Schyns P，Chritel K. 2010. Political distrust and social capital in Europe and the USA. Social Indicators Research，96（1）：145～167

Semih A，Baster W. 2009. Social capital，innovation and growth：Evidence from Europe. European Economic Review，53（5）：544～567

Sides J. 1999. It takes two：The reciprocal relationship between social capital and democracy. Paper presented at the Annual Meeting of the American Political Science Association，Atlanta：2～5

Simon K. 1955. Economic growth and income inequality. The American Economic Review，45（1）：1～28

Solow R M. 1956. A contribution to the theory of economic growth. Quarterly Journal of Economics，70（1）：65～94

Starr J，MacMillan I. 1990. Resource cooptation via social contracting：Resource acquisition strategies for new ventures. Strategic Management Journal，11：79～92

Sternberg R. 2009. Innovation，International Encyclopedia of Human Geography. Oxford：Elsevier：481～490

Storper M. 1997. The Regional World：Territioial Development in a Global Economy. New York：Guilford Press

Swain A，Hardy J. 1998. Globalization，institutions，foreign investment and the reintegration of east and central Europe and the former soviet union with the world economy. Regional Studies，32（7）：587～590

Tsai W. 2002. Social structure“cooperation”within a multi-unit organization: coordination competition and intraor-ganizational knowledge sharing. Organization Science，13（2）：179～190

Uhlir D. 1998. Internationalization，and institutional and regional change：Restructuring post-communist networks in the region of Lanskroun，Czech Republic. regional Studies，32（7）：673～685

Weibull J. 1995. Evolutionary Game theory. Cambridge：MIT Press

Williamson E. 1975. Markets and Hierarchies. New York：The free press

Williamson O E. 1989. Transaction cost economics//Richard S，Robert W，eds. Handbook of Industrial Organization. Amsterdam：North-Holland：135～182

Williamson O E. 1991. Comparative economics organization：The analysis of discrete structural alternatives. Administrative Science Quarterly，36：269～296

World Bank. 1991. World development report. New York：Oxford University Press

Yli-Renko H，Autio E，Sapienza H J，2001. Social capital，knowledge acquisition and knowledge exploitation in young technology——based Firms. Strategic Management Journal，（22）：587-613

Zak P J，Knack S. 2001. Trust and growth. Economic Journal，111（470）：295～321

Zukin S，Paul D. 1990. Structures of Capital：The Social Organization of the Economy. Cambridge University Press